Claudia Haarmann

Kontaktabbruch in Familien

Für Wolf und Michael

Claudia Haarmann

Kontaktabbruch in Familien

Wenn ein gemeinsames Leben
nicht mehr möglich scheint

KÖSEL

Dies ist eine **überarbeitete und erweiterte Neuausgabe** des Titels *Kontaktabbruch. Kinder und Eltern, die verstummen*, erstmals erschienen 2015 im Orlanda Frauenverlag GmbH, Berlin.

MIX
Papier | Fördert gute Waldnutzung
FSC® C014496

Penguin Random House Verlagsgruppe FSC® N001967

5. Auflage 2024

in der Penguin Random House Verlagsgruppe GmbH,
Neumarkter Str. 28, 81673 München
Umschlag: Weiss Werkstatt München
Umschlagmotiv: © Shutterstock.com (Darkness; Bachkova Natalia)
Satz: Satzwerk Huber, Germering
Druck und Bindung: GGP Media GmbH, Pößneck
Printed in Germany
ISBN 978-3-466-34739-1
www.koesel.de

Inhalt

Vorwort zur neuen Ausgabe

Seit der ersten Veröffentlichung dieses Textes nehmen sowohl betroffene Eltern als auch Töchter und Söhne Kontakt mit mir auf, flächendeckend aus Ost und West, aus allen Gesellschaftsgruppen, aus dem In- und Ausland. Der familiäre Kontaktabbruch ist keine Ausnahme mehr. Selbst in Japan, so habe ich erfahren, ist es ein sehr großes und gleichzeitig absolut tabuisiertes und schambesetztes Thema.

Ich höre so viele Familiengeschichten, jede ist einzigartig und bemerkenswert, und ich verstehe, dass jede/r Betroffene ihren/seinen Fall beleuchtet haben möchte. Das kann ein Buch natürlich nicht leisten, es kann nur Hintergründe dieser dramatischen Konstellation beschreiben. Und so versuche ich, wie bei einem Bild, auf das man schaut, die schwierigen Familienmuster sichtbar zu machen, um die Grundlinien der Verwerfungen zu sehen. Wenn es gelingt, und das ist meine Hoffnung, die generationenübergreifende Problematik besser zu verstehen, können sowohl die Schuld- und Versagensgefühle der Eltern als auch und die Selbstvorwürfe der Kinder gemildert werden.

Was mich verblüfft, sind die jungen Leute. Schon mit 18, 20 Jahren analysieren sie im Gespräch sehr klar, was in ihrer Familie geschieht. Während es meiner Generation noch immer nicht leicht fällt, für die tief liegenden Gefühle Worte zu finden, nehmen sie die Problematik ihrer Familie präzise wahr und sprechen darüber. Bei der jungen Generation ist eine emotionale Beweglichkeit, ein Bewusstsein gewachsen, dem ich in Kapitel 12, einer Nachlese zu dem bisherigen Text, gesonderte Aufmerksamkeit schenke. Dort bringe ich die familiären Konflikte in einen größeren gesellschaftlichen Zusammenhang.

Was mich bewegt, ist der Schmerz der Eltern, deren Kinder den Kontakt ganz und gar eingestellt haben. Sie sind verzweifelt. Die Anfragen betroffener Mütter klingen etwa so: »Bitte Frau Haarmann, sagen Sie mir, was soll ich tun? Wie lange kann so ein Kontaktabbruch gehen, zwei, fünf oder zehn Jahre? Soll ich meinem Kind ein Buch schicken oder ein Geburtstagsgeschenk? Soll ich einmal hinfahren? Was soll ich sagen? Soll ich schreiben und was?« Väter reagieren meist anders, sie appellieren und stellen fest, was ihr Kind doch endlich einmal müsste: »Es muss doch mal verstehen…, es muss doch einsehen, dass man so nicht miteinander umgeht, es muss doch erkennen, dass das Leben so nicht funktioniert.« Sie sind unglücklich, und der Appell, der ja kein Gegenüber mehr hat, ist der verzweifelte Versuch, etwas zu kontrollieren, was nicht zu kontrollieren ist. Die Situation ist für diese Betroffenen wirklich sehr schlimm. Meiner Erfahrung nach kommt es selbst im Falle eines radikalen Bruchs nach Jahren oft wieder zu einer Kontaktaufnahme, nur sehr selten bleibt der Konflikt für immer unauflösbar. Auch in diesen Fällen mag es helfen und erleichtern, die Zusammenhänge zu verstehen.

Dagegen haben es die On-Off-Kontakte leichter, mal treffen sich Eltern und Kinder wieder, mal telefonieren sie, mal gibt es einen Brief. Hier besteht eine gute Chance, die Beziehung zu verändern. Grundsätzlich setzt das natürlich voraus, dass beide Seiten sich bewegen.

Ich glaube jedoch, nach Hunderten von Gesprächen und therapeutischen Prozessen, sagen zu können: Wenn die Eltern einen

Schritt in Richtung ihrer erwachsenen Kinder tun könnten, wenn sie zuhören und nicht mit einem »ja, aber« gegenhielten, wenn es den Eltern gelänge die Gründe, die ihre Kinder benennen, zu verstehen oder besser gesagt zu erfühlen, wenn sie alte, sich im Kreis drehende Gedanken und Konzepte wie etwas sein müsste, losließen, dann würde und wird Bewegung in der Familie entstehen. Ich bin mir darüber im Klaren, dass diese Aussage manche Eltern schockieren wird, vielleicht sogar erbost, weil sie ein Einlenken ihrer Kinder fordern. Und dennoch – die Ursachen der Kontaktabbrüche liegen, aus meiner Sicht, in der Familiengeschichte, die nicht die Kinder, sondern die Eltern und auch deren Eltern anzunehmen haben. Das wäre ein verantwortlicher Umgang mit der Familienwahrheit, einer Wahrheit, deren Wurzeln sehr tief eingegraben sind. Diese Verantwortung werden die jetzt »unbequemen« erwachsenen Kinder später dann auch für ihre eigenen Kinder tragen müssen. Es liegt in der Natur der Generationenabfolge, dass Eltern vorangehen, die Richtung angeben und die Atmosphäre der Familie prägen. Darüber berichte ich hier.

Was mich sehr freut, sind die vielen Briefe der Leser/innen. Darunter auch Menschen, die nicht direkt vom Kontaktabbruch betroffen sind. Für sie scheint es hilfreich, sich über die Bedeutung von Sicherheit und Rückhalt klarzuwerden und damit sich und ihre Herkunftsfamilie besser zu verstehen. Eine Reaktion lässt mich schmunzeln: Da schreibt eine Leserin, dass ihr in diesem Buch alles wie einem Kind erklärt werde, und das tue ihr so gut. Ja, es stimmt, ich beschreibe manches noch einmal aus einer anderen Perspektive. So arbeite ich in meiner Praxis auch, denn zu verstehen, schafft Orientierung; und diese Orientiertheit gibt uns Boden und damit Halt. Begreifen zu können, was geschieht, schafft Sicherheit im inneren Durcheinander. Und es macht einen

Unterschied, ob wir nur abstrakt und mental oder auf einfache Weise mit dem Herzen verstehen.

Die Aktualität des Themas wird immer offensichtlicher und ich bin froh, dass das Buch wieder verfügbar ist. Im Kösel-Verlag eine neue verlegerische Heimat gefunden zu haben, freut mich ganz besonders.

Claudia Haarmann
Essen, Januar 2019

Einleitung

Dieses Buch richtet sich vor allem an Töchter, aber auch an Söhne, die mit dem Gedanken spielen, den Kontakt zu ihren Eltern abzubrechen, oder die in einer On-Off-Beziehung mit ihren Eltern leben, vor allem aber an diejenigen, die den Kontakt bereits eingestellt haben. Die Töchter stehen hier im Fokus, weil das Mutter-Tochter-Verhältnis der Schwerpunkt meiner Arbeit ist und vieles davon in dieses Buch mit einfließt.

Dieses Buch ist auch für alle Mütter und für alle Väter geschrieben, die den Rückzug ihrer Kinder nicht verstehen, die die Frage nach dem »Warum« bewegt und die sich womöglich in einer Sackgasse von Selbstvorwürfen oder Schuldzuschreibungen befinden.

Und dieses Buch ist genau genommen auch für die Großeltern der betroffenen Familien geschrieben, denn solch ein ernsthaftes Zerwürfnis hat in der Regel eine weitreichende Geschichte.

Die schweren Konflikte in Familien sind keine Ausnahmen. Schon die Erwähnung des Themas Kontaktabbruch löst schnell ein Kopfnicken aus, sehr viele Menschen kennen heute in ihrem Umfeld eine Tochter, einen Sohn, die ihre Familien verlassen haben oder darüber nachdenken, diesen Schritt zu tun. Mehrheitlich sind es die erwachsenen Kinder, die sich von den Eltern oder auch von der gesamten Familie lösen. Dass Eltern nichts mehr von ihren Kindern wissen wollen, kommt eher selten vor. Es gibt leider keine verlässlichen Daten über das Ausmaß der Kontaktabbrüche, aber die Zahl der Selbsthilfegruppen, der Internetforen und der Menschen, die Beratungen und Therapeuten aufsuchen, ist enorm. Und dieses Buch ist entstanden, weil ich seit dem Erscheinen von *Mütter sind auch Menschen* im Jahr 2008 kontinuierlich sehr viele Briefe von verzweifelten Müttern und Töchtern bekomme, die unter dem Familienunfrieden leiden und nicht mehr wissen, was sie tun sollen. Während einer SWR-Sendung zum Thema »Mutter und Tochter« riefen Hunderte Hörer/innen an, um mir von ihrer Familientragödie zu erzählen, in der Hoffnung, Antworten zu finden.

Unser Beziehungsleben beginnt mit der Mutter, sie ist die Urbeziehung, mit ihr machen wir die grundlegenden ersten Bindungserfahrungen. Besonders deutlich wird das in Kapitel 10, in dem das Zusammenleben von Mutter und Kind während der Schwangerschaft thematisiert wird. Und das ist der Grund, warum die Mutter auch in diesem Buch eine wesentliche Rolle spielt. Die Lebensberichte, auf die ich mich hier beziehe, beschreiben Mutter-Tochter-Beziehungen. Es gibt aber keinen Zweifel, dass die Bindungsthematik genauso die Väter betrifft. Auch die Väter gestalten die Beziehung zu ihren Kindern, und sie sind im gleichen Maße verantwortlich für die Atmosphäre, die in einer Familie herrscht. In diesem Buch geht es um die Bindungs- und Kommunikationsdynamiken, die zu den schweren Zerwürfnissen führen.

In Kapitel 7 werden Erkenntnisse aus der Neurophysiologie vorgestellt, die unsere Kommunikation, unser Miteinander auf völlig neue Weise beleuchten. Vermutlich wird es die eine oder den anderen erstaunen, wie sehr dabei die Biologie unseres Körpers, unser Gefühls- und Zusammenleben beeinflusst.

Gesellschaftlich sind Beziehungsabbrüche alles andere als ein Randphänomen, sie sind Normalität. Wir leben in einer Gesellschaft, in der es mehr als jemals zuvor toleriert wird, subjektiv belastende Beziehungen zu beenden. Paare ertragen ungute Beziehungen nicht mehr lange, sie trennen sich. Eltern lassen sich scheiden. Das Statistische Bundesamt verzeichnete allein im Jahr 2017 über 123.500 Minderjährige, die von der Trennung ihrer Eltern betroffen sind. Väter verlassen ihre Kinder aus welchen (familiären) Gründen auch immer. Verwandtschaft hat bei Weitem nicht mehr die Bedeutung wie noch vor 30, 40 Jahren. Freiwillig gewählte Gemeinschaften und Wahlverwandtschaften gewinnen an Wichtigkeit.

Auch zwischen erwachsenen Kindern und ihren Eltern hat sich Grundlegendes geändert. Töchter und Söhne halten ein schwieriges Familienklima nicht mehr unbedingt aus. Sie mahnen mit ihrem Verhalten an, dass etwas in der Familienatmosphäre so bedrückend ist, dass sie es nicht mehr hinnehmen wollen beziehungsweise hinnehmen können. Ihnen fällt es leichter als den Eltern und Großeltern, Gefühle zuzulassen. Sie halten mit dem, was sie bewegt, nicht mehr zurück. Und sie tun das häufig provokativ, manchmal überheblich und fordernd oder im schlimmsten Fall auch schweigend – aber sie tun es. Das christliche Gebot »Du sollst Vater und Mutter ehren« ist nur noch entfernt in Erinnerung. Die erwachsenen Kinder aus der jüngeren Generation haben Aufkleber, auf denen steht: »Seelenverwandtschaft ist dicker als Blut«. Anders als die Generationen vor ihnen sind sie mit den Grundlagen der Psychologie vertraut. Sie sind reflektiert, was ihr Leben betrifft, holen sich Hilfe im Außen, etwas, was früher kaum jemand tat. Und deshalb sind sie es, die die Familie aufrütteln, die Änderung provozieren, die handeln und nicht länger in der Vergangenheit gefangen sein wollen.

Während der Recherche zu diesem Buch habe ich oft gedacht: Das Thema ist so komplex wie das Leben selbst. Es hat so viele Facetten, dass kein einzelnes Buch ausreicht, um der Problematik gerecht zu werden. Nur einige Beispiele, die mir begegnet sind: Da ist die 65-Jährige, die über ihre Mutter schimpft: »Nie wieder gehe ich dahin, nie wieder lasse ich mir sagen, wie unmöglich und missraten ich bin.« Ihre Mutter ist 90 Jahre alt, liegt seit drei Jahren nahezu bewegungslos im Bett. Nur sprechen kann sie noch. Da ist der Sohn, der nichts als Abstand braucht, weil seine Mutter ihn zu ihrem engsten Vertrauten, ihrem Ein und Alles gemacht hat. Und der 45-Jährige, der mit seinem Vater in all den Jahren – gefühlt – nicht mehr als vier wichtige Sätze gesprochen hat und der die Eltern mehr oder weniger bewusst aus seinem Leben ausgrenzt. Oder die 15-Jährige, die die Gewalt zu Hause, die Streitereien, das Begrabschen ihres Stiefvaters nicht mehr aushält und lieber bei Freunden oder notfalls sogar auf der Straße lebt. Ganz zu schweigen von den Adoptivkindern, für die der Kontaktabbruch am Beginn ihres Lebens stand.

Und weil es so komplex ist, muss das Thema eingegrenzt werden. Die Familie, so stellte Johann Wolfgang von Goethe vor etwa 200 Jahren fest, solle den Kindern starke Wurzeln geben und Flügel zum Fliegen. Doch diejenigen, die das familiäre Band infrage stellen, beklagen, dass sie weder intakte Wurzeln gefunden noch die Ermutigung zum Fliegen bekommen haben. Meine These lautet: In diesen Familien konnte etwas Wesentliches nicht vermittelt werden – Sicherheit, Halt, Geborgenheit, aber auch Konstanz und Wertschätzung. Aus diesem Samen sind aus meiner Sicht die Zerwürfnisse gewachsen, und daraus ergibt sich die Frage, was die Vermittlung des Wesentlichen verhindert hat.

Ich gehe in diesem Buch nicht spezifisch auf die Vater-Tochter- oder die Vater-Sohn-Beziehung ein. Auch die Geschwisterthematik behandle ich nicht ausdrücklich, obwohl natürlich die Geschwister bei den Kontaktabbrüchen involviert sind. Bruder und Schwester können nicht neutral sein, denn sie sind Teil des Familiensystems. Oft fühlen sich die Geschwister in eine Parteilichkeit gezwungen und solidarisieren sich mit der Schwester/dem Bruder, die/der die Familie verlassen hat, oder aber mit den trauernden Eltern. Schwierig ist es natürlich, wenn sie in die Rolle der reitenden Boten zwischen den beiden Parteien geraten. Dabei ist es wichtig zu wissen: Die Verbindung der Eltern zu den einzelnen Kindern kann sehr verschieden sein. Die Lebenssituation der Eltern ist unter Umständen beim ersten Kind eine ganz andere als beim zweiten oder dritten gewesen. Es gibt vieles, was die Beziehung zu einem Kind beeinflussen kann. Was auch immer es war: Die unterschiedlichen Zeitfenster, in denen Geschwister geboren werden, haben erheblichen Einfluss auf die Beziehung zwischen Mutter/Vater und dem jeweiligen Kind.

Ein besonderer Fall ist der Missbrauch. Das Thema wird hier nicht dezidiert behandelt, denn bei massiven Übergriffen in der Familie ist es in der Regel für die Opfer angeraten, sich aus den missbräuchlichen Beziehungen zu lösen. Bei körperlichem, seelischem und sexuellem Missbrauch müssen sich die erwachsenen Kinder vor weiteren Verletzungen schützen. Der Abbruch der Beziehungen ist notwendig, um Grenzen zu setzen, um nicht stetig einer neuen Traumatisierung ausgesetzt zu sein. Vor allem auch, um die eigene Integrität wiederherzustellen. In diesen Fällen brauchen die Betroffenen therapeutische Hilfe und Begleitung, um sich aus den schädigenden Verhältnissen lösen zu können und um Stabilität in ihr jetziges Leben zu bringen.

Dieses Buch ist geschrieben für Mütter, Väter, Töchter, Söhne, die in der Tiefe den Wunsch haben, wieder in Kontakt zu kommen, aber den Weg nicht kennen. Ich glaube, dass es bei der

Mehrzahl der betroffenen Familien Spielraum für eine Veränderung gibt. Um diesen zu nutzen, brauchen sie jedoch ein Bewusstsein darüber, was in dem Familiensystem geschehen ist. Nur das, was verstanden wird, ist zu verändern. Ich habe es oft erlebt: Mit dem Erkennen der Wirkkräfte und Hintergründe können schwierige Verhaltensautomatismen verlassen werden und die immer gleichen Gedanken und Vorwürfe ziehen sich zurück. Man nimmt dann etwas Merkwürdiges wahr: Wir Menschen sind geneigt, gerade diejenigen, die wir am meisten lieben, niederzumachen. Wir verhalten uns häufig gegenüber unseren Kindern und auch Partnern auf so unfreundliche Weise, wie wir es niemals mit Fremden oder guten Bekannten tun würden. Diese scheinbare Paradoxie möchte ich hier entwirren.

Vier Kapitel in diesem Buch sind den sachlichen Hintergründen der Konfliktsituation gewidmet. (In Kapitel 2, 6 und 7 gehe ich auf Theorien und Forschungsergebnisse ein, in Kapitel 8 spreche ich mit einer Expertin.) Der Schwerpunkt des Buches sind jedoch die Berichte von Frauen, die von der familiären Problematik erzählen. Es sind sowohl Töchter, die sich von ihren Eltern getrennt haben, als auch Mütter, deren Kinder den Kontakt zu ihnen abgebrochen haben. Jede Einzelne – die Mutter, wie die Tochter – repräsentiert einen speziellen familiären Konflikt. Die sehr persönlichen Lebensberichte sind Ausgangspunkt für grundsätzliche Überlegungen, denn diese Schilderungen spiegeln immer auch ein Thema, das für andere Familien zutrifft.

Das vielleicht Herausfordernde an diesem Buch ist der Wechsel in der Perspektive – mal schaue ich auf die Elterngeneration, mal auf die erwachsenen Kinder. Diese Vorgehensweise erschließt sich aus meiner Kernthese – der transgenerationalen Weitergabe von Familienproblematiken.

Allen Frauen, deren Lebensgeschichte hier veröffentlicht wird, bin ich sehr, sehr dankbar. Sie waren bereit, sich noch einmal ihr schmerzliches Leben anzuschauen. Ohne sie hätte ich nicht so genau nachvollziehen können, was in den Familien geschieht. Mein Dank geht auch an alle Frauen und Männer, die mir erlaubt haben, sie zu zitieren. Ohne sie alle, ohne die vielen Aussagen und Gedanken wäre dieses Buch nicht zustande gekommen. Die Namen und einige Identifikationsmerkmale wurden geändert, um alle, die hier zu Wort kommen, und auch ihre Familien zu schützen.

Kapitel 1: Der Kontaktabbruch in Familien – wenn es miteinander nicht mehr weitergeht

»Wir machen als Menschen alle Fehler. Der schwerste Fehler jedoch ist, den Fehler nicht zu erkennen, den wir gemacht haben, denn damit verhindern wir Veränderung.«[1]

Dr. William Emerson

Dieses Buch möchte ich mit einem kleinen Rätsel beginnen. Vier Frauen beschreiben den Kernkonflikt mit ihrer Mutter. Die Aufgabe: Finden Sie, liebe Leserin, lieber Leser, heraus, welche dieser Frauen wohl den Kontakt zu ihrer Mutter abgebrochen hat.

a) »Meine Mutter war vielleicht ganz froh, dass ich geboren wurde, sie hat mich auf ihre Art bestimmt gern gehabt. Aber sie war kein Mensch, der Liebe vermitteln konnte. Meine Mutter kannte nur eine Bibel, die hieß: »Was werden die Leute sagen?« Alles richtete sich bei ihr nach anderen Leuten.

Ich wurde oft geschlagen, wusste meist nicht, warum, vermutlich einfach nur, weil ich aufgefallen war. Nicht ich war wichtig, sondern immer nur die anderen. Ich war in ihren Augen ein

1 Zitat aus einem Gespräch mit Dr. William R. Emerson im September 2014. William Emerson ist einer der Pioniere auf dem Gebiet der prä- und perinatalen Psychologie.

Nichts. Sie war so kühl! Dass wir mal geschmust haben? Nein. Ich hatte einen Teddy, dem habe ich alles erzählt, das konnte ich mit ihr nicht. Alles hat sich nach ihr gerichtet, mein ganzes Leben hat sie dominiert.«

b) »Was da war, war dieses Versorgen. Also: Nahrung war da, Kleidung, ein Dach über dem Kopf war da. Aber das war es dann auch. Keine Wärme, kein Vertrauen, kein Zuspruch, kein Trost. Ich vergleiche meine Mutter gerne mit einem Feldwebel, sie war ein Mensch, der diktiert. Früher gab es Schelte ohne Ende und auch mal eine hinter die Ohren. Ich hatte richtig Angst vor meiner Mutter, es war Terror.«

c) »Der Standardsatz meiner Mutter war: ›Meine Blagen plagen.‹ Damit bin ich groß geworden. Ich war eine Plage. Es gab keine Bestärkung, nichts, überhaupt nichts. Du hattest zu funktionieren. Die Liebe, die ich gebraucht hätte, habe ich von zu Hause nicht gekriegt, und als ich 16 war, da kam dann dieser Mann, der mich auf Händen getragen hat. Da schmilzt du dann wie Butter an der Sonne. Später allerdings wurde er aggressiv – selbst da habe ich von meiner Mutter keinerlei Unterstützung bekommen, ich hätte sie auch nie gefragt. Ich war immer allein und kann sagen: Mein Leben ist ein Kampf.«

d) »Meine Mutter hat mich nie geküsst oder getröstet. Sie kannte nur »Umsichtreten« und »Umsichmeckern«. Gleichzeitig war für mich ihre Traurigkeit zu spüren. Als Kind habe ich funktioniert und sie entlastet und mir immer gewünscht: »Mama, werd glücklich!« Aber sie hat mehr oder weniger uns Kindern die Schuld an ihrem Lebensunglück gegeben. Wenn ich an meine Mutter denke, dann habe ich das Gefühl, nie eine Mutter gehabt zu haben, ich habe mich um sie gekümmert, ich war eher die Mutter meiner Mutter. Ich kenne keine Tochtergefühle meiner Mutter gegenüber.«

Des Rätsels Lösung

Vier Töchter – vier Perspektiven auf die eigene Mutter. Könnte man nicht bei jeder dieser Frauen verstehen, wenn sie dieser schwierigen Beziehung ein Ende gesetzt hätte? Denn jede dieser Beziehungen ist ein Unglück. Erstaunen wird vielleicht die Lösung des kleinen Rätsels: Zwei dieser Frauen, beide in den Vierzigern, haben den Kontakt zu ihrer Mutter abgebrochen.

Die beiden anderen, 72 und 64 Jahre alt, sind Mütter, die es hinnehmen müssen, dass ihre Töchter den Kontakt zu ihnen abgebrochen haben. Die unter b) und d) zitierten Frauen wollen ihre Mütter weder hören noch sehen – die unter a) und c) sind zurückgelassene Mütter.

Eine Familientradition

Warum mit diesem Rätsel beginnen? Es ist ein erster wichtiger Hinweis, vielleicht sogar ein Schlüssel für die tieferen Gründe des Kontaktabbruchs zwischen Eltern und Kindern. In den vielen Gesprächen, die ich mit betroffenen Müttern geführt habe, stellte ich immer auch eine Frage: »Wie ging es Ihnen eigentlich mit Ihrer eigenen Mutter?« Und immer kam die Antwort: »Auch nicht gut!« Das bestätigen auch die Töchter. Ja, das Verhältnis der Mutter zur Großmutter sei auch schwierig gewesen. Die Kontaktlosigkeit scheint eine Familientradition zu sein. Gibt es Gemeinsamkeiten zwischen den einzelnen Familien? Und was ist das überhaupt für eine Tradition?

Da falle ich mal gleich mit der Tür ins Haus! Es geht um die Bindungsfähigkeit. Die Liebe ist in der Regel da, aber sie scheint ihren Weg zum Gegenüber nicht zu finden. In den betroffenen Familien kann sich aus meiner Sicht die Liebe nicht offen, freilassend und akzeptierend ausdrücken. Die Zuneigung der Elterngeneration zur Kindergeneration ist in ihrem Ausdruck gehemmt oder verschlossen. Manchmal ist es auch nur die Unfähigkeit, Gefühle zu kommunizieren, eine tiefe Unsicherheit also, wie Liebe auszudrücken ist.

Wenn die Liebe sich versteckt hält

Wenn die Liebe sich nicht ausdrücken kann, wenn die Bindung zwischen Eltern und Kindern nachhaltig gestört ist, zeigen sich über Generationen hinweg Themen wie Distanz, die Unfähigkeit zu kommunizieren, stattdessen eisiges Schweigen, Intoleranz, Respektlosigkeit, hohe Ansprüche, übergriffige Enge, Lieblosigkeit und eben auch Grobheit und Kälte. Es gibt kaum Verständnis für die Bedürfnisse der Kinder – eher Sätze wie: »Da mussten wir auch durch und das hat uns auch nicht geschadet.« Der zentrale Punkt dabei ist: Über mehrere Generationen hinweg fehlen den Kindern in diesen Familienlinien das Gefühl von Geborgenheit, Sicherheit, Halt, Konstanz und das Gefühl, in ihrem Wesen (in ihrer Person) angenommen zu sein.

Das Band, das wir Liebe oder Bindung nennen, zeigt bei einem Kontaktabbruch deutliche Schwachstellen oder es ist gänzlich auseinandergerissen. Mit dem Rückzug der Kinder werden die Eltern mit einer Realität konfrontiert, die sie lange nicht wahrhaben wollten. Denn ein erwachsenes Kind, das den Kontakt verweigert, bringt mit seinem Schritt zum Ausdruck: »Was ihr Eltern Liebe nennt, ist für mich keine. Meine Vorstellungen von Familie und mein Bedürfnis nach Liebe und Bindung sind andere. Hier stimmt etwas nicht in unserer Familie.«

Und vielleicht teilt das erwachsene Kind damit etwas mit, was die Eltern ihren Eltern früher hätten auch sagen wollen.

Trifft es zu, dass die Probleme in der Familie seit Generationen da sind, mag es leichter sein, sich dem Dilemma zu nähern. Man kann sich als Vater oder als Mutter dann fragen: »Habe ich selber die Zuwendung bekommen, die wünschenswert und notwendig war? Bin ich so geborgen aufgewachsen, habe ich mich sicher und aufgehoben gefühlt, bin ich so geliebt und respektiert worden, dass ich aus dem Vollen schöpfend diese Liebe weitergeben kann und konnte?« Jede Mutter, jeder Vater war eben auch einmal Kind.

Bei einem Kontaktabbruch gibt es scheinbar zwei Lager: »Wir, die Eltern, stehen gegenüber dir, dem Kind.« Beziehungsweise: »Ich, Kind, stehe gegenüber dir, Mutter/Vater, oder euch, den Eltern.« Es werden Klagen und Schuldzuweisungen hin- und hergeschoben oder es wird nach wie vor geschwiegen. Das Erkennen des generationsübergreifenden Aspekts mag ein erster Schritt sein, um etwas Dampf aus dem Familiendrucktopf zu lösen. Es geht dann nicht mehr ausschließlich um Schuld und Vorhaltungen, wer recht hat, um Anklage oder Selbstanklage, sondern um das Erkennen, dass die radikale Trennung ihre Wurzeln in der Familiengeschichte hat. Jede Familie hat ihr Schicksal, sehr häufig geht es um Traumatisierungen der Eltern oder Großeltern mit nachhaltigen Folgen.[2]

---

2 Siehe hierzu ausführlich Kapitel 6.

Kontaktabbrüche fallen nicht vom Himmel

Auch wenn es immer wieder anders berichtet wird: In allen Fällen, von denen ich gehört habe, sind die massiven Konflikte nicht vom Himmel gefallen, sie haben eine Geschichte. Es rumorte schon lange, aber nie wurde über Störungen gesprochen. Und das ist der Hinweis, dass etwas Ungutes in der Familie geschieht: die Kommunikationslosigkeit. Dieses gehemmte Schweigen, keine Worte zu haben, keine Gefühle ausdrücken zu können, sich zurückzuziehen, das ist kennzeichnend. Stattdessen wird in manchen Familien geschrien, in anderen tagelang geschwiegen. Wieder andere Familien reden übers Wetter, was bedeutet, dass die Kommunikation über Belangloses und Unwichtiges läuft, statt die wichtigen Themen zu benennen. Sprachlosigkeit ist ein Gradmesser, der anzeigt: Da brodelt etwas, das dringend Aufmerksamkeit benötigt.

Aus meiner Sicht ist der Kontaktabbruch der Endpunkt alter, schwieriger Familienmuster. Mit diesem Buch folge ich deshalb den Fragen, wann der Kontakt zwischen Eltern und Kindern – hier im Besonderen zwischen Müttern und Töchtern – abgebrochen ist. Ist der Riss zwischen den Generationen ein Phänomen des erwachsenen Alters oder hat der Riss des Beziehungsbandes seine Wurzeln in früheren Zeiten? Warum und wann, das wird eine entscheidende Frage sein, hat das Auseinanderdriften begonnen?

Der Trennungsschmerz der Kinder

Der Kontaktabbruch ist dramatisch für beide Seiten – für Eltern und Kinder. Auch wenn es für betroffene Eltern schwer nachvollziehbar ist: Trennt ein Kind sich von seinen Eltern, dann findet das immer unter großen seelischen Schmerzen statt. Erwachsene Kinder trennen sich nicht einfach so nebenbei, sie lösen sich damit von ihren Wurzeln, ihrer Herkunft, ihrer inneren Heimat. Sie sind massiv in Not. Die Atmosphäre mit den Eltern erleben sie als bedrückend, bedrängend, sie fühlen sich nicht ernst genommen, nicht gesehen, nicht geliebt, nicht akzeptiert, fühlen sich manipuliert oder sogar bedroht. Viele empfinden Einsamkeit in ihrer Familie. Das erwachsene Kind geht durch einen sehr schweren Entscheidungsprozess, einen Prozess voller Wut und Verzweiflung. Alle betroffenen Töchter und Söhne berichten, dass sie Monate, oft Jahre mit sich gerungen haben, bevor sie den Entschluss endgültig fassten, dass sie wieder und wieder versucht haben, in der Beziehung zur Mutter oder zum Vater etwas zu verändern. Es braucht dann manchmal nur ein kleines Ereignis, welches das Fass zum Überlaufen bringt und sie zum Handeln. Selbst nach Jahren ist der Abbruch für die meisten ein zwiespältiges Ereignis. Auf der einen Seite können sie die Beziehung zu den Eltern nicht aufrechterhalten, da diese in ihren Augen zu kraftraubend, zu demütigend, zu respektlos, zu hoffnungslos, zu einsam, zu schmerzhaft, zu beängstigend, zu bedrängend und vereinnahmend ist. Gleichzeitig sehnen sie sich zutiefst nach einer guten, liebevollen Beziehung, die sie vor allem bei den Müttern nicht finden konnten. »Der Konflikt mit meiner Mutter tut mir weh bis in die Zellen«, sagt eine Tochter, und immer wieder ist da ihr unerfüllter Wunsch: »Obwohl ich sie nicht ertragen kann, sehne ich mich so nach der Nähe und Geborgenheit meiner Mutter!« Eine andere Tochter sagt: »Ich will meinen Eltern auf keinen Fall wehtun, aber ich kann den Kontakt, so wie er ist, nicht aushalten.«

Tina Soliman betitelt ihr Buch *Funkstille – Wenn Menschen den Kontakt abbrechen*[3]. Sie erklärt, dass der Begriff der Funkstille – ein Synonym für Kontaktabbruch – aus der Schifffahrt kommt. Erst die Einstellung des gesamten Funkverkehrs, die Stille, stellt den Empfang von Notsignalen sicher. Mit dem Kontaktabbruch sendet das Kind ein Signal, dessen zentrale Botschaft ist: »Hörst du meine Not in meinem Schweigen?« Der Kontaktabbruch ist der Ausdruck von Verzweiflung, er geschieht nicht einfach aus einer Laune heraus, denn in der Regel lieben Kinder ihre Eltern. Der Abbruch ist ein Symbol. Er ist die bewusste Demontage der Verbindung. An dem viel beschworenen Zusammenhalt wird heftig gerüttelt. Der Abbruch und das Schweigen kommunizieren: »Ich finde keinen anderen Ausweg, um auszudrücken, wie es mir mit euch geht, was mein inneres Erleben ist. Als Kind konnte ich nichts tun, aber heute zeige ich dir/euch: ›So will ich nicht mehr. Da du/ihr mich nicht verstehen willst/wollt, gehe ich.‹«

Der Trennungsschmerz der Eltern

Der Endpunkt ist für die Eltern meist nicht zu begreifen. Für sie ist der Abbruch eine Katastrophe, er stellt ihr Leben, ihr Lebensglück infrage. Das, worüber sie sich die letzten Jahrzehnte definiert haben – die Familie –, wird angegriffen. Viele Eltern sagen, dass der Abbruch unvorhersehbar und überraschend für sie war.

---

3 Soliman, Tina: *Funkstille. Wenn Menschen den Kontakt abbrechen*. Stuttgart: Klett-Cotta Verlag 2011.

Es scheint, als hätten sie die Signale nicht sehen, hören und spüren können, als hätten sie die Tragweite der familiären Konflikte nicht wahrhaben wollen. Nur so ist es erklärbar, dass so viele die Entscheidung der Kinder als aus heiterem Himmel kommend beschreiben. Für sie geschieht die Katastrophe ohne Vorwarnung, ohne Rücksicht, ohne die Möglichkeit, etwas dagegen zu tun.

Bei den Eltern gibt es eine ganze Reihe an Reaktionen, und ich gehe im Folgenden vor allem auf die vielen Mütter ein, die mir geschildert haben, wie sie empfinden. An dem einen Ende stehen die Mütter, die nachhaltig im Schock sind: »Ich liebe doch mein Kind und weiß nicht, was ich tun soll. Wie kann ich mein Kind nur erreichen?« Sie erleben den Kontaktabbruch als riesigen Verlust. Dann gibt es die Selbstanklage und das Sich-schuldig-Fühlen: »Habe ich denn wirklich alles falsch gemacht?« Es gibt Betroffene, die sagen: »Man meint ein Leben lang, alles war richtig und gut, und jetzt steht man vor einem Scherbenhaufen. « Andere wieder lassen das Ganze nicht wirklich an sich herankommen. Das klingt dann etwa so: »Wenn ich den Verlust an mich ranlasse, fange ich an zu heulen. Wenn ich es herunterschlucke, ist es leichter, dann sage ich mir: ›Liebe Tochter, dann eben nicht, dann bleib doch, wo du bist!‹«

Und dann gibt es diejenigen, die es vermeiden anzuerkennen, dass es da etwas Schwerwiegendes in der Familie gibt, dass sie an dem Zerwürfnis beteiligt sind. Sie verleugnen die Realität, sie können die Position des Kindes nicht zulassen. Das drückt sich dann etwa so aus: »Sie war doch früher nicht so! Es war doch immer alles gut, unser Kind hat alles gehabt, es ist so behütet groß geworden, wir haben doch immer so viel Schönes unternommen und jetzt will sie nichts mehr von uns wissen, wir haben keine Ahnung, warum.« Oder diese Eltern weisen die Schuld an dem Bruch ihren Kindern zu, im Sinne von: »Du schreckliches Kind, wie kannst du uns das antun! Wie kannst du nur so undankbar sein, wo wir alles für dich getan haben!« Manche zeigen sich nach außen ungerührt und ohne Bedauern.

Die Eltern/Mütter bewegen sich also zwischen Schmerz, Irritation und Abwehr. Was aber sind die Hintergründe dieser Zerwürfnisse? Ist das Band tatsächlich erst mit dem realen Bruch gerissen oder war das Band schon lange davor brüchig? War es vielleicht auf einer tieferen Ebene nie richtig da?

Das Miteinander – wie auf dünnem Eis

Meine These lautet: Ein Kontaktabbruch ist lange vorher fühlbar und von außen betrachtet ist er sogar lange vorhersehbar – nur von innen scheint er oftmals wie nicht erklärlich. Und ein Kontaktabbruch hat eine Geschichte. Es ist, als hätten Mutter und Kind sich verpasst, als hätten sie nicht richtig zueinander finden können. In der Beziehung ist dann so viel Spannung, so viel Unverstandenes, so viel Unheil, dass es einen Notausgang braucht(e). Für die Tochter/den Sohn ist das Miteinander nicht mehr möglich – nur noch das Ohneeinander.

Der konkrete Bruch des erwachsenen Kindes geschieht entweder mit einem großen Knall, es gibt heftige Auseinandersetzungen, bei denen Sätze fallen wie: »Du bist für mich gestorben. Du siehst mich nie wieder! Dann macht doch, was ihr wollt, aber ohne mich!« Oder es ist ein schleichender, langsamer Entfremdungsprozess. Immer ist er der Schlusspunkt einer schwierigen Beziehung. Die Kommunikation, das Miteinander waren bereits lange gefährdet und brüchig. Wie zu dünnes Eis – jederzeit konnte es an einer Stelle einbrechen. Aus meiner Sicht ist ein Kontaktabbruch die Zäsur einer ohnehin schwierigen Beziehung.

Und ich vermute, die meisten Eltern hatten schon immer eine Ahnung, dass zwischen ihnen und den Kindern etwas fehlt, dass sie das nicht ausdrücken konnten, was sich tief in ihrem Herzen eigentlich ausdrücken wollte.

Die Sprache fehlt

Eva Holthaus ist 56 Jahre alt. Für sie war es schon lange schwierig mit ihrer Tochter, die ihr dann auch eines Tages mitteilte, sie habe sich immer vernachlässigt und lieblos behandelt gefühlt, die Brüder seien immer wichtiger gewesen und würden bis heute besser behandelt und jetzt müsse sie erst einmal Abstand von der Mutter nehmen. Für Eva Holthaus bricht die Welt zusammen und nach dem ersten Schock beginnt sie sich zu erinnern. Schon mit fünf, sechs habe sich die Tochter oft ganz zurückgezogen, saß allein in ihrem Zimmer und spielte. Manchmal weinte das Kind, und Eva Holthaus verstand gar nicht, warum. Ihre beiden Söhne waren dagegen so unkompliziert und pflegeleicht, mit ihnen gab es nie Probleme, die waren und sind immer guter Dinge. Eva Holthaus spürt, dass sie schon damals nicht so recht wusste, wie sie mit der Tochter umgehen sollte. Ja, sie habe sie getröstet und auf den Schoß genommen, aber den Kummer des Kindes nie richtig verstanden. In der Rückschau sieht Eva Holthaus, wie hilflos sie war. Es gab eine Art Wand zwischen ihr und der Tochter, etwas Fremdes, das sich immer wie eine gewisse Distanziertheit angefühlt habe. Und das sei auch heute noch so. Wenn heute die Tochter käme und reden wolle, dann wäre sie ganz unsicher. Sie habe richtig Hemmungen, weil sie gar nicht wisse, was sie sagen solle: »Wahrscheinlich wäre ich sprachlos.« Eine andere Mutter sagt: »Ich habe Angst, eigentlich sogar Panik vor einem Gespräch, ich fühle mich so bloßgestellt. Und was, wenn ich wieder etwas Falsches sage?«

Wenn es dann doch einmal zum Kontakt kommt, so berichten die Mütter, seien sie vollkommen verhaltensunsicher, was bis zu einem Gefühl von Lähmung gehen könne. Das Grundgefühl ist dann: »Was ich tue und mache, alles ist falsch. Ich kann mein Kind nicht mehr erreichen.«

Ähnliches höre ich auch von Töchtern. Auch sie fürchten, wieder etwas falsch zu machen oder wieder falsch verstanden zu werden oder auch gar nicht verstanden zu werden. Die gemeinsame Sprache fehlt.

Das Beste gegeben – das Beste nicht bekommen

Bei dem Thema Kontaktabbruch haben wir es mit zwei unterschiedlichen Wahrnehmungen zu tun. Die Kinder erleben etwas ganz anderes als die Eltern. Es ist wie zwei Leben in einem – in einem Familienleben. Die Wahrnehmungen gehen grundlegend auseinander. Die betroffene Mutter wird immer sagen: »Ich habe doch mein Bestes getan!« – und das ist für sie auch absolut stimmig. In dem Buch *Mütter sind auch Menschen* beschreibe ich genau das – ja, die Wahrheit ist, es war das Beste, was die Mutter geben konnte, und etwas anderes war ihr, zumindest als junger Mutter, nicht möglich. Für die Tochter, die den Kontakt nicht mehr aushalten kann, ist etwas anderes wahr, sie drückt aus: »Ich habe nicht bekommen, was für mich das Beste gewesen wäre!« Und im Nachsatz steht: »Leider ist meine Mutter nicht bereit, das anzuerkennen.«

Es gibt noch eine weitere Diskrepanz. In den Familien, die entzweit sind, stehen die Eltern in Richtung Ende ihres Lebens –

während die Kinder am Anfang oder in der Mitte stehen. Das bedeutet, die Eltern schauen zurück, ihr Lebensplan kann nicht wiederholt werden: Was geschehen ist, ist nicht mehr zu ändern. Man hatte sich doch ein schönes Leben, eine glückliche Familie gewünscht, wollte unter Umständen alles besser machen, als man es mit den eigenen Eltern erlebt hatte. Deshalb ist es auch so unglaublich schwer sich einzugestehen, dass es ganz anders geworden ist, als man es wollte, dass im eigenen Leben offensichtlich etwas nicht gelungen ist. Diese Situation macht die Mütter und Väter so angreifbar und verletzbar. Und die Einlassung von Eltern, die sagen: »Willst du denn unser Leben kaputt machen?«, ist durchaus verständlich. Ich glaube, das ist einer der Gründe, warum Eltern nicht zulassen, was ihre Kinder zu sagen haben. Sie sehen ihr Leben infrage gestellt – und das ist für sie kaum zu ertragen. Sie erwehren sich jeder Kritik, jedes Argument ihrer Kinder schmettern sie ab, die Angst ist zu groß.

Wie Chinesisch – eigentlich nicht zu verstehen

Das erste Interview zu diesem Buch führte ich mit Katharina Hoffmann. Sie ist 73 Jahre alt und lebt seit vielen Jahren allein. Sie hat eine Tochter. Das Gespräch mit Frau Hoffmann, einer geistig sehr aktiven Frau, hat mich an einer Stelle wirklich verblüfft, und ich möchte das erst einmal kommentarlos beschreiben.

»Ich habe seit acht Jahren kaum Kontakt zu meiner Tochter. Dreimal hat sie sich in den Jahren gemeldet und das nur, weil sie Geld brauchte.« Es ist ein Novembernachmittag. Katharina Hoffmann hat mich zu sich nach Hause eingeladen, es gibt Kaffee und das erste vorweihnachtliche Spritzgebäck. Wir sitzen im Wohnzimmer, in den Regalen aus Eiche stehen Familienfotos. Großeltern, Eltern und eine hübsche blonde junge Frau. Das muss die Tochter sein – überall Fotos von ihr, am Strand, der erste Schultag, ein Portrait, vom Profi aufgenommen, das klassische Weihnachtsfoto – das Mädchen lächelt. Einen Ehemann und Vater kann ich nirgends finden. Neben kleinen Porzellanfiguren und Andenken sehe ich Fotos von einem Jungen und einem Mädchen: »Das sind meine Enkel, die sehe ich ja auch nicht mehr«, sagt Frau Hoffmann. Sie ist eine überaus freundliche Frau mit einer warmen Ausstrahlung. Gleichzeitig ist da ihre große Frage, ihr Unverständnis, was mit ihrem Leben geschehen ist:

»Ich weiß nicht, wie ich meine Tochter erreichen soll. Erst vor drei Monaten, da wollte sie wieder Geld, nach langer Zeit das erste Mal, dass ich sie sehe, und dann sitzt sie hier und wir können nicht reden über das, was zwischen uns steht. Sie will nicht. Ich bitte sie immer, flehe sie an um ein Gespräch ..., sie will nicht. Nach 16 Monaten rigoroser Funkstille sitzt sie hier zu Besuch und kein Gespräch. Wissen Sie«, sagt Frau Hoffmann und schluckt, weil ihr die Tränen in den Augen stehen, »Lisa kommt, setzt sich hier hin und schnappt sich sofort ihr Tablet – so was hat sie, obwohl sie ja eigentlich kein Geld hat! Aber technisch die tollsten Sachen, alles, was neu ist, das hat sie! Und dann fängt sie sofort mit irgendwelchen Spielen an. Spielt die ganze Zeit. Ich krieg dann einfach keinen Kontakt zu ihr. Und dann bin ich auch erleichtert gewesen, als sie wieder ging. Weil ich nicht weiß, wie ich mit ihr reden soll. Ich fühle mich dann so hilflos. Geld kann und will ich ihr nicht mehr geben.«

Was die 73-Jährige über ihre 50-jährige Tochter Lisa berichtet, ist Anklage und zugleich Ausdruck von Verzweiflung, ihrer Hoffnungslosigkeit und dieses Nichtverstehens:

»Ja, das tut weh. Ich habe oft gedacht, das kann doch gar nicht sein. Aber du kannst es nicht abstellen, kannst nichts tun. Da setzt du ein Kind in die Welt und du hast ja irgendwie den Kontakt dazu. Und es war für mich unvorstellbar, dass man dann nicht mehr miteinander redet oder den anderen nicht versteht. Dass das so in die Brüche gehen kann wie bei mir, ich konnte mir das einfach nicht vorstellen. Und ich habe mich deshalb auch lange sehr geschämt.«

Frau Hoffmann hatte mich nach einer Lesung angesprochen. Ihre eindringliche Frage an mich, was ich ihr rate, um wieder in Kontakt mit ihrer Tochter zu kommen, hatte mich wirklich berührt, und sie war es, die den letzten Anstoß gab für dieses Buch, denn mit dem Thema Kontaktabbruch bin ich seit Jahren mehr und mehr konfrontiert.

Katharina Hoffmann hat sich viele Gedanken über ihre Ehe und die Tochter gemacht, hat eine Therapie hinter sich und ist wirklich reflektiert, was ihr Leben betrifft. Sie erzählt in einem langen Gespräch über sich und ihre Familie. Es ist eines der Schicksale, mit dem keiner tauschen möchte. Eine große Einsamkeit durchzieht ihr Leben. Sie muss sehr früh einen Mann heiraten, den sie nie gewählt hätte und der ihr fast unerträglich war. Verliert ihr erstes Kind kurz nach der Geburt, dann eine schwierige Fehlgeburt, das dritte Kind lebt und wird ein Mädchen. »Ich war davon überzeugt: Wenn ich ein Kind habe, dann kann der Mann mir egal sein. Dann habe ich was zum Liebhaben.« Bald stellen sich Depressionen ein und im Laufe der Jahre kommen Selbstmordfantasien dazu. Katharina Hoffmann lässt sich endlich scheiden, die 14-jährige Tochter pendelt zwischen den Eltern hin und her.

Aber erst Jahrzehnte später macht Lisa ihrer Mutter den formulierten Vorwurf »Du warst und bist ja nie für mich da!« und beendet den Kontakt. Die Anschuldigungen der Tochter scheinen erst einmal völlig unsinnig, denn die Mutter war nicht berufstätig, sondern umsorgend zu Hause und immer für die Tochter da. Hat mit ihr in den ersten drei Jahren gekuschelt und sie lieb gehabt. Was ist dann also passiert?

Im Laufe unseres Gesprächs ereignet sich dann etwas für mich völlig Unerwartetes. Wie gesagt, Katharina Hoffmann ist eine sehr offene, reflektierte Frau und hat im wahrsten Sinne jahrelang über sich und ihre Familie, über das Verhältnis zu ihrer Tochter nachgedacht. Nachdem sie den schwierigen Einfluss ihres Ex-Mannes auf die Tochter beklagt hat – er sei eigentlich verantwortlich für die Tragödie, denn er habe das Kind durch übermäßiges Verwöhnen an sich gezogen und ihr damit entzogen –, entwickelt sich folgender, für mich erstaunlicher Dialog, den ich hier wörtlich wiedergebe.

Haarmann: Darf ich Ihnen etwas dazu sagen?
Hoffmann: Ja, bitte.
Haarmann: Das scheint mit Ihrem Mann damals sehr schwierig gewesen zu sein. Wenn Ihre Tochter jedoch hört, der Vater sei Ursache des Konflikts, ist das vertrackt. Ich vermute, Ihre Tochter will keine Schuldzuweisung hören, nichts von einer Konkurrenz zwischen Vater-Mutter-Kind. Sie möchte von Ihnen hören: »Du hast recht, ich war damals in meinem Film. Ich war damals so mit mir und der schwierigen Ehe mit deinem Vater beschäftigt, so deprimiert, und ich glaube, ich habe dich wirklich oftmals übersehen.« Können Sie sich vorstellen, dass es das ist, was Ihre Tochter von Ihnen hören möchte, und nicht, dass der Vater alles falsch gemacht hat? Sie möchte, dass Sie als Mutter etwas richtigstellen.

Hoffmann: Da mögen Sie recht haben. (Lange Pause)... Ja, vielleicht haben Sie recht.

Haarmann: Was meint das wohl: »Du warst nie für mich da!«? Kann es sein, dass Ihre Tochter das damals so wahrgenommen hat?

Hoffmann: (...) Ja, so betrachtet, haben Sie recht ... So betrachtet, könnte da was dran sein.

Haarmann: Mir ist klar, dass Sie damals hochbelastet waren ...

Hoffmann: ... Ja, ich war hochbelastet und fast außer mir. Es gab damals Zeiten, da war ich wie gar nicht mehr ich selbst.

Haarmann: Und diesen Menschen, diese Mutter hat die Lisa erlebt. Sie hat eine Mutter erlebt, die gar nicht sie selbst war, und dann sagt sie nach 40 Jahren: «Du warst früher nicht für mich da.«

Hoffmann: Tja, so gesehen ... Darüber habe ich noch gar nicht nachgedacht. Ich habe immer nur gesehen, dass ich Lisa nicht erreiche.

Haarmann: (...) Ich glaube, dass das für ein Kind dramatisch ist, denn es spürt, dass es der Mutter schlecht geht und dass die vielleicht sogar Gedanken hat, sich das Leben zu nehmen. Weiß Ihre Tochter davon?

Hoffmann: Das glaube ich nicht. Wir haben nie darüber gesprochen.

Haarmann: Vielleicht fangen Sie an, dahin zu fühlen, wie es wohl damals der kleinen Lisa ergangen ist? Mama und Papa verstehen sich nicht, die Mama so traurig, so leidend ...

Hoffmann: Ja, da gebe ich Ihnen recht ... (lange Pause)... Ich habe nie darüber nachgedacht. Eigenartig! Wissen Sie, das ist jetzt so, als würden Sie Chinesisch mit mir reden. Wirklich fremd. Ich habe über so vieles, was in meinem Leben passiert ist, nachgedacht, mich aber nie gefragt, wie es meinem Kind damals gegangen ist. Das ist, als hätten Sie mir gerade das Chinesische ins Deutsche übersetzt (sie lacht). Ich fange zumindest an, zu verstehen. Auf dem Dampfer bin ich noch nie gewesen.

Verblüffend, oder? Frau Hoffmann entdeckt in diesem Moment, dass ihre Wahrnehmung eine andere ist als die ihrer Tochter, dass es zwei Erleben in einem Familienleben gibt. So sehr war sie mit sich und ihrem eigenen Schicksal beschäftigt, so sehr hat sie die Empfindungen ihrer Tochter ausgegrenzt. Als wir uns verabschieden, hinterlasse ich eine nachdenkliche Mutter, die mir nur einen Tag später folgende Mail schickt:

Liebe Frau Haarmann,
unser Gespräch gestern hat mich doch sehr bewegt. Mir ist dazu noch etwas eingefallen: Meine Tochter hat mir einmal ein Gedicht von Rainer Maria Rilke vorgetragen, und zwar »Der Panther«. Ich habe das Gedicht noch einmal gelesen und darüber in Ruhe nachgedacht. Ich habe sehr geweint.

Der Panther

Sein Blick ist vom Vorübergehn der Stäbe
so müd geworden, dass er nichts mehr hält.
Ihm ist, als ob es tausend Stäbe gäbe
und hinter tausend Stäben keine Welt.

Der weiche Gang geschmeidig starker Schritte,
der sich im allerkleinsten Kreise dreht,
ist wie ein Tanz von Kraft um eine Mitte,
in der betäubt ein großer Wille steht.

Nur manchmal schiebt der Vorhang der Pupille
sich lautlos auf –. Dann geht ein Bild hinein,
geht durch der Glieder angespannte Stille –
und hört im Herzen auf zu sein.

Rainer Maria Rilke, 1902, Paris

Katharina Hoffmann beginnt also zu spüren, dass ihre Tochter etwas erlebt hat, was sie als Mutter nie geahnt, nie gefühlt hat, was sie nie zulassen konnte, was sich ihrem bewussten Erkennen entzogen hat. Wenn es ihr jetzt gelingen könnte zu sehen, dass ihr Kind damals eine andere Wahrnehmung hatte, dass die Familiensituation auf spezielle Weise bedrückend und beängstigend für ihre Tochter war, wenn es ihr also möglich sein könnte, die Wahrheit der Tochter anzuschauen, dann wäre das aus meiner Sicht der Weg zur Veränderung der Beziehung. Das wirklich Erstaunliche ist, dass Frau Hoffmann acht Jahre vermieden hat, sich diese Fragen zu stellen. Wie kann das sein? Was hat das für einen Hintergrund?

Bei einem Kontaktabbruch gibt es nichts mehr kleinzureden oder zu bagatellisieren. Das Schlimmste ist ja schon passiert, die Familie hat einen Riss. Und sofern die Beteiligten unter der Entzweiung leiden, wäre es doch sinnvoll, sich mit den Ursachen auseinanderzusetzen. Aber genau das scheint sehr schwer zu sein. Obwohl sich sowohl die Eltern als auch die Kinder eine verbindende Kommunikation wünschen, eine Sprache, die sie wieder zueinanderführt, bleiben sie in Kommunikationsmustern stecken, die die Türen immer weiter verschließen. Als wäre da eine Unmöglichkeit, den anderen wahrzunehmen. Damit bin ich in diesem Buch an der schwierigsten Stelle. Es scheint für Eltern gefährlich zu sein, sich die Ursachen anzuschauen, und noch gefährlicher, zu fühlen, was zu dem Bruch geführt hat. Man vermeidet, die Wahrheit anzuschauen.

Von Schutz- und Abwehrmechanismen

Dieses Vermeidungsverhalten macht die Beziehung zwischen Eltern und Kindern so schwer. Gleichwohl ist es überall zu finden. In meiner Praxis, in vielen Briefen, die mich erreichen, in Internetforen, in Büchern berichten Mütter von ihrer Fassungslosigkeit, ihrer Kränkung, ihrer Wut. Sie drücken aus, wie sehr sie sich verlassen fühlen. Sie haben kein Verständnis für das, was da passiert. Man will es eben nicht wahrhaben. Es gibt Mütter, die jede Beteiligung abwehren. Nicht selten wird dann alles der Tochter, dem Sohn zugewiesen: »Wenn du nur anders wärst!«, »Warum bist du nur so schwierig?«, »Schon als kleines Kind hast du Probleme gemacht.«, »Du warst schon immer eine Zumutung!« Sie projizieren, weil sie den Schmerz nicht zulassen, die Verantwortlichkeit auf das Kind. Diese Übertragung geht so weit, dass Eltern kein gutes Haar an ihren Kindern lassen. Sie beklagen, was sie für einen schrecklichen Nachwuchs haben. Manche bewerten die Kinder als geldgierig, aggressiv, hinterlistig und manipulativ.

Der Großteil der Eltern ist allerdings mit Fragen beschäftigt: »Warum? Warum willst du nicht mehr mit mir zusammen sein?«, »Warum kann ich dich nicht erreichen?«, »Warum redest du nicht mit mir?«, »Warum enthältst du mir meine Enkel vor?« Und diejenigen, die zulassen, dass etwas nicht gut gelaufen ist, fühlen sich schnell schuldig oder schämen sich für ihr vermeintliches Versagen.

Fühlen macht Angst

Dieses Negieren der eigenen Beteiligung wird in der Psychologie als Vermeiden, Verleugnen und Verdrängen bezeichnet. Man vermeidet, sich der Realität zu stellen. In diesem Fall der Tatsache, dass an einem Beziehungskonflikt immer alle beteiligt sind. Dieser Vermeidungsprozess ist ein sehr menschlicher Vorgang. Wer will schon so eine Tragödie wahrhaben? Niemand kann sich von Verdrängung freisprechen. Man will die Vorwürfe, die Anklage, die alten Geschichten nicht hören und versteht das alles auch gar nicht. Wir alle haben die Neigung, unangenehme Gedanken und Gefühle aus dem Bewusstsein zu verdrängen, eben weil sie unangenehm sind. Umgangssprachlich als »blinder Fleck« bekannt.

Und manchmal ist die Angst vor der Wahrheit so groß, dass man dem Unglück lieber freien Lauf lässt. Man traut sich nicht, sich mit den Geschehnissen zu konfrontieren. Der Vorgang der Vermeidung/Verleugnung/Verdrängung verläuft mehr oder weniger bewusst. Er ist ein notwendiger Schutzmechanismus, der verhindert, dass wir von Gefühlen überwältigt werden.

Den Finger in die Wunde gelegt – was ist mein Part?

In der Psychotherapie ist dieses Phänomen Alltag: Nichts ist schwerer, als sich den Gefühlen, den Tatsachen zu stellen, die man nie sehen wollte. Ein Albtraum beispielsweise, zuzulassen, dass die Ehe, für die man alles getan hat, am Ende ist. Zu fühlen, dass man als Kind nicht wirklich geliebt wurde, eine Sucht anzuerkennen oder sich einzugestehen, dass das eigene Fleisch und Blut schreckliche Wahrheiten über die Familie ausspricht.

Die Angst vor der Wahrheit vergleiche ich gerne mit folgendem Bild: Es fühlt sich an, als stehe man am Abgrund, und die Angstgedanken sagen: »Gehst du nur einen Schritt weiter, dann gibt es keinen Halt mehr und du wirst ins Bodenlose fallen.« Da will niemand hin. Umso erstaunlicher ist die Tatsache, dass es jedes Mal, wenn die Betroffenen dann den Mut aufgebracht haben und die Wahrheit benennen, leichter wird. Der Abgrund wird überschaubar und ein Weg zeichnet sich ab. Sich der Wahrheit zu stellen, öffnet immer eine Tür zu etwas Neuem. Die massiven Konflikte mit den Kindern zwingen Mütter und Väter allerdings hinzuschauen und sich der Familienrealität zu stellen. Denn das Kind vermittelt unmissverständlich: »Ich habe Dinge mit dir erlebt, die mir nicht gutgetan haben, ich habe Wesentliches vermisst.« Dieser Vorwurf legt den Finger in die Wunde.

Ich bin überzeugt: Bei einem Kontaktabbruch wird es nur eine Wiederannäherung geben, wenn man sich als Elternteil dem eigenen Tun nähert und stellt. Warum ist es so gekommen, was ist mein Part in diesem Konflikt? Könnte es sein, dass mein Kind etwas zu sagen hat, was mich auch angeht? Oder glaube ich wirklich, dass das alles ganz ohne mein Zutun geschehen ist? Bleibe ich dabei, dass die Position der Elternschaft mich per se in die Rolle des Rechthabens versetzt? Wenn Eltern ihrem Kind wieder näherkommen möchten, dann werden sie sich Fragen stellen und in das Erleben, in die Argumente der Kinder eintauchen müssen, um zu erforschen: Warum ist meine Tochter, mein Sohn so geworden? Um welchen Schmerz geht es hier, dass sie/er so heftig reagieren muss? Was davon kenne ich aus meiner eigenen Geschichte?

Um die Dimension dieser Vermeidung noch deutlicher zu machen, zitiere ich aus einem Brief von Alice Miller an ihren Sohn

Martin Miller. Es ist eines der erschütterndsten Zeugnisse dieses »Nicht-wahrhaben-Wollens«.[4]

Brief vom 28. Mai 1998:
»… Bevor ich sterbe, wollte ich dir sagen: Wenn ich eine einigermaßen gute Mutter für Dich gewesen wäre, hättest Du niemals so ein schlechtes Bild von mir. Also war ich so, wie Du mich siehst. Ich kann diese Wahrheit nicht länger abschütteln oder umgehen. Ich will meinem Sohn nicht länger ausweichen … Er hat mir die Wahrheit gesagt, die ich nicht hören wollte. …[5]

Es ist eine große Kränkung, wenn man vom eigenen Kind erfährt, wie herzlos, blind und dumm man mit ihm umging. Man will es vergessen und verziehen haben. … Ich habe mich in viele Menschen einfühlen können, nur in meinen Sohn konnte ich es nicht. Als er es mir sagte, habe ich es bestritten. Ich? Gibt es nicht Beweise, dass andere sich von mir verstanden fühlten? Und das sollte mir da nicht möglich sein, wo es mir so darum ging? Wo ich mich so darum bemühte? Ja, so war es. Gerade bei ihm fehlte mir die Empathie. Nicht ohne Gründe, hätte ich mich in ihn einfühlen können, dann hätte ich mich so erkennen müssen, wie ich zu ihm war: ahnungslos, kalt, hart, kritisierend, erzieherisch und nie wirklich so, wie ich es hätte sein wollen, wie ich es mir einbildete zu sein. Dieses falsche Wunschbild habe ich ihm noch aufgezwungen und damit seine Wahrnehmung verwirrt. Als er sich nicht länger verwirren ließ, musste ich endlich in den Spiegel schauen. Ich musste sehen, dass ich mit meinem ersten Kind fast genauso

---

4 Miller, Martin: *Das wahre »Drama des begabten Kindes«. Die Tragödie Alice Millers* © 2016 Verlag Herder GmbH, Freiburg im Breisgau, S. 131 f.

5 A.a.O., S. 131.

war wie meine Mutter mit mir. … Ich bin jetzt auch alt genug, um die Wahrheit auszuhalten und nicht länger davonzulaufen. Wohin? Wozu? Ein verpfuschtes Leben lässt sich nicht mit Lügen aufpolieren. Eine verlorene Mutterschaft auch nicht.«[6]

Das Erschütternde ist die Tatsache, dass Alice Miller, Doktor der Philosophie, Psychologin, Kindheitsforscherin und Autorin, die Anwältin der Kinder war. Sie ist diejenige gewesen, die die Gesellschaft in den 70er- und 80er-Jahren aufgerüttelt hat, endlich die Perspektive der Kinder einzunehmen. Sie hat als eine der Ersten beschrieben, dass Bindung, Liebe und Einfühlung sowie Gewaltfreiheit lebensnotwendig für den werdenden Menschen sind. Das »Drama des begabten Kindes« ist ein stehender Begriff für das Leiden der Kinder geworden. Alice Miller benennt die Respektlosigkeit, die Kälte, die Schläge, die bedrohliche Enge, die Überforderungen, denen Kinder ausgesetzt waren und sind. Sie zeigt auf, wie Kinder schon immer gelernt haben, mit diesen Lieblosigkeiten bis Grausamkeiten umzugehen.

Und nun macht ihr Sohn in seinem Buch deutlich, dass auch seine Mutter herzlos, kalt, herrisch, ohne Empathie ihm gegenüber war, dass sie seine Integrität nicht respektieren konnte. In der Theorie schrieb sie gegen die »Schweigemauer« in Familien, gegen die Verdrängung und Verleugnung an. In ihrem persönlichen Leben hat sie um ihr eigenes Handeln eine Schweigemauer wie aus Beton gezogen. Sie hat öffentlich nie über ihre kalte Mutter gesprochen, nie über das Grauen im Warschauer Ghetto, das sie überlebt hatte. Alice Miller musste offensichtlich selber abspalten und verdrängen, was ihre eigene Kindheit und

6 Miller, Martin, 2016, S. 132.

ihr eigenes Handeln betraf. Auf verhängnisvolle Weise tat sie ihrem Kind das an, was ihr angetan wurde.

In einem anderen Brief an ihren Sohn deutet sie schon Jahre vorher an, dass die Verdrängung, das Nicht-Spüren, leichter war als der Schmerz der Vergangenheit. Sie schrieb am 22.11.1987:

> »Warum brauche ich 60 Jahre, um zu sehen, wie grausam, zerstörerisch, ausbeuterisch, durch und durch verlogen und lieblos meine Mutter war.... Weil die Verdrängung der Schmerzen aus der Kindheit so unheimlich stark ist + weil ich, um sie aufrechtzuerhalten, lernen musste, nichts zu merken, nicht zu fühlen + den verlogenen Versicherungen, sie würde mich ›lieben‹, zu glauben.«[7]

Ihr Sohn Martin Miller schreibt:

> »Für meine Mutter war die Abspaltung offenbar die einzige Möglichkeit, für sich ein Stück Lebensqualität nach dem Kriege zu erlangen ... Andererseits zeigt ihr Beispiel auf erschreckende Weise, was geschehen kann, wenn schwere Traumatisierungen – wie Krieg, Verfolgung oder andere Gewalterfahrungen – nicht aufgearbeitet werden.«[8]

---

7 Miller, Martin: *Das wahre »Drama des begabten Kindes«. Die Tragödie Alice Millers* © 2016 Verlag Herder GmbH, Freiburg im Breisgau, S. 10.

8 A.a.O., S. 25.

Von Generation zu Generation zu Generation

In meine Praxis kommen Männer und Frauen, die eine sehr problematische Beziehung zu ihren Eltern haben oder die den Kontakt ganz abgebrochen haben. Dennoch fällt es vielen schwer, das auszusprechen, was für sie so belastend mit Mutter oder Vater war. Sie wollen den Eltern nicht wehtun oder sie beschuldigen. Denn da ist dieses Band – man will seine Eltern trotz allem schützen. Ich erkläre dann: »Es geht hier nicht darum, Ihre Eltern vorzuführen oder anzuklagen. Wäre Ihre Mutter, Ihr Vater hier bei mir, dann würde ich auf die gleiche Weise mit Ihren Eltern arbeiten. Es geht darum, die Beziehungsproblematik von einer Generation zur anderen endlich zu unterbrechen, damit sich das ›Familien-Herz‹ wieder öffnen kann.«

Ich bin überzeugt: Wenn wir die gravierenden Verwicklungen in Familien nicht anschauen, dann werden die problematischen Beziehungsdynamiken weitergegeben. Es geht dann von den Großeltern zu den Eltern zu den Enkeln usw.

Wer sich als Mutter oder Vater erlaubt, sich dieser Thematik zu stellen, der wird gleichzeitig mit der weitergehenden Fragestellung konfrontiert sein: »Was kenne ich von meinen eigenen Eltern? Wie bin ich tituliert worden, wie wurde mit meinen Wünschen und Interessen umgegangen, wie viel Respekt wurde mir gegenüber aufgebracht? Wurde ich geliebt? Kenne ich von meinen Eltern Sätze, die ich heute selber sage? Kenne ich vielleicht sogar den Schmerz, den meine Tochter, mein Sohn formuliert? Was habe ich von meinen schmerzlichen Erfahrungen weitergegeben, obwohl ich mir vorgenommen hatte, es anders zu machen?«

»Einspruch, liebes Kind!«

Sind die Eltern in der Lage, ihren Part anzuschauen, ist es ihnen möglich, die Realität anzuschauen, dann macht das Veränderung möglich. Es ist also nicht leicht, aber sehr hilfreich, die folgenden konkreten Aussagen von Eltern anzuschauen, denn mit ihnen wird deutlich, wie die Vermeidungs- und Verdrängungsprozesse klingen:

- Eine Mutter versteht die Welt nicht mehr: »Wieso soll ich eine neue Haltung einnehmen? Meine Tochter sagt doch Nein zu mir und nicht umgekehrt! Außerdem, wieso kommt sie denn jetzt damit? Jetzt könnte doch alles gut sein. Ich verstehe das nicht!«

- Der Einspruch eines Vaters: »Ich frage mich, ob es meiner Tochter überhaupt zusteht, so mit uns zu reden. Wieso wirft sie uns jetzt die alten Kamellen vor, sie ist doch eine tolle junge Frau geworden, sie hat doch alles?! Und wir haben uns immer für die Kinder krummgelegt.«

- Eine 60-Jährige: »Wieso sollen jetzt auf einmal die Streitereien mit meinem Mann so schlimm gewesen sein? Ich habe doch immer versucht, die Kinder zu schützen, sie meine Probleme nicht spüren zu lassen. Ich habe versucht, sie aus allem rauszuhalten, und jetzt wirft sie mir das vor.«

All diese Einwände klingen logisch, nur drücken sie aus: An die Ursache des Konfliktes will ich auf keinen Fall heran. Ich will unter keinen Umständen mehr an die Zeiten denken, die für die Kinder so schwerwiegend waren und die zur Klärung anstehen. Es legt sich eine Art Weichzeichner über die Vergangenheit. Man malt sich die Dinge schön: »Ja, da war sicher nicht alles leicht, aber das muss doch jetzt auch mal gut sein.« Nur für die Tochter, den Sohn ist genau diese Vergangenheit vielleicht der Kern der Störung, und sie möchten, dass die Eltern dafür die Verantwortung übernehmen, dass sie anerkennen, was wirklich war. Genau die oben beschriebene Abwehrhaltung macht das aber unmöglich. Im Gegenteil, sie verschärft den Konflikt, denn sie signalisiert: »Ich verstehe nicht, was du sagst, ich will es auch nicht verstehen, jetzt lass doch mal gut sein.«

Dieser Abwehrmechanismus hat Folgen. Das erwachsene Kind fühlt sich mit seinem Anliegen nicht ernst genommen, sondern abgewiesen, denn die Eltern wollen einfach nicht hören, was es zu sagen hat, noch schlimmer, das Anliegen des Kindes wird kleingeredet und ignoriert. Den Gefühlen der Tochter/des Sohnes wird damit kein Raum gegeben, sie werden mit ihrem für sie existenziellen Problem stehen gelassen.

Es gibt Einsprüche, die an Schärfe noch einen Takt zulegen. Das klingt dann so: »Willst du mich etwa kritisieren? Dazu hast du keinerlei Recht!«, »Ich lass mir doch mein Leben nicht von dir zerstören!«, »Willst du hier Widerworte geben und mir sagen, was ich zu tun und zu lassen habe? Sei endlich still!«, »Warum muss ausgerechnet ich so ein schreckliches Kind haben?«. Eine andere Variante: »Willst du, für die ich alles getan habe, für die ich mich aufgeopfert und mein Leben zurückgestellt habe, willst du mir sagen, was richtig und was falsch ist? Bleib, wo du bist, von mir bekommst du noch nicht mal mehr das Schwarze unter den Fingernägeln.«

Nicht selten wird die Schuld nach außen adressiert: »Die hat doch sicher einen Therapeuten, der ihr das alles einredet.« Oder »Jetzt, wo sie einen neuen Partner hat, sind wir auf einmal nicht mehr gut genug!« Eltern, die sich von ihren Kindern verlassen fühlen, sind oft unglaublich wütend. Andere müssen Schuld haben an dem Desaster. Sie wittern Sekten, schreckliche Freunde, unfähige Therapeuten. Diese Denkweise beinhaltet: »Es liegt an dir, und wenn du wieder lieb oder normal bist, wenn du dich von dem schlechten Einfluss gelöst hast, dann darfst du wiederkommen.« Das ist eine Form der Abwehr, eine Anklage, die die Tür endgültig zuschlägt. Dem Kind wird jedes Recht auf eine eigene Meinung, einen eigenen Standpunkt, eigenes Fühlen abgesprochen, es wird weiter wie ein unmündiges kleines Kind behandelt.

Alle diese Aussagen vonseiten der Eltern verbergen etwas sehr Subtiles. Haben die Eltern recht, so wie sie es formulieren – dann kann das Kind nicht recht haben. Stimmt die Empfindung der Mutter – dann kann die Empfindung der Tochter nicht stimmen. Damit wird etwas bekräftigt, was das Kind schon früher erlebt hat und worunter es bis heute leidet. Die Einlassungen der Eltern besagen: »Was ich sage, ist richtig, was du sagst, ist falsch.« Das ist eine verhängnisvolle Botschaft. Denn das Kind erlebt etwas, was es schon zur Genüge kennt: »Mein Erleben ist falsch, also bin ich falsch. Ich bin nicht richtig! Ich bin das Unrechtkind.«

»Sie war doch immer so lieb!«

Es gibt aus meiner Sicht noch einen anderen Verleugnungsvorgang. Auch wenn es erst einmal gar nicht so aussieht, als würde damit etwas vermieden werden. Nein, es klingt sogar richtig. In einer Sendung des WDR-Hörfunks der Journalistin Nina Magoley mit dem Titel »Verlassene Eltern« heißt es: »Sie verstehen die Welt nicht mehr: Eltern, deren erwachsene Kinder den Kontakt zu ihnen abgebrochen haben, sagen: ›Dabei war bei uns doch alles in Ordnung.‹ Und sie alle zermürbt die gleiche Frage: ›Warum?‹«[9]

In diesem Beitrag wird die Selbsthilfegruppe »Verlassene Eltern« vorgestellt. Diese Gruppen gibt es mittlerweile bundesweit. Nina Magoley zitiert ein Elternpaar, das die Meinung der Gruppe wiedergibt: »Die (Kinder, die sich abgewandt haben) haben alle ganz viel Liebe und ein gutes, behütetes, solides Elternhaus gehabt, alle. Die Geschichten sind zwar immer ein bisschen unterschiedlich, aber der rote Faden geht durch, dass es eigentlich immer in behüteten Familien ist, wo die Kinder eigentlich vernünftig mit den Eltern umgegangen sind und umgekehrt genauso.«

Nina Magoley kommentiert:

»Und scheinbar plötzlich sind sie weg, die behüteten Kinder. Brechen oft radikal alle Brücken hinter sich ab, ändern ihre Telefonnummern, ihren Wohnort, schicken Briefe ungeöffnet zurück. Für die Eltern bleibt nur ein großes Fragezeichen. Einige der anwesenden Eltern haben seit Jahren nichts mehr vom Sohn oder von der Tochter gehört. Sie sind schätzungsweise zwischen Ende vierzig und siebzig, sitzen mit ratlosen Gesichtern um einen langen Tisch herum und erzählen von ihren Kindern. Ein Vater sagt: ›Sie (die Tochter) hatte zu meiner Frau ein sehr enges Verhältnis. Das war vorbildlich für mich – immer. Wir haben viel Quatsch gemacht, wir sind zu Musicals gefahren, wir haben in der Hinsicht alles miteinander gemacht. Pflegeleicht war sie, auch in der Schule. Es gab keine Auseinandersetzungen. Es gab Meinungsverschiedenheiten, aber Aus-

9 WDR 5, Feature vom 05.02.2014: Verlassene Eltern; Autorin: Nina Magoley.

einandersetzungen gab's eigentlich nicht. Wir haben uns auch nie gestritten oder so.‹ Die Mutter: ›Wenn mir andere Mütter erzählt haben, oh, meine Tochter, Pubertät usw., hab ich immer gesagt: Ich überhaupt nicht. Es hat niemals in irgendeiner Weise Streit oder irgendwas gegeben. Natürlich sagt man schon mal: Jetzt ist aber hier Punkt oder so, klar. Aber sie war nie zickig, sie war immer so anpassungsfähig, dass das schon fast erschreckend war.‹ Eine andere Frau sagt: ›Wir würden auch sagen: Bei uns war der dritte Sohn absolut pflegeleicht. Jeder, der mich gefragt hat: Keine Probleme! Das ist auch bis zum Abitur so gegangen und dann hat er die Partnerin kennengelernt und seitdem ist das eigentlich so. Man sucht ja immer nach Erklärungen ... Ja, man sucht ständig nach Erklärungen.‹«

Signale der Kinder – pflegeleicht und anpassungsfähig

Die betroffenen Kinder würden vermutlich sagen: »Ja, genau, so sehr habe ich mich angepasst, aber das war ein Symptom!« Und in diesen zitierten Aussagen gibt es ein paar Signalwörter, die bemerkenswert sind: pflegeleicht, nie gestritten, lieb, anpassungsfähig. Kinder, die den Kontakt abgebrochen haben, erkennen sich wieder. Nur sie sehen ihr Verhalten von damals als leidvollen und nicht als zufriedenen, glücklichen Zustand. Sie sagen zum Beispiel: »Ich habe nie Kummer gemacht«, »... ich war ein liebes Kind«, »... ich habe sehr gut funktioniert«, »... ich habe gemacht und getan für meine Mutter, ich war total pflegeleicht«, »... ich hätte mich nie getraut, einen Krach vom Zaun zu brechen«, »... ich war so gehemmt, so klein, ich war total unauffällig«, »... wenn es nur irgendwie ging, war ich bei Freunden, bloß weg.«

Eine ganz normale Familie

Eine der Frauen, die ich vorstelle, ist Charlotte Wiemann. Von ihr wird später noch mehr zu lesen sein. Sie ist in Dessau geboren, 48 Jahre alt und hat drei Kinder. In ihrem Lebensbericht taucht ein Satz immer und immer wieder auf: »Ich habe gut funktioniert als Kind.« Charlotte Wiemanns Erzählung beginnt so:

»Ich hatte nie Zweifel an meinem Elternhaus, nicht einmal als Erwachsene. Ich habe immer angenommen, ich hätte ein gutes Elternhaus gehabt. Im Außen hat es auch an nichts gefehlt. Wir hatten immer zu essen und zu trinken. Meine Mutter versuchte, unter dem Ladentisch Dinge zu besorgen, die es sonst nicht gab. Besonders zu Weihnachten, da hat sie Wochen vorher angefangen, Apfelsinen oder eine bestimmte Sorte Rotwein zu besorgen. Sie war bemüht, dass alles da war, und deswegen habe ich gedacht, alles ist gut bei uns. Meine Mutter ging wieder arbeiten, als ich in die Schule kam. Fünf Stunden als Verkäuferin, wir waren dann Schlüsselkinder und hatten zu Hause unsere Pflichten zu erfüllen. Alles war geregelt, die Aufgaben standen im Kalender, der in der Küche lag. Für jede Woche, jeden Tag, jedes Kind. Ich habe einen jüngeren Bruder. Wir machten die Arbeiten mit mehr oder weniger Widerwillen. Aber es gab da keinen Zweifel, wir mussten uns unterordnen: Unterordnen und Funktionieren standen in meiner Familie im Vordergrund. So war ich es gewohnt. Also eine ganz normale Familie. Ich war Ende 30, als erste Fragen in mir hochkamen. Ich glaube, eigentlich erst, als meine Ehe in der Krise steckte und ich mich so alleine fühlte. Damals vermutete ich meine großen Probleme noch in meiner aktuellen Lebenssituation, also in meiner Beziehung. War davon überzeugt, es läge an meinem Mann, dass ich so unglücklich war.

Erst 2001 – vor zwölf Jahren – veränderte sich etwas in mir. Ich war damals total erschöpft und sicher am Rande eines Zusammenbruchs. Mein Hausarzt hat meine Situation ganz schnell erkannt und innerhalb von drei Wochen war ich zur Kur. Dort erhielt ich auch Therapiestunden und die Therapeutin hat mir doch wirklich gesagt: ›Sie hatten sicher kein gutes Elternhaus.‹ Ich war entrüstet und entsetzt und wollte das nicht wahrhaben. Mein Bauch hat es wohl gewusst, aber mein Verstand wollte es nicht wahrhaben.«

»Das war eben so!«

Diese Aussage von Charlotte Wiemann ist allgemeingültig, denn als Kind ist die Familie der Bezugspunkt, an dem alles gemessen wird. Das Familienleben ist die Normalität, die Verhaltensweisen der Eltern und der Geschwister und auch der Großeltern gehören zu dem Universum eines Kindes – was in der Familie geschieht, ist so, wie es ist, und kann für ein Kind nicht infrage gestellt werden. Ein Kind ist ganz und gar abhängig von den Erwachsenen, es kann nicht ausweichen, nicht einfach sagen: »Das gefällt mir hier nicht, ich gehe.« Auch wenn es noch so grob behandelt, noch so gedemütigt wird, wenn es vollkommen verlassen und ungeliebt ist, ein Kind ist ganz und gar an die Lebensumstände und Verhaltensweisen der Familie gebunden. Das bedeutet: Es gibt keinen anderen Weg, als sich mit dem, was man vorfindet, zu arrangieren. Kinder müssen sich an die Lebensbedingungen anpassen. Jeder wird, an die Kindheit erinnert, sagen: »Das war eben so.«

»Das war eben so, dass ich oft geschlagen wurde, dass Mama mich wie ihr Eigentum behandelte, dass ich keine Luft zum Atmen hatte, dass die Erwachsenen mich ausgelacht, vorgeführt und beschämt haben, dass ich als nicht ganz normal bezeichnet wurde, weil ich anders bin als meine Eltern, dass es keinerlei Liebe, sondern nur Anforderungen gab, dass ich ständig in Aufregung und Angst steckte, dass es jeden Tag Terror gab, weil die Eltern sich verhielten, als führten sie Krieg, dass die Depressionen der Mutter erdrückend und klebrig waren, dass der Alkohol eine wichtigere Rolle spielte als ich, dass die Trennung meiner Eltern niederschmetternd für mich war, dass Mama wie nicht anwesend war und mich überhaupt nicht wahrgenommen hat, dass mein Bruder immer der Prinz war und ich das Aschenputtel, das war eben so – normal.«

Überlebenswichtige Strategien

Ein Kind muss Strategien entwickeln, um mit den Lebensbedingungen, die es vorfindet, klarzukommen. Es kann gar nicht anders, es braucht die Eltern. Das Wort Strategie steht übrigens in enger Beziehung zu dem Wort Kriegskunst und genau hiervon spreche ich: von der Kunst, sich an unwirtliche Bedingungen anzupassen. Diese Überlebenskunst beinhaltet an erster Stelle das Liebsein, das Sich-Zurücknehmen, das Keinen-Kummer-Machen. Das geht allerdings nur, wenn das Kind seine eigene Lebendigkeit herunterfährt – es gibt also etwas von sich auf. Vor allem Mädchen versuchen, ihrer Mutter die spürbare Last abzunehmen. Sie sorgen sich um die Mutter und kümmern sich um sie und stellen die eigenen Bedürfnisse ganz zurück. Sie sind vernünftig, die Mutter kann sich auf sie verlassen. Manche von ihnen nehmen sehr früh die Rolle der Großen und Tatkräftigen ein, nicht selten werden sie die »Mutter« kleinerer Geschwister. Manche

Jungs, deren Mutter alleinerziehend ist, verhalten sich wie der Mann im Haus und müssen ihr Kindsein aufgeben. Sie sind die Stütze der Mutter.

Es gibt aber noch andere Strategien. Kinder nehmen zum Beispiel die Rolle des Sonnenscheins ein, verbreiten gute Laune und Leichtigkeit. Eine andere verbreitete Strategie: Ich werde stark, ich brauche nichts und niemanden, weil ich spüre, hier ist für mich nichts zu holen. Ich werde also autonom und komme gut alleine klar! Solche Kinder funktionieren und werden ausgesprochen leistungsstark.

Andere Kinder werden aufmüpfig und frech, sie provozieren, damit sie überhaupt gesehen werden. Wenn gar nichts mehr geht, dann werden kleine Kinder trotzig oder bockig. Diese Starrsinnigkeit ist Ausdruck tiefer Not – sie verschränken innerlich die Arme und bringen so zum Ausdruck: »Das mache ich nicht mit! Warum kriege ich nicht das, was ich brauche?« Eine Strategie, die dann später das Leben sehr erschweren kann.

Folgenreich ist es auch, wenn Kinder lernen, sich zu tarnen. Man tut so in der Familie, als sei man gar nicht da, die eigenen Bedürfnisse werden abgetan beziehungsweise nicht gespürt, das Eigene wird quasi verleugnet. Wenn man eine Tarnkappe aufhat, ist der Kontakt zu den anderen sehr eingeschränkt, weil man sich nicht zeigen kann. Diese Kinder wirken oftmals scheu und zurückhaltend, sie tauchen in eine eigene innere Welt ab, eine Welt, in der alles gut ist oder in Zukunft gut sein wird. Welche Strategie auch immer gewählt wird, es ist eine Antwort auf die Familiensituation. Diese Verhaltensweisen bedeuten eben nicht, dass es dem Kind gut geht, es sind lediglich Anpassungsleistungen an das vorgefundene Umfeld. Ein Kind, das wie Charlotte Wiemann funktioniert, hat sehr, sehr gut verinnerlicht, was von ihm verlangt wird, es folgt den Familiennormen. Funktionieren bedeutet jedoch Unterordnung und es verhindert die Selbstentwicklung. Das Kind passt sich auf Kosten seiner Lebendigkeit an.

Schwieriges Erwachen

Es ist wichtig, diesen Sachverhalt zu verstehen, denn wenn Eltern nach einem Kontaktabbruch sagen: »Sie war doch immer so lieb«, bedeutet das nicht, dass es dem Kind gut ging, es hat nur einen Weg gefunden, mit einer belastenden Familiensituation umzugehen. Später dann, wenn der jugendliche und erwachsene Mensch selbstständig wird und nicht mehr lebensnotwendig an die Eltern gebunden ist, öffnet sich die Wahrnehmung. Wenn eigene, neue Lebensformen gelebt werden, wird langsam deutlich, dass es eben nicht normal ist, wenn beispielsweise Geborgenheit, Wertschätzung oder Liebe fehlten. Erst mit dem Erwachsenwerden kann überhaupt wahrgenommen werden, was man als Kind vermisst hat und was für Problematiken früher ausgehalten wurden. Der Erwachsene hat mehr Freiheit, er beginnt neue Beziehungen und Partnerschaften und damit tun sich eigene und ganz neue Gefühlswelten auf. Erst diese Distanz, die neuen Entdeckungen machen es möglich, gewahr zu werden, was der Mangel war und ist. Erst der Erwachsene ist in der Lage, sich der Not seiner Kindheit und seiner Familienbeziehungen zu stellen. »Heute kriege ich mit, wie unglaublich anstrengend Liebsein ist«, sagt eine junge Frau.

Dann also, wenn das Kind ausgezogen ist und der Kontakt sich auf Besuche und Telefonate beschränkt, wird die eigentliche Problematik wie unter einem Brennglas deutlich. Was in der Kindheit als »normal« empfunden wurde, weicht dem klaren Blick auf das, was immer schwierig war. Eine 34-Jährige, die als Kind keinen

Halt und Geborgenheit in ihrer Familie hatte, die gedemütigt, ausgelacht und kleingemacht wurde, kann jetzt erst die Kontaktlosigkeit in ihrer Familie sehen. Sie sagt über die Familienbesuche:

»Ich fahre immer mit extremem Widerwillen zu meiner Mutter. Wir haben uns nichts zu sagen! Sie guckt mich auch gar nicht an, sondern geht, wenn ich komme, ihre Wäsche machen. Und gleichzeitig gibt es so eine Sehnsucht in der Familie, dass es schön sein soll, nur keiner weiß, wie das zu machen ist. Weihnachten zum Beispiel, da hat man sich nichts mitzuteilen, und dann sitzt man mit den Kerzen, und es bleibt nur immer wieder zu sagen: ›Ach ja, das ist doch gemütlich!‹ Die Gemütlichkeit wird beschworen. Man tut wie eine heile Familie, und meine Familie meint, wenn man so tut, dann ist das auch so. Aber die Atmosphäre ist furchtbar und nicht auszuhalten und erst jetzt erkenne ich: Das war sie noch nie!«

Eine andere junge Frau aus meiner Praxis berichtet:

»Ich bin viele Jahre immer mit dem Wunsch zu meinen Eltern gefahren, es möge doch ein netter, freundlicher, vielleicht sogar lustiger Tag werden. Der erste Kommentar von meiner Mutter war dann so: ›Wie läufst du denn wieder rum?‹ oder noch abfälliger: ›Wie siehst du denn aus?‹ – das reichte eigentlich schon. Dann kam von meinem Vater: ›Wann bist du endlich fertig mit dem Studium oder willst du uns noch weiter auf der Tasche liegen?‹ Spätestens wenn mein Vater Äußerungen von mir kommentierte mit: ›Sei doch ruhig, du hast doch keine Ahnung, rede doch nicht so dumm daher!‹, bin ich fluchtartig weg, habe auf der Rückfahrt vor Herzschmerz geheult oder getobt vor Wut. Und bin nach drei

Monaten trotzdem wieder hingefahren mit dem Wunsch, es möge doch endlich ein netter, freundlicher, vielleicht sogar lustiger Tag werden. Meine Sehnsucht nach Anerkennung – von Liebe spreche ich schon gar nicht – hat mich immer wieder hinfahren lassen, um dann voller Frust zu fliehen. Irgendwann war für mich klar: Ich fühle mich von meinen Eltern nicht geliebt, und es gab keine Möglichkeit für mich, mit ihnen darüber zu reden. Sie hätten es nicht verstanden.«

Erst die erwachsene Tochter/der erwachsene Sohn hat Fragen an sich selbst und an die Eltern. »Warum geht es mir nicht gut mit euch? Was macht mich im Zusammensein mit euch so unsicher und wackelig? Warum fühle ich mich nie verstanden? Warum fühle ich mich so von euch in Anspruch genommen und gestresst? Woher kommt die Einsamkeit in mir? Wo ist mein Platz im Leben und wer bin ich, wenn es nur um mich und nicht um meine Eltern geht? Wieso müssen sie jeden Schritt von mir reglementieren und kommentieren? Was ist zwischen uns geschehen?«

Es wird in Familien unglaublich viel ertragen, nur damit sie nicht auseinanderbrechen! Und Kinder sind lange Zeit hochgradig nachsichtig mit ihren Eltern, bis der Druck für sie zu groß wird. Ich möchte aber noch einmal deutlich sagen: Grundsätzlich wollen und brauchen die erwachsenen Kinder den Familienkontakt. Denn jeder Mensch sehnt sich nach einer guten Bindung und Beziehung zu Mutter und Vater – das gilt für die Kinder wie für die Eltern, die eben auch Kinder ihrer Eltern sind.

Vom Mut, sich die Realität anzuschauen

Schreibt man ein Buch über den Kontaktabbruch in Familien, besteht eine große Schwierigkeit darin, die Eltern mit im Boot zu halten. Ich höre schon aus der Ferne den Ruf: Ja klar, die Eltern sind immer schuld! Und betroffene Mütter und Väter sind geneigt, das Buch aus dem Fenster zu werfen. Und ja, es kommt jetzt noch schlimmer! Denn im nächsten Kapitel geht es um die ganz konkreten Ursachen der Beziehungsstörung, was bedeutet: Es geht mal wieder um die Kindheit.

Eltern können nicht umhin, tiefer in diese frühe gemeinsame Zeit einzutauchen. Die Kindheit vergleiche ich mit dem Fundament eines Hauses. In diesem Fall geht es um das Fundament unseres Lebenshauses. Ist die Basis – die Grundmauer – stabil und ausgerichtet, steht sie sicher, dann wird alles Weitere auf diesem gut verankerten Fundament aufgebaut. Ist das Fundament instabil, hat es Schäden, dann stehen die Grundmauern schief und alles, was sich weiter darauf aufbaut, wird versuchen, das Defizit auszugleichen, oder es gerät eben in eine Schieflage. Die Situation des Kellergeschosses sollten wir uns also genauer anschauen.

Viele Eltern haben selbst kein gutes Fundament, und deshalb war es so schwer, das Fundament bei den eigenen Kindern richtig anzulegen. Trotzdem müssen sie anerkennen, dass der nachfolgenden Generation Beschädigungen zugefügt wurden. Dabei geht es nicht um Schuld, sondern um die Hintergründe des Verhaltens als Eltern. Wenn man sich nicht eingesteht, was geschehen ist, dann tappt man weiter im Dunkeln, und es gibt keine Antwort auf die quälende Frage nach dem Warum. Ich erlebe es immer wieder: Mit dem richtigen Hebel ist eben auch eine Korrektur des Fundaments möglich, das heißt, in der Beziehung zu den eigenen Kindern sind grundlegende Veränderungen möglich.

Kapitel 2: Was Bindung ausmacht – die Bedeutung von Sicherheit und Halt

Es wird in diesem Buch nicht um die klassische Bindungstheorie gehen. Diese ist in meinem Buch über Mütter und Töchter ausführlich beschrieben. Hier möchte ich einen anderen Schwerpunkt setzen. In Familien mit schwerwiegenden Zerwürfnissen finden sich fast durchgängig zwei Thematiken: Erstens ist es nicht möglich gewesen, ein beständiges Bindungserleben von Sicherheit, Halt und Geborgenheit herzustellen, und es ist zweitens in diesen Familien nicht gelungen, wesentliche emotionale Grundbedürfnisse zu stillen.

Bindung – Sicherheit und Geborgenheit

Hierzu ein kleiner Exkurs. Der Begriff Bindung, der immer wieder auftaucht, steht vor allem im Zusammenhang mit dem Thema Sicherheit und Geborgenheit. Bindung deutet nicht unbedingt auf die Dauerhaftigkeit einer Beziehung hin, sondern der Begriff Bindung verweist auf eine spezielle Qualität mit der Bindungsperson (Mutter und Vater oder andere nahe Bezugspersonen). Bindung steht für das menschliche Bedürfnis, enge zwischenmenschliche Beziehungen einzugehen, und das Wesentliche dabei ist, dass diese Beziehungen Schutz und Sicherheit und das Gefühl von Angenommensein ermöglichen sollten. Eine sicherheitsspendende Bindung liegt dann vor, wenn das Bedürfnis nach Nähe, nach Trost, nach Beruhigung und Verständnis für einen Kummer oder Schmerz erfüllt ist. Es geht dabei sowohl um die psychische, die emotionale Sicherheit und Stabilität, als auch um die physiologische, die körperlich empfundene Sicherheit. Das ist ein ganz zentraler Punkt – das Gefühl von Sicherheit ist ein körperliches Erleben, ein Wohlgefühl, es ist die Grundlage für Entspannung. Wer sich nicht geborgen und sicher aufgehoben fühlt, spürt Anspannung oder Stress im Körper und geht unwillkürlich in eine Abwehr- oder Verteidigungshaltung oder gar Lähmung, das heißt, der Körper reagiert mit Anspannung und Aufgeregtheit.

Sicherheit im Kontakt

In den folgenden Kapiteln wird es wesentlich um diesen Zusammenhang von Bindung, Sicherheit und Körpererleben und damit um die psychische Stabilität gehen. Ich möchte aber schon an dieser Stelle Elisabeth Schneider-Kaiser vorstellen. Sie ist Ausbilderin für die Trauma-Therapie »Somatic Experiencing« mit dem Schwerpunkt Bindung und Bindungstraumata. Sie sagt:

> »Um unser menschliches Verhalten zu verstehen, müssen wir erkennen, dass unser Körper das soziale Engagement, wie Stephen W. Porges, Professor für Psychiatrie, es nennt, braucht, also die Unterstützung, das zugewandte Miteinander mit anderen Menschen. Wir benötigen den Kontakt, um Sicherheit und Geborgenheit zu erleben. Das ist keine kognitive Entscheidung, das ist eine biologische Suche bzw. Notwendigkeit. Es geht darum, mit einem anderen Menschen zu erfahren: Alles

> ist gut. Immer dann, wenn etwas schwierig oder gar bedrohlich ist – und Situationen, die uns beunruhigen oder beängstigen, gehören zum Leben –, dann brauchen wir ein Gegenüber, um wieder in Balance zu kommen. Wenn wir aber den menschlichen Kontakt nicht haben, der uns an die Hand nimmt, der uns sagt: ›Es ist alles wieder gut‹, können wir zwar überleben, aber wir können nicht wirklich in uns entspannt niedersinken, sondern es bleibt eine gewisse Grundaufgeregtheit im Nervensystem, also im Körper, stecken. Der Körper bleibt in Anspannung und auf eine Weise macht er dicht. Das ist eine fundamentale Erkenntnis, gerade auch für die Eltern-Kind-Beziehung.«

Daraus ergibt sich die Frage: Was passiert, wenn ein Kind diese beruhigende Zugewandtheit aus welchen Gründen auch immer nicht bekommen kann? Es bleibt allein mit seinem Kummer, seiner Not, und wenn es keinen Trost bekommt, dann wendet es sich ab, es zieht sich in sich zurück. Das bedeutet: Kein Kontakt! Mutter und Kind haben keinen Kontakt. Zwischen beiden passt sozusagen etwas nicht zusammen, es gibt eine nachhaltige Störung in der Bindung, das Vertrauen kann sich nicht ausbilden, das Herz nicht wirklich aufmachen.

Nehmen wir folgendes kleines Beispiel, um anzudeuten, was damit gemeint ist: Es ist 19:00 Uhr – meine Tochter sollte eigentlich schon vor einer Stunde wieder zu Hause sein. Leichte Unruhe steigt auf. Um 19:30 Uhr rufe ich die Freunde an, bei denen sie war. Nein, sie sei schon lange nicht mehr da! Sofort fährt die Aufregung in mir richtig hoch. Ich bin allein zu Hause und warte. Die Anspannung nimmt zu und ich gerate in eine massive Not. Die Herzfrequenz erhöht sich, die Gedanken überschlagen sich, Angst und Wut steigen in mir hoch. Endlich kommt die Tochter. Ihr Fahrrad sei kaputt gewesen und sie habe versucht, es zu reparieren. Jetzt gibt es zwei Möglichkeiten: Entweder ich schreie sie an, was ihr einfällt, so spät zu kommen, und dass sie das nie wieder machen soll, wieso sie nicht angerufen habe, wenn sie schon so ein teures Handy habe, und sie solle jetzt sofort in ihr Zimmer gehen. Die andere Möglichkeit ist: Ich gehe in Kontakt zu ihr, frage nach, was genau passiert ist, und nehme sie in den Arm, um sie zu trösten. Gelingt mir das, dann geht es ihr, aber auch mir sehr schnell besser. Der Körperkontakt und beruhigende Worte entspannen uns beide und es ist schnell alles wieder gut. Gehe ich aber nicht in Kontakt und kann meine Angst und Wut nicht zurücknehmen, dann bleiben wir beide alleine und der Stress braucht lange, um sich zu legen. Die Tochter wird sich unverstanden und alleingelassen fühlen. Und auch ich werde lange brauchen, um mich wieder zu beruhigen.

Wir Menschen brauchen den verständnisvollen Kontakt, die Nähe, um Stress abzubauen (zu regulieren) und um Sicherheit und Geborgenheit zu empfinden. Wenn das in der Familie nicht gelingt, dann ist die Familie kein Ort, an dem ich auftanken kann, sondern ein Ort, der mich beunruhigt. Dabei ist wichtig zu verstehen: Das wird als normal empfunden, weil man es nicht anders kennt. In Kapitel 7 wird das noch mal ausführlicher beschrieben.

Gestresste Familien

Seit ich anfange, diese Zusammenhänge zu verstehen, hat sich mein Blick auf Familien verändert. Denn wenn dieser sicherheitsspendende Kontakt für ein Kind gegeben war, ist im wahrsten Sinne alles gut. Fehlte dieser sichere Rahmen, hat ein Kind keinen angemessenen Schutz erfahren im Sinne von Beruhigung, dann fehlen ihm der Halt und das Vertrauen in die Welt = Familie. Dann wird die Welt nicht als sicherer Ort erlebt, wo man sich zurücklehnen kann wie in einer Hängematte, sondern das Erleben ist Anspannung und Unsicherheit, was wir auch als Stress bezeichnen. Stress macht eng und verschließt die Seele, und eine verschlossene Seele verhindert Kontakt – und an dessen Stelle tritt Einsamkeit.

Das klingt im Moment abstrakt, wird aber greifbar, wenn wir uns vorstellen, was zu nachhaltiger Angespanntheit, Unruhe und Kontaktlosigkeit in der Familie führt. An erster Stelle stehen der eigene Stress und die eigene Unsicherheit der Eltern. Wenn man als Mutter oder Vater selber große Probleme hat, kann man nur schwer Ruhe und Geborgenheit vermitteln. In gestressten Familien herrschen bestimmte Atmosphären vor. Dazu gehören: ständige Überforderungen oder extreme Leistungsanforderungen, Hektik, Lautstärke, dauerhafte Streitigkeiten, Cholerik, Gewalt, aber auch gedämpfte, taube Stimmungen und Vitalitätslosigkeit, Depressionen, Lieblosigkeit und Herzenskälte, Angst und Unruhe.

Diese Gefühlslagen haben natürlich einen Hintergrund. Und in den Familien, die auseinanderbrechen, findet sich immer auch eine Not, die auf Dauer den Grundstoff für schwere Verwerfungen bildet. Im Folgenden werde ich ausführlich darauf eingehen, möchte aber schon an dieser Stelle einige Beispiele anführen. Schicksalsschläge wie schwere Krankheiten, Traumatisierung, allem voran kriegstraumatisierte Eltern und Großeltern, aber auch unbearbeitete Missbrauchsfälle in der Familie, Dauerkonflikte mit dem Partner oder anderen Familienangehörigen, Scheidung, Geldnot, Lebensüberforderungen, Alkohol, Süchte in jeder Form, Mobbing, dauerhafte Unaufrichtigkeit und Lügen im Sinne von Familiengeheimnissen – all das kann eine Familie nicht zur Ruhe kommen lassen.

Kommen wir zu dem zweiten Punkt, der bei Kontaktabbrüchen eine wesentliche Rolle spielt: die nicht erfüllten Grundbedürfnisse.

Über unsere Grundbedürfnisse

Ohne Atmen, Schlafen, Trinken, Essen können wir nicht überleben. Unser Körper braucht all das, um zu leben. Und ohne die richtige Nahrung, das richtige Getränk, ohne genug Schlaf und gesunde Luft geraten wir in eine Mangelsituation, die uns auf Dauer schwächt und sogar krank macht.

Nun formuliert die Bindungs- und Therapieforschung, dass Vergleichbares für die Seele gilt. Jeder Mensch hat seelische Grundbedürfnisse, die gestillt werden müssen, um in innerer Balance und seelischer Gesundheit leben zu können. An erster Stelle steht das Bedürfnis nach Nähe und Kontakt. Es ist ebenso unentbehrlich wie Nahrung, und es kann durch kein Ersatzmittel befriedigt werden. Zu den seelischen Grundbedürfnissen gehören auch das Bestreben nach Autonomie, also nach Selbstbestimmung, und das Bedürfnis nach Anerkennung als Grundlage des Selbstwertes. Diese drei Grundbedürfnisse – Bindung, Autonomie und Anerkennung – spielen in der Eltern-Kind-Beziehung die wesentliche Rolle, und sie sind die Zutaten für das, was wir Liebe nennen.

Wenn alles gut geht, heißt das für ein Kind:

1. Bindung: Ich konnte und ich kann meiner Mutter, meinem Vater nahe sein. Sie sind für mich ein sicherer Ort. Sie sind da, wenn ich in Not bin und sie brauche. Vor allem mit meiner Mutter gibt es diese Nähe. Sie hält mich, bestärkt und wärmt mich, wenn ich mit ihr zusammen bin.

2. Autonomie: Ich konnte und ich kann ich selbst sein. Meine Eltern akzeptieren mich, so wie ich bin. Sie unterstützen mich, wenn ich mich ausprobiere, und sie tolerieren es, wenn ich Fehler mache. Auch wenn ich mich ein kleines oder großes Stück entferne, wenn ich mein Leben lebe, sind sie mir innerlich nah.
3. Anerkennung: Ich fühle mich damit gestärkt, darf sein, wie ich bin. Meine Eltern geben mir die Sicherheit und die Gewissheit, dass ich liebenswert und richtig bin, und damit ist mein Bedürfnis nach Anerkennung und Wertschätzung nachhaltig erfüllt.

Ohne diese sichere Bindung, ohne das liebevolle Miteinanderverbunden-Sein, ohne den angemessenen Freiraum bzw. die entwicklungsgemäße Selbstbestimmtheit und ohne eine echte und uneingeschränkte Wertschätzung unserer Person geraten wir in einen Mangel, der uns schwächt und seelisch krank machen kann. In allen Biografien, in denen es um Kontaktabbruch und Familienkrisen geht, ist aus meiner Sicht mindestens eines dieser grundlegenden seelischen Bedürfnisse nicht beachtet, nicht wahrgenommen, vernachlässigt oder gar bewusst durch autoritäre »pädagogische« Maßnahmen unterbunden worden. Erziehung ist jedoch noch keine Beziehung.

Ganz oben an stehen bei den Kontaktabbrüchen die Themen Autonomie und Wertschätzung der eigenen Person. Viele erwachsene Kinder beklagen, dass ihre Eltern gar nicht in der Lage seien, sie als eigene Person zu akzeptieren, geschweige denn, ihnen irgendeine Form der Achtung und Anerkennung entgegenzubringen.

Zu eng oder zu fern

In meiner Praxis geht es immer auch um diese drei Grundbedürfnisse. Betroffene beschreiben, was sie so elementar in ihrer Herkunftsfamilie entbehrt haben:

1. Bindung:

- Ich würde niemals zu meiner Mutter oder zu meinem Vater gehen, wenn es mir schlecht geht. Ich kenne das Gefühl von Geborgenheit nicht. Wir sind uns fremd. Es gab auch nie eine liebevolle, gute körperliche Berührung zwischen uns.
- Mein Elternhaus war nie ein sicherer beschützender Ort für mich, ich hatte oft Angst.
- Meine Mutter hat immer gelitten und gestöhnt, es war aussichtslos, etwas von ihr zu kriegen, im Gegenteil: Ich habe mein Leben lang versucht, ihr zu helfen.
- Mein Vater war unerreichbar für mich, wir sind wie zwei Planeten, die weit entfernt voneinander existieren: kein Kontakt.
- Mein Bruder hat alles bekommen, ich lief immer irgendwie mit, er war wichtig, ich nicht.
- Ich brauche meine Mutter nicht, sie ist abweisend und ihre kühle Art erschreckt mich noch immer, ich komme gut alleine zurecht.
- Ich fühle mich in der Familie wie das fünfte Rad am Wagen, gehöre nicht dazu, ich bin einfach nicht gewollt.

2. Autonomie:

- Ich war immer nur der verlängerte Arm meiner Mutter. Sie hat mich gebraucht, ich sollte so sein wie sie mich wollte, als sei ich ihre Puppe.

- Meine Eltern haben keine Ahnung, was ich brauche oder denke, es geht immer nur um sie.
- Meine Mutter ist immer gegenwärtig, sie weiß alles besser und sie lässt mir nicht die Luft zum Atmen.
- Ich bin am Ende, immer soll ich für sie da sein, als sei ich ihr Eigentum, sie saugt an mir wie ein Vampir.
- Meine Mutter hat immer für mich gesprochen. Wenn jemand mich gefragt hat, gab sie die Antwort, als hätte ich keine eigene Meinung. Jetzt traue ich mich in Gegenwart anderer kaum, etwas zu sagen.
- Die Meinung meiner Eltern ist Gesetz, alles andere wird nicht geduldet. Sie können es nicht aushalten, dass ich eigene Vorstellungen habe.
- Meine Eltern haben versucht mich ›umzudressieren‹, sie konnten nicht sehen, dass ich anders bin, als sie mich haben wollten.

Auf das Thema »Überbehüten« gehe ich in Kapitel 12 noch weiter ein.

3. Anerkennung:
Diese Grundhaltungen der Eltern von »weit weg« bis »besitzergreifend« sabotieren ein sich entwickelndes Selbstwertgefühl und sie hinterlassen folgende Selbstannahmen beziehungsweise Glaubenssätze, die einen ein Leben lang begleiten können. Und sie klingen etwa so:
- Es geht nicht um mich. Ich bin es offensichtlich nicht wert, dass ich ihre Aufmerksamkeit bekomme.
- Wäre ich anders, könnten sie mich lieben, es liegt also an mir. Mit mir ist offensichtlich etwas nicht in Ordnung.
- Ich bin nicht liebenswert.
- Ich fühle mich so wertlos und so klein.

- Ich habe immer das Gefühl, ich sei an allem schuld.
- Wenn ich das tue, was ich will, werde ich mit Liebesentzug bestraft.
- Ich darf nicht sein, so wie ich bin.

Diese Aussagen verdeutlichen: Wenn die Grundbedürfnisse nicht ausreichend befriedigt wurden, dann kann sich dieses Manko nach vielen Jahren zu einem handfesten Konflikt auswachsen. Denn so ein Mangel schmerzt, und das oft ein Leben lang. Aus meiner Sicht heißt die Botschaft der Kontaktabbrecher im Kern: »Ich möchte endlich geliebt werden und zwar so wie ich bin. Ich möchte mich im Zusammensein mit meinen Eltern beschützt und beruhigt fühlen können. Und weil ich das nicht bekomme, ziehe ich mich zurück.«

Es gibt natürlich im Außen Tausende von konkreten Gründen, Tausende von aktuellen Anlässen, warum sich Kinder von ihren Eltern abwenden, aber es sind die oben genannten Grundthemen, die sehr früh und eben meist völlig unbemerkt die Lunte für die später folgende Explosion gelegt haben. In den folgenden Kapiteln stelle ich typische Fallgeschichten von Töchtern vor, die den Kontakt beendet haben, und von Müttern, die darunter leiden, dass die Kinder sie aus ihrem Leben ausgrenzen. Sowohl die Töchter als auch die Mütter haben eine leidvolle Elternbeziehung. Die einzelnen Lebensgeschichten sind eingebettet in grundsätzliche Überlegungen zum Thema Kontaktabbruch.

Kapitel 3: »Ich bin nicht so, wie ihr mich wollt« – Autonomie und Selbstbestimmung, die nicht gelebt werden dürfen

Sarah Weinzierls Geschichte

In der ersten Lebensgeschichte geht es um einen jahrelangen Streit. Die Tochter kämpfte um Eigenständigkeit, die Eltern wollten oder konnten ihre Tochter nicht respektieren. Sie hatten keinerlei Vorstellungen von der Individualität ihres Kindes und konnten schon gar nicht akzeptieren, dass ihre Tochter anders dachte und leben wollte, als sie es sich selbst vorstellten. Die Eltern konnten nur als Familie, nur im WIR denken. Nur ihre eigenen Vorstellungen, Weltanschauungen und Bedürfnisse zählten. Die Kinder waren für sie Teil der Familie, mehr nicht. Das Grundthema ist also die *fehlende Unterstützung in der Autonomie*. Im vorherigen Kapitel habe ich ausgeführt, dass eine gute Bindung bedeutet, das Kind gesichert in das Abenteuer Leben ziehen zu lassen. Diese Form der souveränen Bindung ist hier nicht vorhanden.

Und die Argumentation der Frauen und Männer, die vor diesem Hintergrund den Kontakt abgebrochen haben, ist einhellig: »Der Abbruch ließ sich für mich nicht mehr umgehen, ich musste mich für mein eigenes Leben entscheiden, sonst wäre ich untergegangen und hätte mich verleugnen müssen.« Es geht hier also um eine existenzielle Frage.

Das Kulissenkind

Sarah Weinzierl ist Mitte 50. Ich nehme mit ihr Verbindung auf, weil ich hörte, sie sei von ihren Eltern verlassen worden. Interessant, denn es kommt nicht so häufig vor, dass die Initiative von den Eltern ausgeht. Umso dankbarer bin ich, dass Frau Weinzierl mir darüber berichtet. Sie ist berufstätig, glücklich verheiratet, hat zwei Kinder und lebt in Süddeutschland. Der Bruch mit ihren Eltern war rigoros und endgültig, ihr Vater ging bis zur Enterbung. Der Ausschluss aus der Familie hat sie in eine Lebenskrise gestürzt, aus der Sarah Weinzierl gestärkt herausgekommen ist, aber sie sagt: »Wenn ich meinen Mann und meine Kinder nicht gehabt hätte, dann hätte ich den Halt verloren.«

»Seit dem Kontaktabbruch sind jetzt bald 15 Jahre vergangen. Natürlich lässt mich dieses Thema nie los – es ist eine zutiefst schmerzliche Erfahrung, von seinen eigenen Eltern verlassen zu werden. Meine Mutter ist vor zehn Jahren verstorben. Selbst vor ihrem Tod hat sie keinen Kontakt zu mir gesucht. Das tut mir bis heute jeden Tag weh und sehr leid für uns beide.

Der entscheidende Schritt ging von meinem Vater aus. In einem Brief schrieb er: ›Wir wahren jetzt Distanz, damit du wieder zur Vernunft kommen kannst …‹ Den Wunsch nach Distanz habe ich dann bestätigt, also war es eher ein beidseitiger Abbruch. Denn bis dahin hatten wir über 20 Jahre Auseinandersetzungen, immer wieder habe ich mit ihnen gekämpft, habe diskutiert in der Hoffnung, dass es einmal um mich gehen könnte, dass es irgendeine Wertschätzung für mich gäbe, dass sie mir einmal sagten, dass ich mein Leben gut mache. Denn mir fehlte etwas Wesentliches: Ich bin von meinen Eltern schlicht und ergreifend nie als eigene Persönlichkeit, als eigener Mensch wahrgenommen worden. Eigene Vorstellungen wurden mir nicht zugestanden.

Was mir wichtig war, konnten sie nicht tolerieren! Ich fühlte mich wie ein ›Kulissenkind‹. Ich war Teil einer angeblich heilen Welt, ihrer Familienwelt, die sie über alles stellten, und ich gehörte zu der Kulisse. Ich hatte keinen eigenen Wert, was in mir vorging, war nicht wirklich von Interesse. Dabei pflegte meine Mutter zu sagen: ›Wenn ich so einengend wie meine Mutter werden sollte, dann sag mir das bitte sofort.‹ Alles nur Sprüche!

Dann, nach all diesen Jahren des Kampfes, kam der Brief mit dem Satz: ›Damit du wieder zur Vernunft kommen kannst …‹ Ich hätte mich also anpassen und ihnen wieder unterordnen, in den Familienschoß zurückkommen müssen, denn es lag ja an mir! Sie waren die Eltern und in dieser Funktion meinten sie, die Legitimation zu haben, dass alles, was sie taten, sagten und urteilten richtig sei! Sie wollten mich nie auf Augenhöhe haben, ich sollte für sie weiterhin das manipulierbare Kind, das sich einordnet, bleiben.

Ich bin das mittlere Kind von dreien, mein älterer Bruder Paul ist behindert. Wir sind zwei Jahre auseinander. Meine Mutter war mit Paul vollkommen überfordert, und ich bin genau in die Zeit geboren, als deutlich wurde, wie schwerwiegend seine Behinderung ist. Er ist gehörlos und geistig behindert, und es war wohl sehr schwierig mit dem Laufenlernen. Viel später, erst nach dem Kontaktabbruch, ist mir bewusst geworden, dass ich immer in Pauls Schatten stand. Ich lief einfach mit, das war für mich normal. Erst in der Pubertät merkte ich, dass mir immer etwas gefehlt hat. Mein jüngerer Bruder Frank wurde geboren, als ich in die Schule kam. Ich hatte also weder als Kleinkind noch als Schulkind die Aufmerksamkeit meiner Eltern. Als Frank geboren war, wiederholte meine Mutter immer wieder: ›Das ist unser Wunschkind, endlich ein gesunder Junge.‹ Es hat mich verletzt, das immer wieder zu hören. Ich war halt da und lief mit, und es war dann vollkommen selbstverständlich, dass ich auf meinen jüngeren Bruder aufpasste. Ich habe das auch gerne gemacht, aber es war und blieb ambivalent, denn wir wurden unterschiedlich behandelt. Mein jüngerer Bruder hatte immer größere Freiheiten als ich, er stand im Vordergrund. Das gipfelte darin, dass ich zu Hause studieren und wohnen musste, während es bei ihm keine Frage war, dass er zum Studium in eine andere Stadt ging und ein Auto bekam.

Ich bin von meinen Eltern nie wirklich beachtet worden, immer war etwas anderes wichtig. Als ich anfing, Beachtung einzufordern und zu widersprechen, wurde das unter keinen Umständen geduldet. Man hat versucht, mir dieses Widerspruchsgen abzuerziehen. Widerworte durfte es nicht geben, und das wurde mir von meiner Mutter auf sehr subtile Art und Weise vermittelt. Sie verstand es, mich psychisch unter Druck zu setzen, nach dem Motto: ›So etwas kannst du deiner Mutter nicht antun!‹ Dann fing sie auch an zu weinen, die ganze Psychokiste rauf und runter. Also bekam ich ein schlechtes Gewissen, wenn ich ihr widersprochen habe. Manchmal tat sie meinen Versuch zu rebellieren auch als Ungezogenheit ab. Meine Mutter konnte es nicht zulassen, dass ich selbstständig werden wollte.

Beide Eltern waren in all den Auseinandersetzungen nicht einmal bereit zu überlegen, was zwischen uns passierte, warum es immer wieder diese Reibereien gab. Sie blieben ganz starr auf ihrem Standpunkt. Interessanterweise hatten beide sehr schwierige Beziehungen zu ihren eigenen Eltern. In der Familie meines Vaters gibt es auch Kontaktabbrüche, und die Mutter meiner Mutter war mit ihren Kindern überfordert, sodass meine Mutter sich um ihren jüngeren Bruder hatte kümmern müssen. Im Winter, so erzählte sie, hat sie als Mädchen die Windeln ihres kleinen Bruders draußen im eiskalten Wasser waschen müssen, während ihre Mutter im Bett lag und ›litt‹. Später hat die Oma meine Mutter zu einer Ausbildung gezwungen, die sie nicht wollte. Da ging es auch um das Funktionierenmüssen. Beide, Vater und Mutter, sind dann früh aus ihren eigenen beklemmenden Elternhäusern ›geflohen‹, und das hatte Folgen für uns. Sie wollten es besser machen als ihre Eltern. Dazu brauchten sie offensichtlich das ›wir‹. Meine Eltern postulierten immer und immer wieder diese sehr enge Familienbezogenheit: ›Wir sind eine Familie und wir gehören zusammen!‹ Zu dem ›wir‹ gehörte auch ihr Wertekodex, der war Gesetz. Der unbedingte Glaube an die traditionelle Familie mit der Mutter als Hausfrau und dem Vater als Oberhaupt der Familie, der das Geld verdiente. Das war in ihren Augen eine richtig gute Familie. Zu ihrem Kodex gehörten Ordnung, Gehorsam und Disziplin und vor allem ›keine Schwächen zeigen‹. Und es gab ein Mantra: ›Nimm dich selbst nicht so wichtig!‹ Das haben sie leider nie auf sich selbst bezogen. Sie haben all die Jahre nicht eingesehen, dass dieses Lebensmuster von Gehorsam und Funktionieren für mich ein Ende haben musste. Für sie war Liebe Inbesitznahme und Unterordnung.

Besonders die Beziehung mit meiner Mutter war für mich so ambivalent. Mit viel zeitlichem Abstand sehe ich diese Situation heute so: Meine Mutter wollte mich ganz für sich. Ich sollte ein Teil von ihr sein. Das heißt, ich sollte so denken und handeln wie sie, dann war die Welt für sie in Ordnung und das war dann ›harmonisch‹. Lange Zeit fühlten wir uns beide auch sehr wohl damit. Ja, auch ich fühlte mich damit als Kind durchaus glücklich, sie war meine Mama. Das ging bis zu meiner Pubertät, bis ich spürte: Es geht nicht um mich. Von da an stritten wir viel, auch mit Tränen, und es endete damit, dass sie mich wie ein kleines Kind auf ihren Schoß nahm und mich drückte. Wie konnte ich ihr so viel Widerspruch antun? Dieses ›Drücken‹ habe ich damals schon als

›erdrückend‹ empfunden. Diese Enge war kein Nest, sie hat mich nicht gewärmt, sie war nur noch Anspruch.

Als ich dann auszog und mich immer mehr von ihr absetzte, muss es hart für sie gewesen sein, denn ihr Lebensziel hat sich nicht verwirklicht oder nicht so, wie sie wollte. Sie hatte mich nicht mehr unter Kontrolle, ich bin einfach nicht so geworden, wie sie mich haben wollte. Meine Mutter hat mich als Tochter funktionalisiert und mir jeden eigenen Entwicklungsraum verwehrt.

In dem Buch *Mütter sind auch Menschen* lese ich: ›Mutter und Tochter, sie sind liebevoll verbunden und nicht aneinander gebunden.‹ Das hätte ich mir sehr gewünscht. Denn liebevoll und freundlich miteinander verbunden sein, heißt ja auch, dass ich Freiraum habe. Ich kann ein paar Schritte gehen, auch wenn sie mich nicht gleich versteht, aber ich kann es einfach, weil sie mir vertraut und nicht nur immer alles durch ihre Brille sieht und bewertet. Das haben meine Mutter und ich leider nicht miteinander erlebt. Stattdessen kam der entscheidende Brief: ›So, wir wahren jetzt Distanz, damit du wieder zur Vernunft kommst.‹ Ich glaube, dass meine Eltern damit rechneten, dass ich ›vernünftig‹ werde und zurückkomme, dass ich sozusagen wieder lieb bin, aber für mich war eigentlich klar, dass ich das nicht kann. Ich hätte mich selber aufgeben müssen, und meine Eltern waren so gestrickt, dass ich dann wirklich hätte Buße tun müssen. Das wollte ich nicht. Und das war der Punkt, an dem ich erwachsen wurde, von einem Tag auf den anderen, und das war auch richtig so. Wenn ich reumütig zurückgegangen wäre, dann hätte ich mich bald einweisen lassen müssen. Ich habe all die Jahre ohne ihr Verständnis für mich gelebt, ich stand psychisch total unter Druck, und ich wusste, wenn ich mich nicht endlich abgrenze und selbst behaupte, dann gehe ich unter. Aber trotzdem gilt: Ihr ganzes Denken war ja in mir, ich war ja Teil der Familie. Als ich aus dieser Familie rausgefallen bin, war es in der ersten Zeit, als hätte man mir den Teppich unter den Füßen weggezogen. Ich fühlte mich ohne sie wie wurzellos und verlassen, und das Schlimmste war: Ich fühlte mich verstoßen.

Was für mich besonders schwer war: Ich habe meine Eltern dann gerade zum Schluss der Auseinandersetzungen wie ein Bollwerk empfunden. Wir kommunizierten nur noch schriftlich und interessanterweise schrieb ausschließlich mein Vater, meine Mutter war irgendwann wie verschwunden. Sie kam in den Briefen nicht mehr vor. Er sprach immer vom WIR: ›Wir haben besprochen …‹ oder ›Das, was wir schreiben, meinen wir beide …‹. Da kam ich nicht gegen an!

Von seinen Eltern verlassen zu werden, ist so etwas Einschneidendes, dass ich keinem wünsche, so etwas zu erleben. Aber dennoch, ich habe früher mit meinen Eltern auch viel Schönes erlebt. Das kann ich heute wieder sagen, und darüber bin ich auch sehr froh, denn ich verdanke meinen Eltern einiges, aber ich bin auch froh, dass ich von ihnen losgekommen bin. Über die 15 vergangenen Jahre habe ich sehr an meiner eigenen Persönlichkeit gearbeitet, habe mein eigenes ›Ich‹ entdeckt, neue Dinge ausprobiert und über vieles nachgedacht. Das war für mich wie eine Befreiung. Was geblieben ist, ist mein Bruder Paul. Er lebt jetzt betreut und kommt oft zu Besuch zu uns nach Hause.«

Belastungen, die Tradition haben

In diesen wenigen Zeilen über das Leben von Sarah Weinzierl und ihre Herkunftsfamilie öffnet sich ein Fenster, durch das wir eine facettenreiche Beziehungsdynamik sehen. Die genauen Lebensumstände ihrer Mutter und ihres Vaters kennen wir nicht, gleichwohl zeigt sich in dem, was Sarah berichtet, etwas Kennzeichnendes. In den Abbruch-Familien, die mir bekannt sind, finden sich Spannungen, die Tradition haben. Gleich zu Beginn dieses Buches habe ich darauf aufmerksam gemacht, dass die Konflikte in Familien generationenübergreifend sind. Diese sogenannte transgenerationale Weitergabe von Belastungen nimmt sowohl in der Forschung als auch in der Therapie einen immer größeren Raum ein. Eltern haben eine Geschichte, und wenn wir geboren werden, ist diese Geschichte nicht vorbei, sondern unser Leben wird mit ihrer Geschichte verwoben. Wie das möglich ist, zeigt Familie Weinzierl.

Wir können davon ausgehen, dass Sarahs Mutter nicht aus böser Absicht so gehandelt hat. An ihr wird nachvollziehbar, was geschieht, wenn die Eltern selber aus einer spannungsgeladenen Familie kommen. Auch die Mutter Weinzierl ist vor ihrer Mutter »geflohen«, und in der Familie des Vaters gibt es bereits Kontaktabbrüche. Beide, so ist anzunehmen, haben in ihren jeweiligen Familien einen emotionalen Mangel erlebt.

Die Psychologin Sandra Konrad hat ein sehr gutes Buch über diese verwobenen Familiendynamiken geschrieben, mit dem Titel *Das bleibt in der Familie*. Dort schreibt sie:

> »Das, was wir in der Kindheit mit unseren wichtigen Bezugspersonen erleben, stanzt sich in unser Hirn und unsere Seele. Selbst frühe Erfahrungen aus der vorsprachlichen Zeit, die wir nicht bewusst erinnern können, sind gespeichert in unseren neuronalen Netzwerken, in unserem Unbewussten und unserem Körpergedächtnis. Die meisten Menschen streben nach Heilung ihrer alten Wunden. Sie sehnen sich ihr Leben lang nach dem, was sie als Kind gebraucht, aber nicht bekommen

> haben. Sie suchen es in all ihren Beziehungen, zunächst bei ihren Partnern und später bei ihren Kindern.«[10]

Und genau mit dieser Voraussetzung haben sich Sarahs Eltern gefunden: Beide haben eine Form von Liebesmangel erlebt, sonst wären sie nicht »geflohen«, und aus dieser Entbehrung heraus wünschten sie sich nichts mehr, als es mit den eigenen Kindern anders zu machen. Sie wollten, wie alle Eltern, ein warmes Nest schaffen, in dem alles stimmt. Diese Sehnsucht ist ein zutiefst menschlicher Wunsch. Das Schwierige daran ist, den eigenen inneren Mangel, die Kühle der Vergangenheit in Wärme umzuwandeln. Dazwischen stehen folgende nachhaltigen Prägungen: das genetische Erbe, das erlernte Verhalten, die Glaubenssätze der Familie, aber allem voran die Fähigkeit, eine sichere Bindung herzustellen. Hat man selber nicht erfahren, wie sich eine förderliche, sichere Form der Bindung anfühlt, ist es schwer, sie weiterzugeben.

Wie der Bindungsforscher Dr. Karl Heinz Brisch in seinem Buch *Bindungsstörungen* schreibt, stand bei der Bindungsforschung in den letzten Jahren vor allem die Frage nach der Weitergabe der Bindungsqualität von der Eltern- zur Kindergeneration im Zentrum – ob und in welcher Art eine solche Weitergabe stattfindet. Diese »transgenerationale Perspektive« wurde erstmals durch die Untersuchung von Miriam und Howard Stelle belegt, bei der diese mit Londoner Schwangeren und deren Partnern im letzten Drittel der Schwangerschaft das sogenannte *Adult Attachement Interview*[11] führten. Anhand der gegebenen Antwor-

10 Konrad, Sandra: *Das bleibt in der Familie. Von Liebe, Loyalität und uralten Lasten*. © Piper Verlag GmbH, München 2013; S. 188.

11 Eine Interviewform, die Aufschluss über die eigenen Bindungserfahrungen gibt. Anm. d. Autorin.

ten, so Brisch, konnten die Wissenschaftler mit hoher Zuverlässigkeit die zukünftigen Bindungsqualitäten der Kinder (nach etwa einem Lebensjahr) voraussagen. Die Ergebnisse der Untersuchung von Steele und Steele wurden in weiteren Studien und über drei Generationen hinweg bestätigt.[12]

Es kann also schon während der Schwangerschaft eine Aussage über die zukünftige Mutter-Kind-Beziehung gemacht werden. Was bedeutet, die eigenen Beziehungserfahrungen sind nachhaltig und werden weitergegeben. Wie Sandra Konrad es formuliert, stanzen sich die Erfahrungen mit wichtigen Bezugspersonen in unser Hirn und unsere Seele. Mit einer Übereinstimmung von 70 bis 75 Prozent, so Brisch, ist voraussagbar, wie der Umgang, die Bindungsqualität zwischen der Mutter und dem Kind sein wird. Die Zahlen gelten für alle, sowohl für die sicheren als auch für die problematischen Bindungsmuster, und besagen: Bindungsmuster werden in hohem Maße von der Eltern- auf die Kindergeneration weitergegeben.

»Sei so, wie ich dich brauche«

Zurück zu Sarah und ihren Eltern, die stellvertretend für unzählige Eltern stehen. An dieser Stelle möchte ich nochmals auf den zuvor zitierten Satz von Sandra Konrad zurückkommen: »Sie (die Eltern) sehnen sich ihr Leben lang nach dem, was sie als Kind gebraucht, aber nicht bekommen haben. Sie suchen es in all ihren Beziehungen, zunächst bei ihren Partnern und später bei ihren Kindern.« Das meint: Mehr oder weniger bewusst wird es den

12 vgl. Brisch, Karl Heinz: *Bindungsstörungen*, 12. Aufl. 2013; S. 68.

Wunsch geben: Jetzt endlich möchte ich, dass das in mein Leben kommt, was ich früher entbehrt habe. Jetzt endlich habe ich ein Recht auf Liebe, die ich früher so schmerzlich vermissen musste, und ich möchte das in meiner eigenen Familie leben. Mein innigster Wunsch, mein Bedürfnis ist, dass wir eine richtig tolle Familie werden, die zusammenhält, egal was kommt.

Doch diese Rechnung ist ohne die Beteiligten gemacht. Denn niemand kann den in der Vergangenheit erlittenen Mangel eines anderen Menschen ausgleichen oder gar erlösen. Das sind Wünsche und Vorstellungen einer Mutter oder eines Vaters und nicht der Kinder. Kinder sind ja nicht als Helfer oder Erlöser der Not der Eltern geboren.

In der Familie Weinzierl scheinen die Eltern eine sehr enge, symbiotische Verbindung miteinander gehabt zu haben. Zwei junge Menschen, die nur weg wollten von der eigenen Familie, haben sich gefunden, um *ihre* Familie zu gründen. Und wir können annehmen, dass sie Sehnsüchte hatten, wie ihre Familie aussehen sollte, klare Vorstellungen von Nähe und Zusammenhalt, von der die Tochter dann als Erwachsene sagt: »Das war für mich nur Enge.« Sarah sollte so sein, wie die Mutter sich das wünschte. Ich formuliere diesen Wunsch der Mutter mal überdeutlich: »Du gehörst zu mir, ich brauche dich, nur wenn du mir nah bist, wenn es harmonisch zwischen uns ist, dann geht es mir gut. Du sollst so sein, wie ich es mir vorgestellt habe, denn nur dann hat mein Leben als Hausfrau und Mutter einen Sinn gehabt.« Lassen Sie als Leserin und Leser nur für eine Minute diesen Wunsch der Mutter auf sich wirken, dann werden sie spüren, dass es ein Ansinnen ist, das einem die Luft zum Atmen nimmt.

Sarah fühlte sich als Kind mit der Mutter glücklich, da waren sie sich nah. Bezogen auf die drei genannten Grundbedürfnisse, zeigt sich: Das Grundbedürfnis nach Nähe und Bindung ist erfüllt, das Grundbedürfnis nach Autonomie und Anerkennung ist Sarah Weinzierl jedoch abgesprochen worden.

»Sei so, wie ich dich brauche!« Das ist eine Elternbotschaft, die ich oft von erwachsenen Kindern höre, die den Kontakt mit ihren Eltern abgebrochen haben. Die Betroffenen sagen: »Meine Mutter/mein Vater hat keine Ahnung, wer ich bin. Ich interessiere sie überhaupt nicht. Ich werde noch nicht mal gefragt, wie es mir geht und was mir wichtig ist.« Oft mit dem Nachsatz: »Es geht immer nur um sie und was sie wollen. Ich komme da gar nicht vor.« Eine 30-Jährige präzisiert ihre sehr leidvolle Entscheidung: »Ich hätte mich weiter verleugnen müssen. Ich habe lange gelächelt und so getan, als wäre nichts, habe erfüllt, was sie von mir wollten – aber ich kann mich nicht weiter selbst verleugnen, es tut zu weh, sich anders zu geben, als man ist.«

Diese Thematik ist wirklich nicht zu unterschätzen, denn es geht hier entschieden darum, wie weit Eltern in der Lage sind, die Grenzen der Kinder zu respektieren, wie weit sie die Kinder in ihrem Wesen unterstützen, denn die Autonomie gehört neben der Nähe zu den Grundpfeilern des Lebens. Können die Eltern dieses Grundbedürfnis nicht akzeptieren, dann laufen sie Gefahr, dass die Kinder sich irgendwann ihre Freiheit nehmen. Nicht als eigener Mensch wahrgenommen zu werden ist einer der wesentlichen Gründe für einen Kontaktabbruch.

Es gibt natürlich große Unterschiede im Verhalten der Eltern, von denen ich hier einige benenne – beginnen wir mit der Haltung: «Als Mutter oder Vater habe ich recht.«

Eltern dürfen alles

»Ich habe recht und du, Kind, hast dem zu folgen. Ich habe Wertvorstellungen und das haben auch deine Vorstellungen zu sein.« Manche Eltern haben festgemauerte Gedankengebäude, die echte Sprengkraft für die Beziehung haben. In meinem Buch *Mütter sind auch Menschen* schreibe ich:

> »Wie viele Mütter gehen davon aus, dass das, was sie für das Beste halten, auch das Beste für ihre Tochter ist? ›Wenn du es nur so machen würdest, wie ich sage, dann ginge es dir auch besser!‹ ›Warum bist du denn nicht Lehrerin geworden, so wie ich es dir geraten habe? Das hast du jetzt davon!‹ ›Warum rufst du nicht Herrn Soundso an, der könnte dir sicher helfen?!‹ ›Warum bist du nur immer so komisch, da wundert es doch nicht, dass ...‹ Noch viel subtiler, aber dennoch wirkungsvoll, ist die Mutter, die sagt: ›Ach, Kind, was soll das nur wieder?‹ Sie deutet damit an: ›Was in dir vorgeht, was du fühlst, ist doch komisch und irgendwie nicht in Ordnung.‹ Sie meint aber auch: ›Was ich fühle und meine, das ist richtig. Ich weiß es eben!‹
>
> (...) Es gibt Mütter, die von sich und ihrer Beurteilung der Situation so überzeugt sind, dass sie insgeheim denken oder sogar offen aussprechen, ihre Tochter sei irgendwie nicht in Ordnung, vielleicht sogar gestört. Nur ist es nicht die Tochter, die gestört ist, sondern die Eltern-Kind-Beziehung ist es. Es geht nicht darum, recht zu haben, es geht um Beziehung, um Gefühle, um Wertschätzung, um Wohlwollen, um Liebe.
>
> (...) Elke, 38 Jahre, erzählt: ›Können Sie sich vorstellen, wie das ist, als Erwachsene noch immer bevormundet zu werden? Meine Mutter weiß immer alles besser, sie ist sehr herrisch und übermächtig. Noch heute behandelt sie mich so, als sei ich

zehn. Früher ging das bei mir zu einem Ohr rein und zum anderen wieder raus. Ich habe mich einfach innerlich ausgeklinkt. Aber selbst jetzt, wo ich selber Kinder habe, meint sie, sie müsse mir sagen, was ich tun und lassen soll. Sie weiß wieder alles besser, natürlich auch, was meine Kinder und die Erziehung angeht. Neulich habe ich zufällig einen Satz gehört, den sie zu meiner Tochter gesagt hat: »Das muss die Mama gar nicht wissen!« Die hat doch echt versucht, meine Tochter auf ihre Seite zu ziehen! Das war's dann. Ich habe sie rausgeschmissen. Jetzt geht es mir besser. Mein Leben lang ging es immer nur darum, dass nach ihrer Pfeife getanzt wird. Meine Belange haben sie nie interessiert – und jetzt ist Schluss!«[13]

Die Botschaft, die bei den Kindern in diesen Fällen ankommt, heißt: »Du bist nur anerkannt, wenn du tust, was ich möchte.« Leider führt Rechthaben zu nichts Gutem. Wenn Eltern auf ihrem sogenannten Recht bestehen bleiben und sich nicht auf die Welt und Sichtweise der Kinder einstimmen können, dann ist der Eklat vorprogrammiert.

»Ich bestimme hier, was gut für dich ist«

Weitaus problematischer wird es, wenn Eltern meinen, sie hätten ein Recht auf ihr Kind: »Du bist *mein* Kind, und da darf ich doch tun und lassen, was mir richtig erscheint! Ich weiß doch schließlich, was für mein Kind gut ist! Deshalb wirst du auch das tun, was mir richtig erscheint.«

---

13 Haarmann, Claudia: *Mütter sind auch Menschen*, 2012; S. 296f.

Ich erlebe junge Männer und Frauen, deren Eltern einen unbedingten Gehorsam fordern beziehungsweise gefordert haben. Das sind meist Eltern, die einer bestimmten Weltanschauung, einer religiösen Zugehörigkeit oder auch einer pädagogischen Ideologie anhängen, alles Ideen und Vorstellungen, die nicht die der Kinder sind. Eine junge Frau, die den religiösen Vorstellungen der Eltern nicht entsprach, wurde von den Eltern als gestört, krank, rebellisch und hartherzig bezeichnet, weil nicht sein kann, was nicht sein darf. Tragischerweise ist es dann auch schnell so, dass das Kind glaubt: »Ja, ich bin falsch, ich bin schlecht, ich bin anders und nicht in Ordnung.« Denn ein kleines Kind kann nicht zum Schluss kommen, dass seine Eltern ideologisch und eigenwillig sind. Es glaubt immer, es selbst sei das Problem. Und diese Annahme über sich selbst wird es mit ins erwachsene Leben nehmen.

Es gibt Eltern, die einen Star für sich brauchen. Sie erhoffen sich, dass ihr Kind besonders ist und dass sie über das Kind Bedeutung erlangen. Sie zwingen ihr Kind zum Eislauf, zu Castings oder auch nur zum Klavierspiel, Ballettunterricht, Gymnasium usw. Sie hören gar nicht, wenn das Kind das nicht möchte oder überfordert ist. All diese Eltern manipulieren ihre Kinder in ihrem Sinne, frei nach dem Motto: »Was für mich gilt, gilt auch für dich.« Kinder werden gezwungen, Dinge zu tun, die nicht ihre sind. Als Mädchen oder Junge wird man das auch tun, denn man will den Eltern gefallen, liebt die Eltern und hat auch keine Alternative. »Ich war der Willkür meiner Eltern absolut ausgeliefert, sie waren für mich übermächtig, und ich konnte mich ja nicht wehren«, sagen Betroffene dann als Erwachsene und drücken aus, dass ihre Bedürfnisse in keiner Weise zählten. Sie hatten als Kinder keine Wahl und ihre Eltern haben überhaupt nicht wahrgenommen, dass sie mit all diesen »gut gemeinten« Ansprüchen immer über die Grenze der Persönlichkeit und der Bedürfnisse ihres Kindes gegangen sind. Werden die Grenzen eines Mädchens, eines Jungen nicht geachtet, dann liegt es nahe, dass diese als Erwachsene, als selbstständig Handelnde massiv ihre Grenze setzen. Sie verlassen die Familie. Sie haben keine andere Wahl, wenn sie ihrer Individualität folgen wollen.

Ein folgenreicher Wunsch

Die zuletzt genannten Beispiele gehören sicherlich zu den extremeren. Aber generell gilt für alle, deren Autonomiebedürfnis keine Beachtung gefunden hat, sie haben Eltern, die folgenden Wunsch an ihre Kinder adressieren: »Sei so, wie ich es mir vorstelle!« Dieser Wunsch muss noch nicht einmal ausgesprochen werden, er wird vom Kind in jedem Fall als Botschaft »gehört« beziehungsweise gefühlt. In so einem Fall hat das Kind zwei Möglichkeiten, auf die Eltern zu reagieren:

1. Ich werde so, wie du mich brauchst, und ich gebe damit meine Autonomie und mein Bedürfnis nach Anerkennung meiner Person und meines Wesens auf, aber auf diese Weise bleibe ich dir nah.
2. Ich werde nicht so, wie du mich brauchst, ich lebe meine Autonomie, und ich gebe mir selbst und dem, was mich ausmacht, die Anerkennung, indem ich Abstand von dir und deinem Wunsch nehme. Ich kann nicht anders, als ich selbst zu sein. Ich bin nicht so, wie du mich willst. Bitte respektiere mich.

Sarah Weinzierl steckte genau zwischen diesen beiden Polen. Über 20 Jahre lang hat sie um die Anerkennung ihrer Person gekämpft – sie wollte nicht mehr »lieb« sein und konnte dem Bedürfnis vor allem ihrer Mutter nicht entsprechen.

Bedingungslose Loyalität

Es gibt noch einen anderen Aspekt, der mit der Familie Weinzierl sichtbar wird. In dem, was Sarah berichtet, schwingt die Forderung der Eltern nach bedingungsloser Loyalität mit. In jeder Familie gibt es diesen Treuepakt, dieses Bündnis namens Loyalität. Historisch war diese Treue ganz besonders notwendig, um in Notzeiten zu überleben, denn sie garantierte den Zusammenhalt der Gemeinschaft. Loyalität und Treue sind Bestandteile tiefer seelischer Verbindungen, und sie haben bis heute einen Sinn. Als Tugenden können sie die Grundlage für den sicheren Ort Familie bilden, in den man sich, wenn es notwendig ist, zurückziehen und Halt finden kann, egal was passiert. Im Positiven also stärkt diese treue Verbundenheit den Mitgliedern der Familie den Rücken. Dieser Halt ist wie der Hafen, man kann ihn jederzeit anlaufen und auftanken. Und weil er da ist, wird die Freiheit erst möglich.

Schwierig wird es, wenn die Loyalität benutzt wird, um ein Recht auf Nähe zu beanspruchen. Dann lässt sie nicht frei, sondern macht eng, sie wird zur Fessel, sie dient dann dem Bedürfnis der Eltern nach Nähe auf Kosten der Eigenständigkeit der Kinder. Töchter und Söhne erleben die Forderung nach Zusammenhalt dann nur noch als klammernd und klebrig. Aus dem »sicheren Hafen« wird ein Ort, der sich nicht mehr sicher und gut anfühlt. Aus meiner Sicht beschwören gerade solche Familien, in denen eine große Beziehungslosigkeit herrscht, ganz besonders diese Loyalität. Der Appell »Wir sind doch eine Familie« wird postuliert, wenn bereits spürbar ist, dass die Familie fragmentiert. Ich erlebe Eltern, die ihren Kindern viel zugemutet haben, und gerade sie fordern Treue und fraglosen Zusammenhalt.

Die Festungs-Familie

Die oben genannte Psychologin Sandra Konrad unterscheidet zwischen offenen Familien, die die Unterschiedlichkeit der Familienmitglieder begrüßen, und Familien, die einer geschlossenen Festung ähneln. Sie schreibt:

> »In einer Festungsfamilie hat familiärer Zusammenhalt Priorität. Nähe und Einigkeit sollen herrschen. Alle sollen das Gleiche denken und fühlen und im Sinne der Gemeinschaft handeln. Eine Familie, die absolute Loyalität einfordert, mag es nicht, wenn ihre Kinder sich entfernen. Sie mag es nicht, wenn die Nachkommen fremden Einflüssen ausgesetzt sind oder sich eine eigene Meinung bilden. Wer sich nicht an die Gesetze der Familie hält, wird nicht als selbstständig, sondern als abtrünnig empfunden und dementsprechend bestraft oder ausgestoßen.«[14]

Das gipfelt in der Botschaft: »Sei für mich da, sonst bist du für mich gestorben!«

Genau das ist das Schicksal von Sarah Weinzierl. Die Familiengemeinschaft stand an oberster Stelle – sicher auch durch die Familienbelastung mit dem behinderten Bruder, der viel Kraft und Aufmerksamkeit beanspruchte. Die Tochter sollte ihre eigene Person und damit ihr Potenzial und ihre Freiheit hintenanstellen. Das hat sie verweigert und wurde dafür bestraft.

---

14 Konrad, Sandra: *Das bleibt in der Familie. Von Liebe, Loyalität und uralten Lasten*. © Piper Verlag GmbH, München 2013; S. 147.

Keine Frage der Schuld

Wenn wir auf die Seite der Eltern schauen, dann stellt sich die Frage: Wie geht es ihnen? Sind sie nun die Schuldigen, weil sie alles falsch gemacht haben? So könnte man es sehen, wenn man das Gesamtbild aus den Augen verliert. Wenn die Familie nicht als System gesehen wird, das über Generationen geprägt wird, dann, nur dann, entsteht das Gefühl der ganz persönlichen Schuld. Natürlich fühlte sich Mutter Weinzierl von ihrer Tochter zurückgewiesen, und es ist anzunehmen, dass damit eine alte Wunde berührt wurde. Aber es ist nicht die Wunde, die Sarah ihr zugefügt hat, sondern es ist ein ganz alter Mangel an Liebe. Wenn die alten Wunden nicht geheilt sind, dann bleiben wir an dieser Stelle dünnhäutig, und es braucht nicht viel, damit es wieder wehtut. Erlebt wird es so: »Was ich mir so gewünscht habe, wird wieder nicht erfüllt, ich werde wieder zurückgewiesen und diesmal sogar von dem Menschen, den ich so liebe, der mir so nah ist – von meiner eigenen Tochter.« Das ist ein großer Schmerz!

»Angenommen, meine Mutter hätte sich das Thema mit ihrer Mutter angeschaut und hätte es aufgearbeitet, dann hätte sie den ganzen Sumpf nicht an mich weitergeben müssen«, sagt Sarah Weinzierl zu mir. Und sie hat recht. Wenn wir als Eltern Licht auf die Schatten unserer Vergangenheit werfen und lernen auseinanderzuhalten, was zu unserer Lebensgeschichte gehört und wie dies unsere Ehe/Partnerschaft und unsere Kinder beeinflusst, dann werden diese Altlasten nach und nach verdaut, und es finden sich Worte, eine Sprache für das, was bisher nicht zum Ausdruck gebracht werden konnte – Gefühle können dann endlich gefühlt und benannt werden.

Für die Generation von Mutter Weinzierl, die vor dem Krieg geboren wurde, ist das rein theoretisch ein gangbarer Weg. Vielleicht ist es gut, sich zu vergegenwärtigen: In ihrer Generation war das Thema Psychotherapie noch ein Tabu – gleichzusetzen mit »in die Klapse müssen«. Diese Generation war kaum in der Lage, sich Unterstützung zu holen, sie hat ihr ganzes Leiden, vor allem auch das, was durch den Krieg verursacht worden ist, in sich vergraben. Die seelischen Dynamiken, über die ich hier schreibe, sind ja erst mit Sigmund Freud überhaupt in das öffentliche Bewusstsein gerückt – die Herausbildung dieser Erkenntnisse als gesellschaftliches Allgemeingut liegt nicht weit zurück. Die ganze Bindungsthematik und die Folgen von Traumatisierungen werden erst seit wenigen Jahren öffentlich diskutiert.

Hätte die Mutter von Sarah dieses Wissen gehabt, hätte sie vermutlich anders gehandelt. So aber wurden die Familienprägungen unreflektiert weitergegeben. Dazu gehören auch Äußerungen wie: »Endlich ein gesunder Junge!« – es hieß nicht: »Endlich ein gesundes Mädchen!« Also das alte Muster: Ein Sohn ist wichtiger als eine Tochter. Die uralte Abwertung des Weiblichen existiert in der Familie noch immer. Die Botschaft für die Tochter war deutlich: »Du bist nicht so wichtig. Deine Brüder, vor allem dein gesunder Bruder, sind bedeutungsvoller.« Die sicherlich durch den behinderten Sohn sehr belastete Mutter konnte nicht sehen, dass sich ihre Tochter einsam und wie ein Kulissenkind fühlte, konnte nicht wahrnehmen, dass das kleine Mädchen hintanstehen musste und sich von ihr verlassen fühlte.

Andere Wahrnehmungen

Im ersten Kapitel habe ich geschrieben: »Bei dem Thema Kontaktabbruch haben wir es mit zwei unterschiedlichen Wahrnehmungen zu tun. Die Kinder erleben etwas ganz anderes als die

Eltern. Es ist wie zwei Leben in einem – in einem Familienleben.« Zwei Wahrnehmungen, zwei Wünsche, zwei Vorstellungen von Glück. Im Fall Weinzierl wollten die Eltern nichts mehr als: »Wir haben doch uns und wir bleiben für immer ganz nah beieinander.« Der Wunsch der Tochter ist ein anderer, er heißt: »Wenn meine Eltern gesagt hätten: ›Geh deinen Weg, wir vertrauen dir, du machst das schon!‹, dann wäre ich gestärkt und frei gewesen. Dann hätte ich mich geliebt gefühlt und wäre ihnen sicher auch nah geblieben.«

Ich erinnere mich an eine Talkshow, zu der ich eingeladen war. Mit mir war eine Mutter zu Gast, deren Tochter den Kontakt abgebrochen hatte. Diese Frau sprach über ihre Trauer und den Schmerz, das einzige Kind und die Enkel jetzt nicht mehr sehen zu können. Sie war alleinstehend und konnte es nicht fassen, dass die Familie auseinandergebrochen war. Konnte ihre dadurch spürbar gewordene Leere nicht aushalten. Um irgendwie doch noch eine Nähe herzustellen, mietete sie eine Wohnung auf der gegenüberliegenden Straßenseite an. Das war ihre einzige Möglichkeit, ihre Tochter doch noch zu sehen. Die Mutter hatte subjektiv so wenigstens einen visuellen Zipfel der Familie. Wie es der Tochter damit ging, lässt sich erahnen.

Generation 50 plus: »Du sollst Vater und Mutter ehren«

Es scheint sich heute in Familien etwas grundlegend verändert zu haben, gerade was das Thema der Autonomie betrifft. Auch in meiner Generation gab es heftige Konflikte mit den Eltern. Viele von uns hatten Eltern, die nicht nur meinten, sondern die »wussten«, was für ihre Kinder richtig und falsch war, die kein Gespür für die Anliegen ihrer Kinder hatten, keine Liebe ausdrücken konnten. Und trotzdem brach man den Kontakt zu ihnen nicht ab. Stattdessen wurde bei den Familienbesuchen eine Faust in der Tasche gemacht, man hat die Kommentare hingenommen, hat sich bis zum Gehtnichtmehr geärgert, war verzweifelt über die Ignoranz der Eltern, aber man ist geblieben.

Die Nachkriegsgeneration lebt das bis heute. Immer wieder höre ich, meist von Frauen, die über 50 sind, dass sie noch immer nicht auf Augenhöhe mit ihren Eltern kommunizieren. Dass sie sich noch immer alles bieten lassen und dennoch jetzt sogar dauerverfügbar für die gebrechlichen Eltern sein müssen. Ich sehe Frauen, die restlos überfordert mit den Ansprüchen ihrer Eltern sind, denn die altersschwachen oder jetzt pflegebedürftigen Eltern klagen die ständige Präsenz ihrer Kinder ein und senden subtile Schuldbotschaften aus, etwa in Form von: »Mir geht es nicht gut …«, mit dem unausgesprochenen Untertitel: »Kümmere dich bitte«. Sie fordern und fordern, ohne wahrzunehmen, wie es der Tochter, dem Sohn geht – ohne zu spüren, dass ihre Kinder mit den Anforderungen völlig überlastet sind. »Wieso kannst du nicht mehr, bist du krank?«, fragt die alte Mutter ihre Tochter, die sich einmal getraut hat, über ihre Überforderung zu sprechen. Die Töchter/Söhne sind längst ausgebrannt, werden aber damit nicht gesehen – noch immer nicht. Und trotzdem bleiben sie.

Einer der Gründe, so vermute ich, liegt im Einfluss des vierten Gebots, das wir aus der Bibel kennen: »Du sollst Vater und Mutter ehren«. Meine Generation hat das immer wieder gehört, mit dem Nachsatz: »Damit du lange lebest und es dir wohl ergehe auf Erden.« Das vierte Gebot wirkt bei uns Nachkriegsjahrgängen noch wie ein Geheimauftrag, aus dem es kein Entrinnen gibt.

Aus der jüngeren Generation höre ich dagegen etwas entschieden anderes. Ihr Argument heißt: »Wie soll ich Vater und Mutter ehren, wenn ich das selber von ihnen nie erfahren habe, wenn ich selber nie respektiert und anerkannt wurde und wenn ich als ICH nie gewürdigt worden bin?«

Das Nest muss verlassen werden

Das ganze Thema der Autonomie erinnert mich an eine Geschichte, die mir Francesca Mason Boring erzählt hat. Francesca ist eine befreundete Autorin und Familienaufstellerin aus den USA. Mütterlicherseits stammt sie aus dem Volk der Shoshoni. Im Alter von sieben Jahren bekam sie von einem Onkel ein von den Vogeleltern verlassenes Vogelnest, in dem gerade die kleinen Küken geschlüpft waren. Ihre Aufgabe bestand darin, die kleinen Vögel großzuziehen. Sie hatte also eine Verpflichtung, die rund um die Uhr ihre Aufmerksamkeit, ihre Liebe zu den Tieren, ihre Sorgfaltspflicht, ihr Kümmern erforderte. Eine große Aufgabenstellung für ein Kind, so kleine Tiere zu bemuttern! Die vielleicht aber größere Herausforderung war, die großgezogenen Vögel später flügge werden zu lassen. Das Kind musste lernen, die Vögel freizugeben, obwohl es sich so gekümmert, obwohl es sein ganzes Herzblut gegeben hatte. Denn hätten die Vögel nicht fliegen dürfen, hätte man ihnen die Flügel stutzen müssen und sie wären nicht mehr die Vögel gewesen, die sie waren. Eine kluge Lektion!

Kapitel 4: Die ungestillte Sehnsucht – wenn Nähe und Geborgenheit fehlen

Katharina Hoffmanns Geschichte

In dieser Lebensgeschichte geht es um eine Mutter, die den Kontakt zu ihrem Kind verloren hat, und sie selbst hat als Kind mütterliche Liebe, Nähe und Geborgenheit vermissen müssen. Ihre Geschichte zeigt den Zusammenhang zwischen der Biografie der Mutter und dem Bruch mit der eigenen Tochter.

Von Katharina Hoffmann, 73 Jahre, war bereits im ersten Kapitel zu lesen. Sie ist es, die auf den Vorschlag, sich einmal in das Erleben der Tochter hineinzuversetzen, sagt: »Auf dem Dampfer bin ich noch nie gewesen. Das ist wie Chinesisch für mich.« Frau Hoffmann lebt am Rande des Ruhrgebiets, hat eine Tochter und drei Enkelkinder. Seit acht Jahren herrscht zwischen Mutter und Tochter Funkstille. In diesen acht Jahren gab es allerdings drei Mal ein Zusammentreffen, es ging dabei um Geld, das sich die Tochter von der Mutter wünschte. Katharina Hoffmann ist eine herzliche, agile, sehr reflektierte Frau, die vor einer für sie unlösbaren Frage steht: »Was kann ich tun, um meine Tochter zu erreichen?« Bisher hat sie keine Lösung gefunden, aber ihr ist eines ganz klar: An dieser Sprachlosigkeit hängen Wurzeln, die mit ihrer Geschichte zu tun haben.

Ich bin Frau Hoffmann sehr dankbar, dass sie bereit ist, mir und damit den Leserinnen und Lesern einen so tiefen Einblick in ihr Leben zu geben. Mehrmals sagt sie zu mir: »Ich wünsche mir nur, dass ich damit ein klein wenig für andere Eltern, die keinen Kontakt zu ihrem Kind haben, tun kann.«

Ein falsches Sprachprogramm oder »Ich war ja ohne jedes Selbstwertgefühl«

»Ich glaube, das ganz heikle Thema war und ist das Verhältnis zwischen meiner Mutter und mir, darin liegt eigentlich alles begründet. Meine Mutter hat nicht gearbeitet, die war zu Hause. Vielleicht war sie froh, als ich geboren wurde, aber sie war kein Mensch, der Liebe vermitteln konnte. Und ich vermute, das ist das Drama meines Lebens geworden.

Mit uns im Haus lebte die jüngste Schwester meiner Mutter. Diese Tante war es, die mich sehr geliebt hat. Sie war mein Ein und Alles. Sie konnte mir das geben, was ich gebraucht habe, auch meinen großen Teddy. Und ich war glücklich und zufrieden mit ihr. Diese Tante starb ganz plötzlich, da war ich drei. Und ich denke, dass da mein Dilemma begann.

Als meine Tante starb … Ich weiß noch, die Männer haben sie aus dem Schlafzimmer getragen. Sie war tot. Aber ich wusste ja als Dreijährige nicht, was Tod bedeutet. Und ich bin da hingelaufen und habe sie geküsst. Und Mutter hat mich von ihr weggerissen und hat gesagt: ›Tante Lisa ist tot! Komm da weg!‹ Aber ohne meine Tante wurde es furchtbar für mich und niemand hat mich getröstet. Meine Mutter war erschüttert über den Tod ihrer Schwester, aber meinen Schmerz konnte sie nicht sehen.

Sie war überhaupt sehr herrisch und immer an anderen Leuten orientiert. Das, was andere dachten, fühlten, sagten, das war für meine Mutter das Evangelium, die Bibel. Aber nun gab es in unserem Umfeld sehr viele Leute – das heißt, sie wusste nie so richtig, welche Meinung sie vertreten sollte. Und das wurde dann für mich sehr schwer, ich bekam Schläge für irgendwas und wusste gar nicht, warum. Einfach, weil ich aufgefallen war. Ich kam bei ihr gar nicht vor, sondern immer nur die anderen. Also habe ich angefangen, innerlich wie im Untergrund zu leben. Nichts nach außen zu zeigen. Ganz still und lieb bin ich geworden. Ich habe gelernt, unauffällig zu sein, und das hat mich geprägt bis heute. So was legt man nicht ab.

Meine Mutter war kühl. Dass wir mal geschmust haben? Nein. Ich hatte ja den Teddybären von meiner Tante. Er war für mich der Ersatz. Den habe ich geliebt. Und ihm alles erzählt. Mein Vater fühlte sich für mich nicht zuständig, das war Frauensache, obwohl ich eigentlich ein gutes Verhältnis zu ihm hatte. Ich habe keine Geschwister. Alles, was ich hatte, war der Bär. Ich war nach dem Tod meiner Tante sehr allein und bin eigentlich mein Leben lang allein geblieben. Ich war zwar nach außen hin auch fröhlich, aber nach innen traurig. Es war ja keiner da! Dass jeder Nachbar wichtiger war als ich, das hat mich so geprägt, noch stärker als das Alleinesein.

Dann kamen der Nationalsozialismus und der Krieg. Meine Eltern Nazis? Nein, in dem Sinne nicht. Die hatten wohl Angst und haben ›Heil Hitler‹ geschrien, weil man das tat. Sie waren ängstlich, bloß nichts sagen, nur nicht auffallen. Man wusste zwar nichts Genaues, aber wir wussten von den Konzentrationslagern. Ich wusste das als Kind.

Als ich in die Schule kam, tat sich für mich eine neue Welt auf. Ich habe alles, was ich hörte, aufgesogen wie ein Schwamm, ich wollte alles wissen, und so war ich natürlich beliebt bei den Lehrern. Zu Hause bekam ich oft Schläge mit dem Handfeger wegen nichts, da ging meine Mutter richtig zur Sache, aber bei den Lehrern, da war ich immer beliebt. Die lieben ja Schüler, die alles machen und keine Widerworte geben.

Im Krieg sind hier einmal Bomben gefallen, 1942 oder '43. Ein einziges Mal, und da wurde meine Schule getroffen. Danach bin ich durch viele Schulen gewandert, Volksschulen, von einer zur anderen, wie das damals war. Wir hatten ja 40, 50, 60 Kinder in der Klasse, das war keine Seltenheit, denn es gab ja keine Lehrer, die waren im Krieg. Mein Vater war zu Hause. Der arbeitete in einer Gießerei. Ja, eigentlich war mein Vater kriegstauglich, was er in der Gießerei gemacht hat, weiß ich nicht. Mein Vater hat später oft getrunken. Und dann war die Hölle bei uns los, denn meine Mutter, die drehte am Rad, wenn er betrunken nach Hause kam.

Mein Vater, der war eigentlich ein sehr zärtlicher Mann. Aber meine Mutter hat auch meine Liebe zu meinem Vater hintertrieben. Die konnte das nicht haben. Früher, als die Welt noch in Ordnung war, so während des Krieges, da gab es ja keinen Alkohol und seine Trunkenheit spielte überhaupt keine Rolle, da habe ich mich oft an ihn gekuschelt und er musste mir über meine Geburt erzählen und dass er sich darüber so gefreut hat. Meine Mutter ist immer dazwischengegangen und hat das beendet. Erst im Nachhinein, als ich mal angefangen habe über mein Leben nachzudenken, ist mir klar geworden, dass meine Mutter wahrscheinlich eifersüchtig war. Ich denke, die Ehe meiner Eltern war sehr unglücklich.

Als die Schule zu Ende war, hatte ich sehr gute Noten, aber ich hatte eben auch gelernt, nirgendwo anzuecken. Ich liebe es auch heute noch nicht, im Mittelpunkt zu stehen. Das ist mir derart eingebläut worden. Ich habe nie gelernt zu streiten, habe keine Ahnung, wie ich mich verteidigen kann. Wenn es Konflikte gab oder heute gibt, habe ich immer das Gefühl: ›Dem bist du nicht gewachsen.‹ Also, ich bin so richtig unfertig. Und ich bin ohne jedes Selbstbewusstsein in die Welt geschickt worden.

Und dann lernte ich, als ich 16 war, meinen Mann kennen. Ihn wollte ich eigentlich gar nicht, aber der klebte an mir. Er hatte auch ein schlechtes Elternhaus und war dann unter den Nazis als Neunjähriger schon beim Jungvolk. Und war da so eifrig, dass er Fähnleinführer wurde, das war in der Hierarchie ziemlich weit oben. Er ist mit 16 Jahren zur Wehrmacht gegangen und feierte seinen 17. Geburtstag im Lazarett. Ich selber war in der Nazi-Zeit ein Kind und merke erst heute, dass das alles wie an mir vorbeigegangen ist. Ganz im Gegensatz zu meinem Mann, der hat strammgestanden. Später ist er auch nicht entnazifiziert worden.

Heute sage ich, er war machtbesessen. Er hat der Umgangsweise meiner Mutter mit mir noch eins draufgesetzt, denn er konnte mich total kleinmachen. Und die Wahrheit ist: Ich mochte ihn nicht. Wir haben geheiratet, weil meine Mutter darauf bestand: ›Man kann nicht sechs Jahre mit einem Jungen gehen und dann … Was sollen die Leute sagen!‹ Dieses verdammte ›Was sollen die Leute sagen!‹ Ja, dann habe ich ihn geheiratet und gedacht: ›Viel Freude wirst du an mir nicht haben.‹

Er behauptete, dass er mich liebe. Ich habe das aber nie empfunden. Vielleicht kann ich auch keine Liebe empfinden. Bis heute habe ich nicht viel Erfahrung mit der Liebe. Von meiner Mutter bin ich nicht geliebt worden, meinen Vater durfte ich nicht lieben, und ich hatte einen Mann, mit dem es keine Liebe gab.

›Wenn du ein Kind bekommst‹, dachte ich dann, ›dann hast du was zum Lieben.‹ Und anstatt zu gehen, bekam ich Kinder. Das erste ist gestorben, ein Junge, den habe ich noch geboren. In der Klinik gab es noch nicht mal ein Sauerstoffzelt. Der Kleine schnappte so nach Luft und dann ist er eine halbe Stunde später gestorben. Damit musste ich auch alleine fertigwerden, niemand hat mir geholfen. Meine Mutter sagte nur: ›Sei doch froh, das Kind wäre ja sowieso nicht gesund gewesen.‹ Dann eine Fehlgeburt, auch sehr schwer – ich denke manchmal, spätestens da hätte ich meinen Mann verlassen müssen.

Aber nein, ich war ja ohne jedes Selbstwertgefühl. Als Lisa dann endlich kam, da war mein Leben in Ordnung, zumindest die ersten drei Jahre. Dann wendete sich das auch. Mein Mann merkte plötzlich, dass ich ein wunderbares Verhältnis zu Lisa hatte, und sie liebte auch ihren Vater, sollte sie ja auch. Aber da fing es an, dass er mir systematisch die Lisa entfremdete. Sie kriegte von ihm einfach alles. Ich hatte erst auch nichts dagegen, dass er ständig mit irgendwas ankam. Habe dann dafür gesorgt, dass es nicht zu viel war, damit das im Rahmen blieb. Und dann wurde Lisa älter und begriff: Vom Papa kriege ich alles. Damals habe ich nicht erkannt, in welch gefährliches Fahrwasser das geriet. Und er hat – wie soll ich das sagen? – er hat sich vermutlich gerächt, weil er merkte, dass ich ihn nicht geliebt habe.

Dieses Machtgehabe, das habe ich an ihm gehasst. Ich denke, das war auch das, was ihm im Dritten Reich so gutgetan hat. Er brauchte nur zu kommandieren – ›Zack, zack!‹ und die Jungs spurten. Ich hatte ja bei meiner Mutter gelernt, nicht aufzufallen und alles hinzunehmen, weil ich sonst Prügel kriegte. Also habe ich auch später stillgehalten, wenn er mich mit Worten fertigmachte. Das Schlimme ist: So war Lisa dann später auch. Ein Satz – und ich war überhaupt nicht mehr da! Das schafft sie bis heute. Ich hatte oft das Gefühl, dass sie auf mich herunterschaut. Wie mein Mann, genauso. Das ist heute noch so, aber damals habe ich das alles nicht richtig verstanden.

Wissen Sie, meine Tochter ist hochintelligent, hatte aber ständig Schwierigkeiten in der Schule, ich rannte von einem Lehrer zum anderen, um die Wogen zu glätten. Es gab zu Hause nur Krach und sie war so aufsässig mir gegenüber. Das war furchtbar, bis ich mir irgendwann eingestehen konnte: ›Ich will nicht mehr, ich kann nicht mehr, ich kann diese Ehe nicht mehr aushalten.‹ Ich hatte lange Jahre Depressionen und alles stand mir bis zum Hals, damals wollte ich Selbstmord begehen. Ich konnte nicht mehr. Und dann begegnete ich beim Autogenen Training wie durch ein Wunder einem Arzt, einem Psychiater und auch Jesuitenpater. Er war der erste Mensch, der gesehen hat, was mit mir ist. Er hat mich gefragt: ›Wie geht es Ihnen?‹ Und das meinte er ernst. So eine echte Anteilnahme kannte ich bis dahin gar nicht. Zum ersten Mal in meinem Leben hörte mir jemand zu. Und dann war klar: Ich brauche Hilfe. Ich bin zu ihm in die Klinik. Früher hat man dazu noch ›Irrenanstalt‹ gesagt. Wenn man es mit den Nerven hatte, dann musste man halt in ein Irrenhaus – und fertig! Ich wollte da eigentlich auch nicht hin. Aber so, wie es war, ging es nicht weiter. Bei diesem Arzt habe ich dann eine Therapie begonnen und das hat mich zum ersten Mal in meinem Leben stark gemacht. Damals hab ich mir geschworen, nie mehr darauf zu hören, was die Leute sagen. Habe aber auch gemerkt, wie schwer das ist, sich davon zu befreien. Wie eingebrannt ist das.

Auf jeden Fall tat sich für mich eine andere Welt auf und nach drei Jahren habe ich mich scheiden lassen. Lisa ist nicht mitgegangen, sie ist bei ihrem Vater geblieben. Das Sorgerecht habe ich um des lieben Friedens willen dann ihm überlassen. Da war meine Tochter 15. Sie hat mich dann oft besucht und das Verhältnis zwischen uns wurde besser. Sie hat dann sogar einmal gesagt: ›Ist eigentlich gut, dass du weggezogen bist, jetzt ist die Spannung raus.‹

Ich habe immer weiter an mir gearbeitet, habe Knoten für Knoten gelöst, sodass ich heute auch die Zusammenhänge erkenne und weiß, wie das alles passiert ist. Das Paket, das meine Mutter mir hinterlassen hat, das war schon groß genug, ganz abgesehen von dem, was ich mit meinem Mann erlebt habe. Ich habe viel zu viel ausgehalten, des Kindes wegen.

Meine Tochter ist dann, als sie Anfang 20 war, beruflich in eine andere Stadt gezogen. Sie hat geheiratet und drei Kinder bekommen, doch die Ehe ist auseinandergegangen. Auch ein Unglück. Ja, dann habe ich da finanziell viel reingeschossen, weil ich gedacht habe, dass ich ihr unbedingt helfen muss. Man kann ja mit drei Kindern nicht alleine zurechtkommen. Bis ich das finanziell nicht mehr konnte. ›Lisa‹, habe ich gesagt, ›ich habe nichts mehr, ich kann nicht mehr ...‹ Ich merkte ja auch, das hört nicht auf. Erst waren es 1.000, dann 2.000, dann 3.000, dann 5.000 Euro, ich konnte und ich wollte auch nicht mehr. Ihr Vater lebte da schon nicht mehr.

Dann wurden die Auseinandersetzungen heftiger. Solange ich ihr Geld gegeben habe, war alles in Ordnung. Dann aber, als ich ihr nichts mehr gab, wurde sie ganz still, war beleidigt, ging schließlich und sagte nur noch: ›Dann war es das wohl.‹

Wissen Sie, was sie mir vorwirft, wenn wir dann Streit haben? Dann sagt sie: ›Klar, wie immer! Wenn man dich braucht, bist du nicht da. Ich hätte oft eine Mutter gebraucht, aber du warst ja nie da.‹ Und das steht dann so im Raum, denn sie will mit mir nicht weiterreden. Ich bitte sie immer, flehe sie an um ein Gespräch. Aber nein, sie will nicht! Ich komme da nicht drüber weg, das macht mich so hilflos. Wie oft habe ich schon gedacht: ›Was machst du nur mit ihr?‹ Denn ich finde keinen Zugang. Mir fällt nichts ein, was ich sagen könnte. Ich weiß ja, woher das kommt, ich habe ja einfach die Sprache, die Gefühle benennt, nicht gelernt. Das weiß ich alles, aber ich komme da nicht raus. Ich komme da einfach nicht raus.

Das ist alles so furchtbar, besonders in der Weihnachtszeit, da habe ich so viele Durststrecken durchgemacht. Schon im Oktober fiel ich in ein tiefes, dunkles Loch und das ging bis Weihnachten. Und Weihnachten ... sobald der erste Weihnachtsfeiertag war, fiel das ab. Da war ich wieder normal. Aber die Zeit vorher war furchtbar. Diese depressiven Löcher habe ich jetzt nicht mehr, einfach weil ich unser Getrenntsein heute mehr akzeptieren kann. In den ersten Jahren der Kontaktlosigkeit bin ich über Weihnachten und Neujahr weggefahren. Das mache ich jetzt nicht mehr, das brauche ich nicht mehr. Ich kann jetzt hier bei mir zu Hause Weihnachten voll leben. Bin ganz stolz darauf, dass ich das alles, soweit es mir möglich ist, verarbeitet habe. Ich habe eine Basis gefunden, mit der ich relativ glücklich bin. Relativ, wahrscheinlich ist jeder Mensch nur relativ glücklich. Aber ich kenne heute das Glück. Ich führe ein sehr aktives Leben, bin seit Jahren als Seniorin an der Universität und schreibe viel. Ich kann jetzt mit mir umgehen.

Mein Leben unterteile ich in mein erstes und mein zweites Leben. Das erste Leben geht bis zur Scheidung, danach fängt das zweite an. Mit meinem zweiten Leben wurde ich ein anderer Mensch. Aber es hat mit einer schmerzlichen Aufarbeitung begonnen. Ich glaubte damals, wenn ich geschieden bin, dann gibt es für mich nur noch Frieden und Freude, es war aber nicht so. Ich habe ganz schnell gemerkt: ›Du bist ja erst am Anfang.‹ Ich musste mich vor allem auch mit meiner eigenen Mutter konfrontieren, und das hat zum Teil körperlich wehgetan. Das waren schlimme, ganz schlimme Zeiten. Auch meine Depression ... das habe ich körperlich gespürt. Mein ganzer Körper tat weh und ich wusste: ›Eigentlich schmerzt meine Seele!‹ Ich war oft dabei, aufzugeben, das muss ich ehrlich sagen. In dieser Aufarbeitungszeit konnte ich meine Mutter nicht mehr ertragen. Ich hatte vorher eigentlich ein ganz gutes Verhältnis zu ihr, weil ich über nichts nachgedacht hatte. Aber plötzlich sah ich meine Mutter in einem anderen Licht, sah, wie wenig sie mir gegeben hat. In der Zeit war ich mit ihr total zerstritten und habe sie das auch fühlen lassen. Gleichzeitig hatte ich Schuldgefühle, denn ich konnte sie nicht achten – und schon gar nicht ehren. Also, Schuldgefühle haben mich damals dauernd begleitet. Das war schlimm, bis ich das alles ablegen konnte. Das brauchte Zeit. Später, als ich mehr Distanz hatte, konnte ich spüren, wie unglücklich meine Mutter selber war. Aber ich habe nichts machen können, ich konnte ihr nicht helfen. Wir haben keinen Weg zueinander gefunden. Ich konnte mit meiner Mutter nicht reden.

Das habe ich auch Lisa geschrieben: ›Ich habe mit Oma auch im Clinch gelegen und konnte sie nicht mehr ausstehen. Ich habe da also Verständnis dafür ...‹ Aber im Gegensatz zu meiner Mutter biete ich Lisa ja an, mit mir zu reden, sie will aber nicht! Das macht mich so verzweifelt und hilflos.

Wir haben die richtige Sprache nicht gelernt – ein falsches Sprachprogramm sozusagen. Ich habe oft gedacht: ›Das kann doch gar nicht sein!‹, aber du kannst es nicht abstellen. Da setzt du ein Kind in die Welt und du hast mit dem kleinen Mädchen Kontakt, bist ihm nah – es war für mich damals unvorstellbar, dass man dann irgendwann nicht miteinander reden oder den anderen nicht verstehen könnte. Dass das so in die Brüche gehen kann, wie bei uns – man kann sich einfach nicht vorstellen, wie weh das tut, keinen Kontakt zu haben!

Aber das alles ist gelebtes Leben. Das war so und dem kann keiner entfliehen. Ich beobachte andere Menschen in meinem Umfeld, die an ihrer Vergangenheit kaputtgehen. Die trinken und man spürt, dass das eigentlich nicht deren Leben ist, dass die nur versuchen, sich zu betäuben. Und ich sage zu mir: ›Sei froh, dass du es geschafft hast, da rauszukommen. Schau nicht immer zurück, wie es war ...‹ Ich habe viel geschafft und dafür bin ich eigentlich dankbar.«

Garten oder Wüste: Was die Beziehungen so prägt

Wir lernen mit Katharina Hoffmann eine Frau kennen, die uns anvertraut, welche Folgen die Ereignisse ihrer Kindheit auf ihr Beziehungsleben haben. Das Kind Katharina hat damals, vor mehr als 70 Jahren, heftige Zurückweisungen erfahren, immer waren andere wichtiger als sie. Und sie gesteht sich als Erwachsene ein: »Vielleicht kann ich keine Liebe empfinden! Bis heute habe ich nicht viel Erfahrung mit der Liebe. Von meiner Mutter bin ich nicht geliebt worden, meinen Vater durfte ich nicht lieben, und ich hatte einen Mann, mit dem es keine Liebe gab.«

Die Psychologin Sandra Konrad schreibt in ihrem Buch *Das bleibt in der Familie*:

> »Die ersten Jahre unseres Lebens können Garten oder eine Wüste für uns sein: Wachsen wir als Kind in einer sicheren, liebevollen Umgebung auf, in der unsere Bedürfnisse angemessen befriedigt werden, entwickeln wir Urvertrauen, ein gutes Selbstwertgefühl und einen sicheren Bindungsstil, der es uns auch im Erwachsenenalter ermöglichen wird, stabile Beziehungen einzugehen. Sind wir hingegen häufigen Frustrationen und Zurückweisungen durch unzuverlässige, inkonsequente und vernachlässigende Bezugspersonen ausgesetzt, entwickeln wir negative Annahmen über uns selbst und unser Gegenüber. Ein unsicheres Bindungsverhalten und destruktive Beziehungen im Erwachsenenleben sind die Folge, in denen Sehnsucht und Misstrauen sich die Waage halten.«[15]

15 Konrad, Sandra: *Das bleibt in der Familie. Von Liebe, Loyalität und uralten Lasten*. © Piper Verlag GmbH, München 2013; S. 186.

Für Katharina Hoffmann trifft genau das zu: Ihre Kindheit gleicht dieser Beziehungswüste, und sie hat einen Mann geheiratet, mit dem sie keine gute, liebende Beziehung leben kann. Damit wiederholt sie das Muster ihrer frühen Bindungserfahrungen. Sie selber beschreibt den Hintergrund ihres Dilemmas, indem sie sagt: »In dem Verhältnis zwischen meiner Mutter und mir, darin liegt eigentlich alles begründet.« Denn ihre eigene Mutter war weder mütterlich-liebevoll noch einfühlsam. Man spürt in diesem Lebensbericht förmlich die Distanz. Eine kühle Mutter, die keine tröstende Anlaufstelle für die kleine Katharina war. Im Gegenteil: Sie hat ihre Tochter geschlagen, unfreundlich behandelt und war nicht in der Lage, Katharina zu trösten, als die geliebte Tante starb. »Ich war nach dem Tod meiner Tante sehr allein und bin eigentlich mein Leben lang allein geblieben.« Für das Kind Katharina bedeutete der Tod vor allem der Entzug ihrer einzigen wichtigen Bezugsperson, des Menschen, bei dem sie Geborgenheit erlebte, der ihr Halt und Vertrauen gab. Damit war der wichtigste Stern ihres kleinen Universums verloren. Für die Dreijährige eine traumatische Beziehungserfahrung, die von der Mutter nicht aufgefangen werden konnte.

Vor diesem Hintergrund gestattet uns Frau Hoffmann einen entscheidenden Blick auf die Beziehung zwischen ihrer Tochter und ihr selbst, wenn sie sagt: »Also war ich davon überzeugt: ›Wenn ich ein Kind hab, dann kann mir der Mann egal sein. Dann hab ich ja was zum Liebhaben.‹« Damit drückt sie ihre Sehnsucht aus. Nur, diese Sehnsucht der Mutter hat für die Tochter erhebliche Folgen. Wir werden Schritt für Schritt entdecken, welche Auswirkungen der Wunsch nach Liebe auf die nächste Generation hat, wie sich das unterernährte Bedürfnis der Eltern nach Zuwendung auf ihre Kinder auswirkt.

Die kühle Mutter oder: Kein sicherer Hafen

Mit der Familie Weinzierl in Kapitel 3 wurde bereits angedeutet, auf welche Weise die Kindheitserfahrungen das spätere Verhalten als Eltern prägen. Mit der Geschichte von Frau Hoffmann sehen wir in der Tiefe, wie die frühen Bindungsdefizite konkret wirken. Wir befinden uns wieder mitten in der generationsübergreifenden Thematik.

Es geht hier um eine Mutter (bzw. Großmutter), die kühl und abweisend war, mehr mit ihrem Umfeld beschäftigt als mit ihrer Familie. Es ist unbedingt notwendig, die Tragweite dieser gefühlsvermeidenden Mutter-Kind-Beziehung zu verstehen. Die Bindungsforschung geht davon aus, dass 25 bis 30 Prozent der Menschen von dieser sogenannten unsicher-vermeidenden Bindung betroffen sind.

Bei dem vermeidenden Bindungsstil hält die Mutter – und das gilt natürlich auch für den Vater – das Kind emotional auf Distanz. Sie ist wenig empfänglich für die Gefühle und Nöte des Kindes und kann nur schwer wahrnehmen, was das Kind braucht. Vermutlich, weil es in ihr selber eine Not oder auch einen Mangel an Wahrnehmung ihrer Gefühle und Liebe gibt. Da sie ihre Bedürfnisse und Emotionen kaum spürt, kann sie diese auch nicht ausdrücken. Sie wird eher kühl und abweisend wirken – Gefühle gehören nicht zu ihrem Repertoire. Je nach dem Grad der nicht gelebten Gefühle kann diese Mutter keine tragende Bindung aufbauen. Sie wird das Baby, später das Kleinkind, immer wieder zurückweisen. Das geschieht nicht vorsätzlich und es zeigt sich manchmal auch ganz leise, vielleicht kann sie nicht in Augenkontakt gehen oder nicht richtig interpretieren, was das Baby braucht, oder sie ist ängstlich und will nichts falsch machen und genau deshalb ist sie nicht im Kontakt. Dieses sogenannte vermeidende Verhalten drückt sich auf unterschiedliche Weise aus. Für das Kind hat das jedoch Folgen, es lernt, dass seine Bedürfnisse nicht angemessen befriedigt werden. Wenn es Hilfe braucht, kann die Mutter nur schwer darauf eingehen. Weil die Mutter sich nicht auf das bedürftige Kind einstimmen kann, fordert sie es wie einen Erwachsenen: »Ist ja nicht so schlimm …«, »Da musst du jetzt durch, wird schon wieder …«, »Da kann ich dir jetzt auch nicht helfen.« Sie ist kein sicherer Hafen und das Kind wird die Mutter immer seltener aufsuchen. Denn dort ist nichts zu holen. Trost, Ruhe und Erholung nach einem kummervollen Erlebnis sind nicht zu erwarten. Das Kind fühlt sich nicht gefühlt! Zwischen ihm und der Mutter entwickelt sich eine Fremdheit. Beide vermeiden den fühlenden Kontakt und bleiben fortan voneinander isoliert.

Die betroffenen Kinder wirken oft höflich-distanziert und ziehen sich gleichzeitig in sich zurück. Katharina Hoffmann, die hier stellvertretend für so viele andere steht, beschreibt es so: »Ich habe angefangen, innerlich wie im Untergrund zu leben. Nichts nach außen zeigen. Ganz still und lieb bin ich geworden, habe gelernt, unauffällig zu sein.« Diese Kinder bauen aus Selbstschutz folgendes kompensierende Verhalten auf: »Ich brauche keine Nähe, ich kann alles alleine.« Sich mit diesem Glaubenssatz, der wie ein ganz früher Schwur ist, zu identifizieren, fühlt sich besser an, als die permanente Nichterfüllung der eigenen Bedürfnisse auszuhalten. Kennzeichnend für diese Bindungserfahrung ist, dass die Betroffenen sich im Laufe ihres Lebens selten Hilfe von anderen holen, denn sie halten es kaum für möglich, dass andere für sie da sind und dass es Unterstützung gibt. Erst wenn der Schmerz nicht mehr auszuhalten ist, suchen sie sich Hilfe. Die Folge dieser kühlen Mutterbeziehung ist das Gefühl von Einsamkeit und Angst vor Nähe – gleichwohl bleibt der Wunsch nach Beziehung und Bindung, denn das ist unser lebensnotwendiges Grundbedürfnis.

Das Sprachprogramm für Gefühle fehlt

Menschen also, die mit kühlen und eher abweisenden Eltern groß geworden sind, werden ihr Bedürfnis nach Nähe, den Impuls nach Schutz, nach Zuwendung ganz weit herunterfahren oder sogar vollkommen abschneiden. Gefühle sind tief vergraben. Man hat sehr gut gelernt, zu funktionieren und alleine klarzukommen. In diesen Familiensystemen wird die Sprache der Gefühle und Emotionen nicht gelernt. Die Familienmitglieder funktionieren sehr gut, bewältigen das Leben, sind sogar echte Leistungsträger, nur: Es existieren keine Worte, um die Innenwelt auszudrücken. Das Emotionale wird tabuisiert, abgewertet oder belächelt, ist manchmal sogar mit Scham besetzt.

Hier sehen wir eine der Ursachen der Sprachlosigkeit, von der in den betroffenen Familien immer wieder die Rede ist. Es mangelt an Ausdrucksmöglichkeiten, was Gefühle betrifft, das unvergleichliche Sprachprogramm fehlt, denn so etwas wie Verbundenheit, Zärtlichkeit, wärmende Nähe, Mitgefühl, Wohlwollen oder liebevolle Zugewandtheit, das, was wir Liebe nennen, wird kaum gelebt und ausgedrückt. Also fehlen auch Worte und Sprachregelungen dafür. Pointiert gesagt: Wer in einer Kälte gelebt hat, kann mit dem Wort Wärme nicht viel anfangen. Das Grundthema in diesen Familien ist der emotionale Mangel.

Ungestillte Sehnsucht

So auch bei Katharina Hoffmann. Wir bewegen uns hier noch immer auf der Ebene der Kindheitserfahrungen der heute 73-Jährigen, die seit acht Jahren keinen Kontakt mit ihrer einzigen Tochter hat. Und wir können sagen: Mit ihrer Kindheitsgeschichte ist sie emotional unterversorgt ins Leben gegangen. Sie selber formuliert es so: »Ich bin so richtig unfertig und ohne jedes Selbstbewusstsein in die Welt geschickt worden.« Sie hat bis dahin keine stabile Beziehung kennengelernt, sondern wiederholt mit ihrem Mann, was sie mit ihrer herrischen Mutter erlebt hat.

Aus Katharina Hoffmanns Biografie wird ihre Bedürftigkeit nach Zuwendung nachvollziehbar. Der frühe Mangel hat eine ungestillte Sehnsucht nach Liebe hinterlassen. Sie möchte endlich wahrgenommen, endlich wertgeschätzt werden, endlich Unterstützung und Halt finden. Aber es ist der alte, der kindliche Wunsch, die kindliche Sehnsucht, die nach Erfüllung ruft. Es ist, als gäbe es da auch nach 20, 30, 40 Jahren noch ein kleines Mädchen namens Katharina, das sich fortwährend wünscht: Ich brauche auch Liebe! Und so ist es nicht erstaunlich, dass Frau Hoffmann dachte: »Wenn ich ein Kind bekomme, dann habe ich ja was zum Liebhaben.« Man könnte also sagen: Dieses kindliche Bedürfnis im Körper der erwachsenen Katharina begründet zu einem großen Teil das Beziehungsleben und auch das Elternsein der Erwachsenen. In der Psychotherapie spielt dieses kindliche Bedürfnis eine wichtige Rolle und wird auch das »innere Kind« genannt. John Bradshaw schreibt dazu in seinem wichtigen Buch *Das Kind in uns*, dass es verwunderlich erscheinen mag, dass ein »kleines Kind im Körper eines Erwachsenen weiterleben kann«. Jedoch sei er überzeugt, dass dieses vernachlässigte innere Kind, das an Verletzungen aus der Vergangenheit leidet, die Hauptursache für das Elend des Menschen sei und somit auch das Leben als Erwachsener bestimmen und prägen kann, wenn man sich ihm nicht annehme.[16]

Dieses sogenannte »innere Kind« ist natürlich die Verbildlichung eines innerpsychischen Prozesses, der darin besteht, dass die frühen Gefühle, die frühen Defizite nicht einfach mit der Kindheit verschwinden, sondern dass sie weiterhin bestimmen, wie wir uns auf andere Menschen beziehen. Mit Menschen sind hier nicht allgemein Menschen wie beispielsweise Bekannte oder Kollegen gemeint, sondern die, die uns ganz nahe stehen, die wir lieben, mit denen wir eine intime Verbindung haben, also die intensivste Nähe. Nur von ihnen erhoffen wir die Behebung des alten Mangels, denn sie sind es, mit denen wir wieder eine Bindung eingehen. Vor allem von unseren Partner/innen und den eigenen Kindern erhoffen wir uns »Rettung«. Allerdings ist es so: Was die eigenen Eltern versäumt haben, können kein Partner und kein Kind ersetzen. Sie sind auch gar nicht zuständig für die Versäumnisse der Vergangenheit. Es sei hier nur angedeutet, worin Bradshaw die Lösung für diese Problematik sieht. Er schlägt vor, diesen unterversorgten Teil in uns unter die eigenen Fittiche zu nehmen, sich sozusagen selber immer wieder zu bemuttern, die eigenen turbulenten Gefühle in sich selber zu beruhigen. Kehrt der lange bekannte Schmerz zurück, zum Beispiel das Gefühl, verlassen zu sein, gilt es, sich selber zu trösten. Bradshaw sagt zusammengefasst: Es ist ein altes Gefühl aus der Kindheit – aber dieses »innere Kind« ist ja nicht mehr allein, heute hat es unum-

16 vgl. Bradshaw, John: *Das Kind in uns. Wie finde ich zu mir selbst*. München: Droemer Knaur 2000; S. 26

stößlich einen Verbündeten an seiner Seite, jemanden, der es liebt: das erwachsene Selbst = mich selbst.

Wenn die Sehnsucht wieder nicht erfüllt wird

So weit zur Theorie. Im Familienalltag erleben emotional unterversorgte Erwachsene diese unerfüllte Sehnsucht nicht bewusst – sie gehört zur Normalität, es gab sie schon immer. Aber sie wirkt im Geheimen und führt zu Umgangsformen, die auf Dauer massive Konflikte nach sich ziehen können. Denn wird diese Bedürftigkeit von dem Partner oder von den Kindern nicht befriedigt, fühlt sich das wie eine erneute Ablehnung an. Oder – um beim Bild des inneren Kindes zu bleiben – dann wiederholt sich etwas: »Schon wieder wird mir die Liebe vorenthalten, schon wieder bleibe ich traurig zurück. Warum bekomme ich nicht, was ich zutiefst brauche?« Und das Gefühl, wieder abgewiesen zu werden, löst verschiedenste Reaktionen aus: Verzweiflung, inneren Rückzug, depressive Verstimmungen oder Bestrafungen der Kinder. Es kann zu Wutausbrüchen kommen, andere agieren ihren Schmerz auch in einer Art Redewasserfall aus oder sie werden besserwisserisch, denn auch darüber kann man sich Aufmerksamkeit und das Gefühl von »ich bin wichtig« holen.

Eine 48-jährige Mutter von zwei Töchtern erklärt, wie sie reagiert: »Besonders meine Große kann mich so verletzen, dass ich innerlich richtig einbreche. Ich ziehe mich dann gekränkt zurück und das manchmal tagelang. Ich weiß, ich bestrafe sie, weil sie nicht lieb zu mir ist. Aber es ist wie ein Automatismus, ich kann das kaum steuern.«

Die unerlöste Sehnsucht nach Nähe und Innigkeit zeigt sich selten als süßliches Schmachten, sie tarnt sich auf vielfältige

Weise: als Beschwörung der Familieneinheit, als Besitzanspruch – »Ich meine es doch nur gut mit dir«, »Ich habe ein Recht auf dich« –, als depressives Leiden oder als Drohung – »Wegen dir werde ich noch krank« – und manchmal sogar als Krankheit. Das ist nicht als Abwertung gemeint, denn dahinter steckt eine große Not des betroffenen Menschen, der Mutter/des Vaters. Welche Folgen dieser Hintergrund für Mutter und Tochter Hoffmann hatte, darauf gehe ich gleich ein, doch zuvor noch ein Einschub, der zum Verständnis des Folgenden wichtig ist.

Schrecken und Schock mit Folgen

In der Biografie von Katharina Hoffmann ist noch ein anderer Aspekt von Bedeutung. Im Einführungskapitel habe ich über Frau Hoffmann geschrieben, dass sie ein Schicksal hat, mit dem man nicht tauschen möchte. Denn es geht nicht nur um ihre Kindheitserfahrung, sie musste als junge Erwachsene völlig unvorbereitet noch den Tod ihres ersten Kindes erleben, ein nachhaltiger Schrecken und Schock. Wieder war niemand da, der ihr half, diesen Schmerz zu verarbeiten. Ihre ganze Ohnmacht und Verzweiflung ist noch nach 50 Jahren in unserem Gespräch spürbar, wenn sie ausdrückt: »Noch nicht mal ein Sauerstoffzelt war da, als das Kind keine Luft mehr bekam.«

Hier handelt es sich um ein Trauma, es ist ein solch heftiger Schock, bei dem die innere Uhr wie stehen bleiben kann. In der Definition von Peter Levine, dem Begründer der Trauma-Therapie »Somatic Experiencing« stellt nicht das konkrete Ereignis das Trauma dar, sondern es sind die unverarbeiteten Folgen dieses Ereignisses. Kann, wie im Fall von Frau Hoffmann, der Tod des Kindes nicht richtig verarbeitet werden, dann bleibt der Schock als Erstarrung im Körper stecken, es ist, als sei etwas in einem wie eingefroren. Das Entsetzen ist so groß, dass ein Fühlen nicht möglich ist, die Erstarrung ist größer. Das ist so schmerzhaft, so existenziell, dass eine Mutter unbedingt die Hilfe kompetenter, liebevoller und mitfühlender Menschen braucht, um in ein Fühlen, in die Trauer, das Weinen zu kommen. Denn erst mit der Trauer kann so ein Verlust überwunden werden. So ein nicht aufgearbeitetes Trauma bleibt oft sehr verborgen, aber es ist da. Der nicht verarbeitete Schmerz wird zum Wegbegleiter. Im Fall von Frau Hoffmann war niemand mitfühlend genug, um ihr zu helfen. Auch da wieder die Verlassenheit, und wieder fand sich keine Stabilität und kein Halt in ihrem nahen Umfeld.

Frau Hoffmann steht hier für unzählige Mütter und Väter, die eine belastende Biografie haben – als Kind allein gelassen, voller Sehnen, die richtige Gefühlsnahrung zu bekommen. Aber sie steht eben auch für Menschen, die den Schrecken und Schock eines Schicksalsschlages noch nicht bewältigt haben und die selber Halt brauchen. Darauf gehe ich in Kapitel 6 noch ausführlich ein.

Und nun wird nachvollziehbar: Lisa Hoffmann wird in diese Lebensrealität ihrer Mutter geboren. Diese war damals eine junge Frau, geprägt durch ihre eigene Mutter und den Verlust des ersten Kindes, traurig, instabil und mit der Neigung zu Depressionen.

Wer braucht hier was? Oder: In den Schuhen des Kindes stehen

Lisa, die hier stellvertretend für viele andere Töchter und Söhne der nächsten Generation steht, soll etwas für die Mutter tun, denn diese braucht einen Menschen zum Liebhaben. Aber wie ist das für ein Kind? Ich habe Frau Hoffmann gefragt, wie es wohl für ihre Tochter war, unter solchen Bedingungen groß zu werden, und diese Frage war für sie ganz neu und fremd – fast wie Chinesisch. Genau dieser Blickwinkel ist notwendig, um zu verstehen, warum Kinder im erwachsenen Alter aus dem Kontakt gehen. Denn das Kind, hier Lisa, wird ja selber als rundum bedürftiges kleines Wesen geboren, das die Liebe der Mutter braucht. Und es braucht im Laufe der Jahre eine Mutter, die präsent ist, die es unterstützt, die das Kind sieht, die dem Kind gibt, was es braucht. Was aber erlebt es mit einer Mutter, die depressiv ist, die den eigenen Mann nicht erträgt, wie mag es für ein Kind sein, wenn die Mutter eine solche verzweifelte Gemütsverfassung mitbringt? Hat die Mutter die Kapazität das Kind überhaupt richtig wahrzunehmen? Kann sie sich einstimmen auf das Kleine, oder sieht sie nur das, was ihrem Bedürfnis nach Liebe guttut?

Lisa, das ist meine Annahme, war von der ersten Stunde an mit einem Auftrag konfrontiert, der sehr zugespitzt, um die Thematik deutlich zu machen, heißt: Ich muss etwas für meine Mutter tun. Ich soll helfen, ihr Leid zu erlösen. Damit werde ich gebraucht. Meine Mutter ist so einsam und traurig und ich muss sie trösten. Ich soll ihr Glück sein, bin dazu geboren, dass es ihr besser geht.

»Kann denn ein Kind so etwas wissen?«, mag man vielleicht einwenden. Ja, es kann! Von Anbeginn an spürt ein Kind, wie es seiner Mutter geht, und es reagiert auch darauf. Auf die Rolle der Spiegelneuronen, die hierbei von grundlegender Bedeutung sind, gehe ich im nächsten Kapitel ein. Hier möchte ich erst einmal meinen Lieblingsbeweis anführen, der belegt, wie gut wir fühlen, was in unseren Nächsten vor sich geht: Eine Mutter muss nur anrufen und schon an ihrem Atemzug, bevor sie den ersten Satz gesprochen hat, wissen wir, wie es ihr geht und was los ist. Und dieser enge Draht, dieses Erspüren beginnt schon im Bauch der Mutter. Man fühlt, was sie fühlt, und man weiß sehr genau, was von einem erwartet wird.

Vor allem kleine Mädchen wissen genau, dass sie Mama keinen Kummer machen dürfen, denn Mama ist ohnehin schon so traurig und belastet. Mädchen übernehmen schnell die Rolle entweder der braven und lieben oder der starken, helfenden Tochter. Manchmal rebellieren kleine Kinder auch, sie drücken mit ihrer Wut aus, dass ihnen die stabile Mutter fehlt, denn sie haben natürlich keine Worte für ihre Not.

Eine 25-Jährige, die in so einem Beziehungsmuster mit ihrer Mutter steht, fasst ihre Erfahrung mit einem Satz zusammen: »Meine Mutter greift nach mir, sie meint noch immer, dass nur ich ihr helfen kann, aber es schnürt mir die Luft ab, Ich kann nicht mehr!« Diese Einschätzung wird bei betroffenen Eltern vermutlich auf Unverständnis stoßen oder sie sogar schockieren, denn sie leben in der Gewissheit: »Wir haben doch alles getan, das Kind war immer gut versorgt und so schrecklich kann das ja wohl nicht gewesen sein!« Und es stimmt, Frau Hoffmann hat ihr Bestes getan, und sie war ihrem Kind in den ersten drei Jahren in ihren Möglichkeiten auch nah. Aber es war eben nur an der Oberfläche gut. Das ist ein sehr subtiler Vorgang, den ich hier beschreibe, und dieser geschieht völlig unbewusst, doch genau darunter leiden die Kinder später, sie sollten etwas einlösen, was nicht zu ihnen gehört. Und Eltern brauchen viel Mut, um diesen Sachverhalt zu erkennen und anzuerkennen.

An dieser Stelle wird deutlich, was im ersten Kapitel beschrieben wurde: »Bei dem Thema Kontaktabbruch haben wir es mit zwei unterschiedlichen Wahrnehmungen zu tun. Die erwachsenen Kinder erleben heute und haben früher etwas ganz anderes erlebt als die Eltern. Es ist wie zwei Leben in einem – in einem Familienleben.«

Bedürfnisse, die nicht zueinander passen

Die Bindungsforschung verwendet das Wort Passung. Also: Wie weit passt die Bedürfnislage der Mutter mit der Bedürfnislage des Kindes zusammen? Wie weit kann die Mutter durch die Brille ihrer Vorerfahrungen das Kind in seinem Sein sehen? Sieht sie das Kind oder sieht sie, was sie sich von dem Kind erhofft?

Es ist vorstellbar, dass bei den Hoffmanns in diesem Sinne etwas nicht zusammengepasst hat. Die Mutter sucht Nähe und Liebe und Halt, während die Tochter eine Mutter braucht, die ihr Halt und Sicherheit gibt, die feinfühlig ihre Bedürfnisse wahrnimmt und beantwortet, die ihr nah ist, damit sie aus dem sicheren Mutterhafen heraus die Umwelt erobern kann. Das Kind braucht ihre Ermutigung, um seine Neugier auf die Welt, seine wachsende Selbstständigkeit, seine Autonomie leben zu können. Es braucht auch die Freiheit, sich dem Vater zuzuwenden. Wird sein Erkunden und Erforschen von der Mutter wie ein Wegbewegen, also wie ein erneutes Verlassenwerden interpretiert, wird das Hinwenden zum Vater, dem ungeliebten Ehemann, wie ein Ich-werde-wieder-nicht-geliebt ausgelegt, dann wird deutlich: Die Passung stimmt nicht, es passt nicht zusammen. Der Kontakt ist kein Kontakt, sondern es sind zwei Bedürfnislagen, die sich verfehlen, man schaut beziehungsweise fühlt aneinander vorbei. Für das Kind bedeutet das: Es fühlt sich nicht gefühlt, nicht wahrgenommen, seine Bedürfnisse werden nicht richtig interpretiert.

Der Lebensschmerz der Mutter hat Konsequenzen für ihre Kinder, die mütterliche innere Not, ihr Kummer prägt die Atmosphäre der Familie und beeinflusst ihr Verhalten. Hier sehen wir, wie die Biografie der Mutter mit dem Kontaktabbruch in Zusammenhang steht. Das Band zwischen beiden war von Anfang an fragil. Familiengeschichten wie die der Hoffmanns begründen meine Annahme: An einem Kontaktabbruch hängen Wurzeln, die alt sind. Denn der Kontakt war schon immer schwierig, weil die Bedürfnislagen von Mutter und Kind so verschieden waren. Lisa wird eine präsente Mutter entbehrt haben, die sie ganz und gar sieht. In der Kindheit hat man keine Worte für diesen leidvollen Mangel und so konnte Lisa erst als Erwachsene aussprechen: »Du warst nie richtig für mich da!« Das ist genau das, was Menschen, die sich aus dem Familienband lösen, sagen: »Es ging nie um mich, es ging immer um ihre Probleme, immer um ihre Dramen. Meine Mutter, mein Vater haben mich nie gesehen, nie wahrgenommen, sie wissen gar nichts von mir.« Sie konnten nicht, füge ich hinzu, und niemand trägt Schuld an diesem Familienschmerz. Es ist das Schicksal all der betroffenen Familien.

Man kann also sagen: Sowohl Katharina Hoffmann als auch ihre Tochter Lisa, beide hätten sie als Kind eine Sicherheit gebende, kompetente Mutter gebraucht. Eine Mutter, die unterscheiden kann zwischen ihren eigenen Gefühlen und den Bedürfnissen ihres Kindes.

In dieser Konstellation sollten die erwachsenen Töchter und Söhne den Auftrag »Sei für mich da!« zurückgeben, sie sind nicht für die unerlösten Bedürfnisse der Eltern zuständig, sie brauchen Freiraum für ihr eigenes Leben. Und genau genommen ist es so: Ein Kind ist nicht dazu da, das wiedergutzumachen, was die Großeltern versäumt haben.

Es gibt für alle Beteiligten auch keinen Grund, mutlos zu sein, denn diese schwierigen Bindungserfahrungen sind heilbar und veränderbar, wenn wir anfangen, die Ursachen zu verstehen.

Auch nach vielen Jahren kann ein Band zwischen den Generationen geknüpft werden. In einer sich verändernden Beziehung wird sich das Kind verstanden fühlen. Es bekommt dann die Botschaft: »Was du machst, wie du bist, ist gut und richtig, du musst nichts mehr für mich tun, ich verstehe jetzt deine Empfindungen und dich.« Es geht um eine veränderte Grundhaltung, und daraus ergeben sich vielleicht Momente der übereinstimmenden Nähe, und diese Momente bilden die Fäden für ein neues, ein erwachsenes Beziehungsband.

Das liebe Geld

Zum Schluss noch ein Wort zum Thema Geld. Geld ist Machtmittel und auch Kompensationsmittel. Geld scheint der Ersatz zu sein für etwas, was man nicht bekommt beziehungsweise früher nicht bekommen hat.

Maria, 40 Jahre alt, hat eine Mutter mit einem sehr schweren Schicksal. Maria lebte als Kind ständig in der großen Angst, ihre vollkommen chaotische und haltlose Mutter könne an ihrem Kummer sterben. In ihrer kindlichen Logik hat sich Maria aus Sorge ganz zurückgenommen, sie hat so getan, als ob sie nichts brauche. Aber natürlich hätte sie Zuwendung und Aufmerksamkeit gebraucht, und Maria erinnert sich, dass sie dann als Jugendliche einen Weg gefunden hat, diesen Mangel an Aufmerksamkeit zu kompensieren. Sie hat angefangen, Forderungen zu stellen – nach neuer Kleidung, Schuhen, einem Handy oder nach mehr Geld. »Ich wollte, dass meine Mutter mitkriegt, dass ich da bin! Sie hat mich aber nicht sehen können, und dann habe ich angefangen, im Außen Forderungen zu stellen, weil ich im Innen nichts bekommen habe. Das hat aber leider auf Dauer auch nicht funktioniert, denn ein seelischer Mangel ist mit Geld nicht aufzufüllen.«

Ich denke, nicht selten fordern Kinder Geld, weil sie meinen, einen Anspruch darauf zu haben. Eine Forderung, die auch aggressiv vorgetragen wird, weil es den Kindern wie ein Recht erscheint: »Ihr habt mir früher so viel vorenthalten, es gab nie dieses schöne Zusammensein, keine liebevolle Geste, kein ›Ich bin an dir interessiert‹, mir ging es so schlecht, dann schafft jetzt wenigstens den finanziellen Ausgleich. Bei all dem, was ich vermissen musste, steht mir das jetzt zu!« So wie bei Frau Hoffmann. Auch sie berichtet von dem fortwährenden Konfliktpunkt Geld mit ihrer Tochter. Geld ist eine eindeutige, handfeste Zuwendung, vielleicht nicht die, die man sich gewünscht hat, aber man bekommt etwas.

Auch die Eltern versuchen mit Materiellem, etwas auszugleichen. Carla, 58, erklärt: »Mein Vater hat mir schon vor 30 Jahren immer wieder versichert, dass ich später mal etwas erben würde. Schon damals war mir klar: Er will damit etwas wiedergutmachen, denn ich hatte alles andere als eine glückliche Kindheit. Das war ihm wohl auch bewusst, und so sah seine Möglichkeit aus, mir doch noch etwas zu geben.« Geld ist dann ein Weg, um die Liebe doch noch irgendwie auszudrücken.

Das Lied der Mutter

Es ist ein wirklich schweres Thema. Und um es nicht nur auf den Schultern einer Einzelnen – der Mutter – zu belassen, möchte ich ganz deutlich sagen: All das, worüber ich schreibe, kann nur geschehen, weil Mütter so wenig Unterstützung bekommen, weil nahe Angehörige fehlen, weil die Meinung vorherrscht, dass

Eltern alles per se richtig machen müssten, weil es öffentlich stigmatisiert wird, wenn Eltern Schwierigkeiten haben, und weil es eben diese seelischen Faktoren gibt. Dazu gehört auch der generationenübergreifende Aspekt, der gesellschaftlich nicht angeschaut wird.

Noch einmal möchte ich Francesca Mason Boring zu Wort kommen lassen. In ihrer Kultur weiß man schon von jeher, dass es Mütter gibt, die Unterstützung von außen brauchen, und sie berichtet vom sogenannten »Lied der Mutter«. Die Shoshoni wissen um Mütter, die das Lied des Mutterseins nur schwer »singen« können. Es gibt immer und überall Mütter, die es schwer haben, ihrem Kind Liebe und Sicherheit zu geben. In so einem Fall wird dann unter den Frauen der Gemeinschaft eine Frau gesucht, die das »Lied der Mutter« singen kann und die das Kind liebevoll versorgt. Vielleicht ist es eine Tante, die das Lied singt. In der Sprache der Shoshoni bedeutet das Wort Tante übrigens »zweite Mutter«. Bei den Shoshoni weiß man, dass es Situationen und Schicksale gibt, die gute Lösungen fordern. Und man weiß, dass es gut ist, wenn viele Menschen da sind, die das Lied der Liebe und Verbundenheit mitsingen, um ein Kind in jedem Fall fürsorglich groß werden zu lassen.

Kapitel 5: Ohne Halt und Geborgenheit – Kinder, die zu Rettern werden

Charlotte Wiemanns Geschichte

In diesem Kapitel geht es um die Perspektive einer Tochter, die sich von ihren Eltern abgewandt hat. Sie beschreibt ihre Beweggründe für diesen gravierenden Schritt.

Von Charlotte Wiemann haben wir schon im ersten Kapitel gehört. Sie ist in Dessau geboren, 48 Jahre alt und hat drei Kinder. Vor drei Jahren hat sie jeden Kontakt zu ihren Eltern abgebrochen. Dabei gab es für sie lange Zeit keinen Zweifel daran, aus einer ganz normalen Familie zu kommen. Sie sei als Kind immer gut versorgt worden, sagt sie, alles, was sie gebraucht habe, sei da gewesen, eine ganz normale Kindheit. Mit Ende 30 begann sie zu registrieren, dass ihr Burn-out und ihre depressiven Verstimmungen nicht nur die Folgen einer unglücklichen Ehe waren, sondern dass das vermeintlich ganz normale, gute Elternhaus alles andere als gut für sie war.

Ganz nah und doch sehr weit entfernt

»Mein Vater war extrem herrschsüchtig. Unzweifelhaft gab er zu verstehen: ›Ich bin derjenige, der immer recht hat, und alle anderen sind blöd.‹ Meine Mutter meckerte notorisch. Allerdings nur, wenn mein Vater nicht im Hause war. Wenn er dann von der Arbeit kam, wurde gemacht, was er wollte. Wir waren eine Familie, in der alles reibungslos ablief. Bei Tisch wurde gegessen und nicht viel geredet. War man fertig mit dem Essen: aufstehen, Ordnung machen, nächster Tagesordnungspunkt. Die Essenssituation diente ausschließlich der Nahrungsaufnahme, nicht der Kommunikation. Es gab keinen Austausch, kein ›Wie geht es dir?‹ oder ›Wie ist der Tag gelaufen?‹ – man hat sich überhaupt nicht zugehört. Im Vordergrund stand: ›Zack, zack!‹, schauen, dass alles klappt. Und vor allen Dingen musste der Schein nach außen hin gewahrt werden. Für die Außenwelt waren wir eine intakte Familie mit zwei Kindern. Ordentlichen Kindern, aus denen was wird. Der Vater hat eine gute Position. Die Frau geht mit arbeiten. Na, und nach Feierabend gehen sie in den Garten.

Meine Mutter habe ich als schimpfende, unzufriedene Frau erlebt, die zwei Gesichter hatte. Ich konnte das als Kind nie übereinbringen. Sie arbeitete in einem Bekleidungsgeschäft in der Stadtmitte, und wenn ich sie mal besuchte und sie saß an der Kasse oder stand hinter dem Tresen, da habe ich gedacht: ›Das ist ein anderer Mensch. Wie kann die Frau plötzlich so adrett aussehen und so freundlich sein und so ganz anders rüberkommen, als ich sie zu Hause erlebe?‹ Das habe ich nie verstanden und das tat mir weh. Sie kam mit dem Fahrrad nach Hause, zog ihren Kittel an und war wieder ein anderer Mensch. Eben meckernd, unzufrieden, kränklich – hatte Migräne, und gleichzeitig strahlte sie eine große Traurigkeit aus. Der Vater kam um halb fünf mit dem Fahrrad von der Arbeit, dann ging es sofort los: Ab an den Wohnzimmertisch und wir mussten die Hausaufgaben vorzeigen. Das war absoluter Drill. Jeden Tag um halb fünf – er drehte den Schlüssel in der Tür und bei mir verkrampfte sich alles. Ich hatte Panik, wieder nicht zu genügen oder was falsch gemacht zu haben.

Körperliche Berührungen gab es nicht bei uns. Meine Mutter hat mich nie geküsst oder getröstet. Später, als Erwachsene, wenn wir uns länger nicht gesehen haben, dann umarmte ich sie, aber das war wie einen Baumstamm umarmen. Es kam so gar nichts zurück, wie erstarrt.

Grundsätzlich herrschte bei uns eine lieblose Atmosphäre. Innen wie außen kontrolliert, denn meine Familie war politisch absolut linientreu. ›Der Sozialismus – deine Welt!‹ Und da war mein Vater auch sehr darauf bedacht, dass alles korrekt war. Im Osten war es ja so: Der einzige Ort, an dem man mal wirklich so sein konnte, wie man war, sagen konnte, was man dachte, war die Familie. Hinter der eigenen Tür, da lebte man, wie man eigentlich sein wollte. Das lief ja in vielen Familien so. Nur in meiner halt nicht. Jetzt wird mir schon klar, warum ich mich immer woanders wohler gefühlt habe als zu Hause.

Wenn ich mich zurückerinnere, muss ich sagen: Mein Vater war extrem dominant, verkrampft, pedantisch und auch ein liebloser Mensch. Er baute sich so vor einem auf und seine Blicke waren dann schon tödlich. Wenn was war, dann trafen mich die eisernen Blicke, weniger die Worte. Die Augen spielen für mich so eine wichtige Rolle. Bei meiner Mutter war in den Augen diese Traurigkeit und bei meinem Vater die Kälte und die Forderung nach Gehorsam.

Ich habe aber den Kontakt mit meinen Eltern nie infrage gestellt. Und dann, eben vor dreizehn Jahren, hatte ich diesen Zusammenbruch und kam zur Kur und eine Therapeutin hat deutlich gesagt: ›Sie hatten sicher kein gutes Elternhaus.‹ Damals war ich noch entrüstet und entsetzt und wollte das nicht wahrhaben, aber mein Bauch hat es wohl schon lange gewusst, nur mein Verstand wollte es nicht wahrhaben. Aber ich war wachgerüttelt und sechs Wochen später, als ich nach Hause kam, musste ich etwas ändern.

Ein erster Schritt für mich hieß, mich von meinem Mann und dem Vater meiner Kinder zu trennen. Ich musste mir eingestehen:

Die Liebe fehlt in meiner Ehe. Im Grunde hatte ich mir schon seit vielen Jahren die Frage gestellt, warum ich diesen Menschen geheiratet hatte. Ich war eigentlich nie glücklich mit ihm. Als ich ihn kennenlernte, hat mich beeindruckt, dass er was darstellte, dass er intelligent war. Heute weiß ich: Bei ihm fand ich das wieder, was ich auch von meinem Vater kannte. Er hat Verantwortung übernommen. Verantwortung und Funktionieren, genau das, was ich von zu Hause her kannte. Ich hätte mich schon lange vorher trennen sollen. Hab aber immer gehofft, dass wir ein Verstehen hinkriegen. Ich habe gedacht, dass ich bestimmte Dinge, die mir nicht gefielen, verändern kann: ›Ich kriege das schon hin! Ich habe ja bis jetzt alles hingekriegt!‹ Das zu denken, ist natürlich Illusion, man kann das Wesen eines Menschen nicht verändern, das geht nicht. Ich bin also eine Ehe eingegangen, in der es keine richtige Liebe gab. Er war cholerisch. Was noch schlimmer war: Wenn wir Streit hatten, konnte er auch schon mal tätlich werden oder er ist aufgestanden und war weg. Aber aus Angst und Panik, wieder alleine zu sein, bin ich immer wieder zurückgerudert. Ich hatte Angst vor dem Alleinsein, Angst, keinen mehr zu finden – damals, als ich noch so jung war –, das muss man sich mal vorstellen. Wahnsinn!

Wenn ich das so mit Abstand jetzt sehe, war das genauso wie in meinem Elternhaus. Die Ehe meiner Eltern war zutiefst unharmonisch und lieblos. Sie haben sich nie berührt, sondern verhielten sich oft so, als würden sie sich verachten. Mein Mann und ich, wir haben auch eine Beziehung gelebt, die lieblos war. Zum Schluss konnte ich ihn überhaupt nicht mehr ertragen. Körperlich. Wenn er von der Arbeit kam und seinen Schlüssel in die Tür steckte, ging es mir genauso wie damals als Kind. Es verkrampfte sich alles. Ich hatte jahrelang Schlafstörungen. Bin aber am nächsten Tag zur Arbeit. Ich musste ja funktionieren, das habe ich gelernt. Und war dann nach Jahren völlig ausgebrannt.

Erst nach der Trennung von meinem Mann, da war ich schon über 40, da bröckelte die ›Ich hab ein gutes Elternhaus‹-Fassade Stück für Stück. Ich hatte so gehofft, dass meine Mutter mich unterstützt in der Krise. Aber das hat sie nicht, keine Hilfe, nichts. Offen gesagt: Ich wäre auch niemals zu meiner Mutter gefahren, denn ich hätte ihr nie zeigen können, dass es mir schlecht ging, dass meine Ehe nicht funktionierte und dass ich auch noch körperlich angegriffen wurde. Den Schein zu wahren, das habe ich gelernt. Mein Leben lang bin ich ja der Überzeugung gewesen: Ich kämpfe, ich schaffe alles, ich kann es alleine. Und vor allen Dingen: Ich bin auf euch nicht angewiesen. Nur: Das stimmte natürlich nicht! Diese Abwehrhaltung habe ich als Notlösung gebraucht, weil meine Mutter ja nie für mich da war. Und jetzt kam wieder keine Unterstützung von ihr. Mir wurde ja auch Zeit meines Lebens das Gefühl gegeben, mit mir sei was nicht in Ordnung, ich sei übersensibel, ich würde mich da permanent in irgendwas verrennen.

Aber diese Krise hat mich wachgerüttelt. Und je schlechter es mir ging, umso mehr wollte und konnte ich mich der Wahrheit stellen. Mir ist da erst bewusst geworden, wie sehr dieses Funktionieren mich überfordert hat. Studium, Arbeit, Kinder und eine lieblose Ehe – ich habe einfach immer weitergemacht, ohne wahrzunehmen, dass ich schon lange über meine Möglichkeiten gegangen bin, denn es gab ja nichts, was mich genährt, gehalten und gestärkt hätte. Es war ein jahrelanger Prozess, in dem ich mich aus meinen Depressionen und Überforderungen Stück für Stück befreit habe. Ich habe gelernt, über die Dinge zu reden. Das ist auch nicht auf einmal passiert, das hat viel Unterstützung von Therapeuten und Freunden gebraucht. Aber heute kann ich mir eingestehen: Ich hatte ein schlechtes Elternhaus, da war keinerlei Liebe. Das ist so ungeheuerlich, dass ich mir das eingestehe, und das kann ich auch erst seit einem Jahr aussprechen. Das war mit so viel Scham verbunden. Vorher habe ich es gefühlt, aber ich hätte es nie ausgesprochen. Das eigene Nest beschmutzen, so etwas tut man nicht.

Zuerst habe ich immer gedacht, dass die Beziehung zu meinem Vater problematisch sei, denn der war wirklich hart und lieblos. Dann bin ich aber bei meiner Mutter angelangt. Ich wollte das erst nicht zulassen, denn meine Mutter war ja in meinen Augen die Schwächere, die es zu beschützen galt. Und dann merkte ich, dass meine Beziehung zu ihr die Ursache war, warum ich so verzweifelt war.

Den Kontakt habe ich vor drei Jahren nach einem Telefonat mit meiner Mutter abgebrochen, da konnte ich nicht mehr. Ich konnte die Gespräche nicht mehr aushalten. Mir ging es selber schlecht, und sie ruft an, damit ich sie unterhalte! So wie es immer war. So im Sinne von: ›Ja, Mama, bei mir läuft alles gut, es ist alles paletti, im Beruf und im Privaten, hab die Trennung prima hingekriegt.‹ Meistens ging es um die Kinder: ›Schule gut, Studium ..., alles gut!‹ Man hat über das Wetter und alles Unwichtige gesprochen. Von ihr habe ich nie etwas erfahren. Es kam nie etwas zurück. Wenn man sich sonst nichts zu sagen hat, redet man über das Wetter. Sie hat nicht gefragt, wie es mir geht, sie war nie an mir interessiert, aber sie hat ihren Lebensfrust bei mir abgeladen. Sie lamentierte, und ich musste immer herhalten, um sie wieder ein Stück weit aufzumuntern. Und nach so einem Telefonat mit meiner Mutter konnte ich nicht mehr. Ich konnte das nicht mehr aushalten, so tun, als ob!

Meine Mutter war früher eine schöne Frau gewesen, nur ihre Augen ... Ich habe in ihren Augen immer Traurigkeit gesehen, da war eigentlich immer nur Trauer. Ihre Trauer kann ich in mir spüren! Als wäre sie ein Teil von mir! Und in ihrer Trauer ist sie alt geworden und ganz krumm. Was mein Vater früher kommentierte mit: ›Geh gerade! Du kriegst sonst einen Buckel!‹ Ich habe als Kind gespürt, wie es ihr ging, gezeigt hat sie das nie. Was sie aber nur zeigen konnte, war ›Umsichtreten‹ und ›Umsichmeckern‹. Aber ich war ja so nah dran, dass ich es immer gespürt habe, als sei da keine Grenze zwischen ihr und mir. Verbunden in dem Traurigen. Was man mit so einer traurigen Mutter macht? Man versucht, sie bei Laune zu halten, schaut, dass alles funktioniert, dass sie entlastet wird, dass man ihr nicht auch noch Scherereien macht, dass man sie nicht auch noch zusätzlich traurig macht. Ich wollte die Lieblosigkeit und Disharmonie zwischen meinen Eltern als Kind immer ausgleichen, damit es ihr besser geht. Ich wollte meine Mutter immer retten, also gefühlsmäßig. Ich habe mir immer gewünscht: ›Werd endlich glücklich!‹

Das hat eine Tragweite, die mir erst heute bewusst wird. Wenn ich an meine Mutter denke, dann habe ich das Gefühl, nie eine Mutter gehabt zu haben. Ich habe mich um sie gekümmert, ich war eher die Mutter meiner Mutter. Ich kenne keine Tochtergefühle meiner Mutter gegenüber. Das ist eine verdrehte Welt. Sie ist keine Mutter für mich, ich kann es nicht fühlen! Und das zu begreifen ist schon … Nie ging es um mich, keine Liebe oder auch nur Wärme war möglich. Ich habe mich als Kind in dieser Familie oft wie das fünfte Rad am Wagen gefühlt, habe versucht, die Aufmerksamkeit zu bekommen, habe mich um alles gekümmert, habe alle Aufgaben mit Bravour erledigt, aber trotzdem keine Zuwendung bekommen. Ich funktionierte extrem gut – ohne Gegenleistung.

Aber jetzt kann ich die Gefühle wenigstens in Worte fassen. Ich kann es benennen und – puhh – jetzt Worte dafür zu haben, das ist ja so toll, weil es mir bestätigt, dass mein Gefühl richtig war. Also bin ich richtig. Und gleichzeitig ist das so schmerzhaft, denn ich habe mich immer nach einer liebevollen Mutter gesehnt, nach Geborgenheit.

Es gibt wenig konkrete Erinnerungen an meine Kindheit. Was ich aber erinnere, ist die angespannte Atmosphäre. Und diese Anspannung ist bis heute in meinem Körper spürbar. Vor meinem Vater hatte ich Angst, um meine Mutter musste ich mich kümmern, dass es ihr gut geht. Damit sie nicht noch mehr herummeckert oder wieder auf der Couch liegt mit Migräne und wir Kinder waren wieder schuld daran. Man konnte sich als Kind nicht richtig entspannen, war immer irgendwie in Unruhe und Hochspannung. Was ich aber genau erinnere: Mein Bruder und ich, wir sind raus, wann immer es möglich war. Wir wollten in die Natur. Hinter dem alten Damm, in der Wildnis, habe ich mich wohler gefühlt, wenn meine Mutter uns nicht mehr sehen konnte. Hauptsache aus ihrem Blick und uns ging es gut! Dann gab es so einen Familienpfiff und wir mussten zum Essen antanzen.

Die Familiensituation war hoch belastend und ich war diejenige, die auf den ganzen Druck hin Symptome entwickelt hat. Ich bin jahrelang Bettnässerin gewesen und hatte als Kind Schlafstörungen. Ich habe immer extrem gut funktioniert, war in allem gut, in der Schule hatte ich sehr gute Noten, habe mich immer zusammengerissen. Habe versucht, meine Mutter aus ihrem Kummer zu holen. Und dann bin ich Bettnässerin geworden, habe zumindest nachts nicht mehr funktioniert. Das passierte fast jede Nacht, und ich bin dann als kleines Mädchen alleine aufgestanden, habe Handtücher geholt und am nächsten Tag habe ich die Wäsche gewechselt. Alles im Stillen, dass es ja nicht auffällt. Da war die Scham vor meiner Mutter, dass es wieder passiert ist. Ich habe mich vor meiner Mutter geschämt. Dass ich mal nicht eingenässt habe, das gab es so gut wie nie. So groß war der Druck. Meine Mutter konnte da überhaupt nicht mit umgehen, es gab keinerlei

Unterstützung, sie hat mir nicht geholfen, ich war damit jahrelang allein.

Dann bekam ich ein Medikament. Die Kinderärzte in der DDR verabreichten in solchen Fällen Psychopharmaka. Und das Medikament nahm ich bestimmt acht Jahre. Kürzlich habe ich gegoogelt, was das Medikament bewirkt. Dieses Pryleugan ist ein schweres Antidepressivum, es verhindert die Tiefschlafphase. Ich sollte nicht so tief schlafen, damit ich merke: ›Aha, Blase voll, ich muss auf die Toilette‹, was natürlich nie funktioniert hat. Ich musste sogar alleine zu den Ärzten, um mir die Tabletten wieder zu holen. Erst zum Kinderarzt und dann, ab 13, 14, zum Nervenarzt. Damit wurde mir natürlich aufgezeigt: ›Mit mir ist was nicht in Ordnung.‹

Meine Mutter hat jahrelang ein Psychopharmakon genommen, Faustan, ein Mittel zur Behandlung von akuten und chronischen Spannungs-, Erregungs- und Angstzuständen. Sie war ja immer nervlich am Ende. Damals in der DDR wurde psychologisch überhaupt nichts aufgearbeitet. Sie ging immer nur zu ihrem Nervenarzt und der hat ihr wieder eine neue Dosis gegeben. Sie konnte dann später gar nicht mehr fühlen und reagieren. Sie war lahmgelegt. Ich sah das in ihrem Gesicht. Schrecklich. Ich kann es heute noch nicht ertragen, wenn mein Partner mich manchmal so anguckt, wenn er so durch mich durchguckt ... Kennen Sie dieses Starren? Ich kenne meine Mutter immer nur so am Tisch, so ein Durch-einen-Durchgucken, so mit starrem Blick. Ich habe das damals nicht begriffen, aber ich war für sie nicht da, wie weggebeamt.

Eines wusste ich als Jugendliche genau: Ich wollte nie so leben wie meine Mutter, in dieser Abhängigkeit von ihrem Mann, diesem Unterordnen. So wie sie wollte ich nie werden. Ich wollte unabhängig werden. Und da ich so eine Kämpferin in mir habe, ist mir das auch gelungen.

Hätte es nicht so liebe Menschen im Außen gegeben, wäre es für mich noch schlimmer gekommen. Mit neun Jahren fing ich an, Akkordeon zu spielen. Bei diesem wunderbaren alten Mann. Dieser Musiklehrer wurde für mich zum Seelenretter. Er war solch ein liebevoller Mensch! Da bin ich so gern hin und für ihn habe ich gelernt und geübt. Habe bei ihm zum ersten Mal gespürt: Es gibt etwas anderes. Da wurde ich so angenommen, wie ich bin. Ich bin abgetaucht in die Musik und konnte alles andere ausblenden. An Weihnachten durfte ich dann zu Hause vorspielen, Weihnachtslieder. Und ich glaube, das war das einzige Mal im Jahr, dass meine Eltern mal mit Achtung auf mich geschaut haben. Ich konnte sie mit meinem Spiel berühren. Und da war noch meine erste Lehrerin, die hat mich gemocht von früh an. Sie war wie so eine Ersatzmama. Also gab es zwei rettende Engel.

Mit 15, 16 Jahren fing ich dann mit dem Tanzen an, da konnte ich endlich meinen Körper wahrnehmen. Hab mich ja sonst wie taub gefühlt. Das Tanzen hat mich gerettet. Da konnte ich in mir sein und fühlte mich alleine gut mit mir. Durch das Tanzen bin ich dann als junges Mädel und später als Frau erblüht. Da bin ich aufgewacht – so richtig aufgewacht und habe dann die Gemeinschaft gefunden und die Akzeptanz der anderen.

Der endgültige Kontaktabbruch ist noch gar nicht so lange her – und ja, gefühlt habe ich mit meiner Mutter den Kontakt beendet. Das war 2011. Ich konnte es nicht mehr. Stück für Stück ist mir über zehn Jahre bewusst geworden, was in meiner ›ganz normalen Familie‹ eigentlich ablief und wie zerrissen ich innerlich war. Es ist aber nicht so, als wäre es mir nach dem Kontaktabbruch super gut gegangen, mir ging es erst mal überhaupt nicht gut damit. ›Das tut man nicht!‹ Diese Stimme in mir war heftig, denn ich habe ja den Schein der heilen Familie zerbrochen. ›Ich funktioniere nicht mehr für euch. Ich kann nicht mehr.‹

Aber ich habe mich nach dem Abbruch nicht einsamer gefühlt als vorher!

Ich weiß, trotz aller Scham, aller Selbstvorwürfe: Es war richtig. Wenn ich dieses Seil zu meiner Mutter nicht gekappt hätte, wäre ich mit ihr untergegangen. Ich kann sie in ihrer Not nicht erlösen. Da gibt es nur einen Weg: loslassen. Sie loslassen mit ihrer Not. Das ist wie eine Flucht, die mir gelungen ist, der Kontaktabbruch war meine Rettung. Ihre Traurigkeit, ihre Angst und ihr ganzes Lebensunglück muss ich nicht mehr tragen.

Erst jetzt spüre ich auch eine körperliche Veränderung. Vor dem Kontaktabbruch hatte ich noch einmal einen körperlichen Zusammenbruch, kam in ein Krankenhaus mit Schmerzen im Brustbereich, Verdacht auf Herzstörungen. Das hieß: kein Sport mehr, was ich bis dahin immer als Ventil gebraucht habe. Dadurch ist dann alles zusammengebrochen, das ganze System Körper. Auf einmal zeigte sich meine Lebensanspannung überdeutlich und wie sich das in meinem Körper manifestiert hat, im Kiefer, im Rücken, Magen, Darm, alles. Und erst jetzt fängt mein Körper an, sich zu entspannen.

Meine Eltern wissen nicht, wo ich jetzt wohne. Ich will sie da raushalten. Das ist vielleicht auch meine innere Rache, aber ich spüre genau, dass ich sie im Moment aus meinem Leben raushalten muss. Seitdem ich auf der Spur bin, mich seelisch zu heilen, löst sich etwas in mir. Ich habe diese Schmerzen im Brustbereich nicht mehr. Im Rückenbereich wird es weniger. Mein Kiefer entspannt sich langsam, diese Verbissenheit ist weg. Ich mache Yoga. Ich entstresse mich. Mache beruflich auch weniger, auch da will ich nicht mehr die Beste sein und alles 150 Prozent machen. Es stellt sich so eine Atmosphäre von Ruhe, von Beruhigung ein.

Es gibt noch etwas, was mir wichtig ist zu sagen. Vor ein paar Wochen habe ich eine Entdeckung gemacht. Meine Mutter ist in

Dessau geboren, sie ist Jahrgang 1940. Bis sie 1945 in ein nahe gelegenes Dorf gebracht wurden, hat sie in Dessau gelebt. Ich wusste, in Dessau gab es zum Ende des Krieges, also 1945, Luftangriffe. Und ich war immer der Meinung, Dessau wurde bombardiert wegen dieser Junkerswerke, denn da wurden Militärflugzeuge hergestellt. Und meine Mutter sprach auch von einem Bombenangriff und dass sie beinahe ertrunken wäre in der Mulde, dass man sie gerade noch herausgezogen hätte. Sie hat noch heute Panik vor Wasser.

Ich habe recherchiert: Wann waren die schlimmsten Bombenangriffe in Dessau? Und da war von einer Zuckerfabrik die Rede und dass dort Zyklon B hergestellt wurde, das direkt nach Auschwitz ging. Und dann habe ich gesehen, dass Dessau von den Alliierten bombardiert wurde, um diese Zuckerfabrik zu vernichten, damit die Herstellung dieses Zyklon B unterbrochen wird. Das war im März 1944. Sie wohnten ganz in der Nähe. Das heißt, meine Mutter hat diese Bombardierung im Alter von vier Jahren mitbekommen. Und da erst wird mir klar, dass meine Mutter als Kind den Horror schlechthin erlebt hat. Dass es für sie auf Leben und Tod gegangen war. Und ich fange an zu begreifen, warum sie so ist ... Sie ist heute körperlich und seelisch so krank und alle ihre körperlichen Beschwerden haben sicher auch damit zu tun. Es steckt noch diese Angst in ihr – davon bin ich überzeugt.

Aber da ist noch etwas anderes: Mit dieser Recherche wurde mir klar, dass ich in einem System groß geworden bin, in dem dieser Sachverhalt verschwiegen wurde. In der Stadt, aus der ich komme, wurde Zyklon B hergestellt. Wir hatten doch irgendwie geglaubt, wir seien in der DDR auf der Seite der Gerechtigkeit. Dass es da Täter, Beteiligte gab, wurde verschwiegen. Die saßen ja angeblich alle im Westen. Es wurde immer so getan, als sei im Osten alles aufgearbeitet. Das ist es, was uns in der Schule vermittelt wurde. Seitdem ich das weiß, ist das, was mir als humane Werte vermittelt wurde, vernichtet. Als Jugendliche hat mir die ›Gewissheit‹, auf der richtigen Seite zu leben, so ein bisschen Stand gegeben. Und dieses ganze System ist so ein Schein gewesen. Ich bin wirklich in dem Glauben groß geworden: ›Ich lebe in dem besseren Deutschland, in dem gerechteren.‹ Und auf einmal kriege ich mit, nein, es ist noch nicht einmal benannt worden, dass hier in meiner Stadt Zyklon B hergestellt wurde. Das ist, als würden einem noch mal die Beine weggezogen. Und meine Eltern mussten das wissen. Mein Vater ist Chemieingenieur, aber als Parteigänger hat er ja nichts anderes zugelassen. Das ganze Nachforschen ist wie ein großes Aufräumen in mir. Alles, was unter den Teppich gekehrt worden war oder so gepanzert in der Ecke lag, wird endlich benannt. So war das wirklich. Das ist meine Geschichte im Kleinen wie im Großen. Die Wahrheit ist, dass meine Mutter als Kind so traumatisiert worden ist, weil sie unmittelbar in der Nähe dieses Werkes gelebt hat, in dem Zyklon B hergestellt wurde. Und dass alles gedeckelt und verschwiegen worden ist, aus Angst.

Ich glaube, diese Angst und die Starre in ihr sind die Ursache dafür, dass sie nicht einmal versucht hat, den Kontakt zu mir wiederaufzunehmen. Sie hat Panik. Jede normale Mutter würde doch, wenn ihr Kind den Kontakt abbricht, versuchen, den Kontakt zu ihrem Kind wieder aufzunehmen. Meine Mutter nicht. Sie hat es in mehr als drei Jahren nicht einmal versucht.

Okay, ich versuche es mit anderen Augen zu sehen: Sie konnte in ihrer Not nicht anders, sie hat es nie geschafft, ihr Leben zu klären. Meine Wut wird dadurch kleiner, aber sie ist nicht weg. Was ich ihr vorwerfe? ›Wieso hast du es nicht geschafft, dein Leben in die Hand zu nehmen, dein Leben zu klären, dir helfen zu lassen? Warum hattest du den Mut nicht, deine Schritte zu tun?‹

Und auch: ›Warum hast du mich nie lieben können?‹ Denn es geht eigentlich um nichts anderes im Leben als um Liebe und Anerkennung und um die Botschaft: ›Du bist richtig, so wie du bist, und ich habe dich lieb.‹ Das hat sie mir vorenthalten.

Das ist schmerzhaft, das möchte man nicht, eigentlich möchte man nur von der Mutter hören: ›Ich liebe dich und komm her, alles ist gut.‹ Und dieses Bild will man ja auch aufrechterhalten, dass alles gut war und ist und dass man ein gutes Elternhaus hatte. Man will doch, dass es da, wo man herkommt, okay ist, dass das Elternhaus einem Halt gibt. Aber den hatte ich nie.

Ob ich mir vorstellen kann, jemals den Kontakt wieder aufzunehmen? Ich denke darüber nach, ja. Wenn es mir besser geht und ich die Dinge für mich klären konnte und wirklich festen Boden unter den Füßen habe, dann mache ich das.«

Die Normalität wird hinterfragt

Mit Charlotte Wiemann wird sichtbar, was ich am Anfang beschrieben habe: Die meisten Töchter und Söhne werden sich der Elternproblematik, der über Jahre hin praktizierten »normalen« Muster überhaupt erst bewusst, wenn sie sich als Erwachsene erste Fragen stellen. Fragen über sich und ihr Leben. Zum Beispiel: »Warum sind meine Liebesbeziehungen so schwierig? Was habe ich an Beziehungsmustern gelernt? Warum ist das Leben so anstrengend für mich, was laugt mich so aus? Warum fühle ich mich oft so einsam? Warum geht es nie um mich? Werde ich überhaupt geliebt?«

Erst wenn man selber an psychische Grenzen stößt, werden die Beziehungs- und damit die alten Bindungsthemen an die Oberfläche geschwemmt. Charlotte Wiemann war beinahe 40 Jahre alt, erst dann konnte sie nicht mehr umhin, sich anzuschauen, was die Ursachen ihrer Not waren, was sie innerlich so ausbrannte, was sie so überforderte und warum sie überhaupt kein Gespür für ihre Grenzen hatte und immer mehr aushielt, als ihr guttat.

Ganz nah, aber nicht in Verbindung

Charlotte Wiemann zeigt uns als Tochter, wie es ist, Kind einer traurigen und gleichzeitig unnahbaren Mutter zu sein. Dabei nennt sie immer wieder einen Begriff: »Funktionieren« – sie habe von früh auf gelernt, in allen Lebenslagen gut zu funktionieren. Und hier gibt es einen wirklich folgenschweren Zusammenhang. Im Außen besteht zwischen Mutter und Tochter scheinbar Distanz, oder besser gesagt: Die Mutter hält ihre Tochter auf Distanz. Aber die Tochter ist in ihrem Inneren zutiefst mit ihrer Mutter verbunden. Sie liebt ihre Mutter und sie ist ihr ganz nah. Sie spürt, was in der Mutter vor sich geht, ist wie magnetisch mit deren traurigen Augen verbunden, will sie auf keinen Fall belasten, selbst die Hilfe, die sie als kleines Mädchen nachts gebraucht hätte, nimmt sie nicht in Anspruch. Sie hat gelernt zu funktionieren. Schon als Kind versucht sie, die Lieblosigkeit und Disharmonie zwischen den Eltern auszugleichen, um die Mutter zu schützen, macht sie keinen Ärger, sondern ist sehr angepasst – sie funktioniert. Charlotte Wiemann war als Kind ihrer Mutter gefühlsmäßig sehr nah und gleichzeitig waren Mutter und Tochter weit voneinander entfernt.

40, 50 Jahre ist es erst her, dass die Allgemeinheit davon ausging: Kleine Kinder bekommen nichts mit von dem, was um sie herum passiert. Heute wissen wir: Genau das Gegenteil ist der Fall. Nie wieder ist der Mensch so offen, so rezeptiv und so wahrnehmend wie als Kind. Bereits der Säugling spürt mit tausend feinsten Antennen jegliche Gemütsbewegung der Mutter und der anderen nahen Bezugspersonen. Über die Spiegelneuronen scannt und verarbeitet das Kind sowohl die Handlungen der Mutter als auch ihre Gefühle, Erschütterungen und Emotionen – es fühlt, was sie fühlt. Es lernt, sich so zu verhalten, wie sie sich verhält. Erst durch die Spiegelneuronen sind wir in der Lage, mit anderen Menschen mitzuschwingen. Und dieses Mitschwingen fängt in der Familie an. Vor allem mit der Mutter, die wir ja schon von der ersten Stunde an erspüren, schon lange vor der Geburt. Über dieses Spiegeln und Erspüren haben wir sozusagen eine Gefühlskopie unserer Mutter und unseres Vaters in uns: »Ich fühle, was du fühlst.« Wir hören eben nicht nur, was die Eltern sagen, sondern wir spüren, was sie fühlen – wir spüren also auch das, worüber nicht gesprochen wird. Eltern können ihren Kindern nichts verschweigen.[17] Sybille Rudolph, 39, beschreibt es so: »Die Grundlebensgefühle meiner Mutter waren Resignation und Kummer, und ich hatte als Kind und Jugendliche auch diese Gefühle, ich habe ihre in mir getragen, ich war ihr einfach sehr, sehr nah.«

17 Siehe dazu: Bauer, Joachim: *Warum ich fühle, was du fühlst. Intuitive Kommunikation und das Geheimnis der Spiegelneurone.* Hamburg: Hoffmann und Campe Verlag 2005.

»Geht es ihr gut, geht es mir gut«

Das Kind braucht die Mutter. Wenn es aber merkt, dass sie zu schwach, zu sehr absorbiert von anderen Dingen, zu instabil ist, um das geben zu können, was es braucht, was wird es dann tun? Es wird mit seinen Mitteln versuchen, die Mutter zu stabilisieren. Es möchte nicht nur – nein, es muss – versuchen, den Kontakt zu der Mutter herzustellen, die mit ihren eigenen Nöten, Depressionen, Ängsten, Beziehungsdramen, Sorgen beschäftigt ist, weil es ohne sie nicht kann: »Ich fühle, was dir fehlt, und versuche, dich zufriedenzustellen. Ich lächele dich an und bin ganz lieb, versuche, dich in eine gute Stimmung zu versetzen. Ich stelle dir meine Lebendigkeit zur Verfügung, damit sich dein Leben aufhellt. Und wenn es dir dann gut geht, bekomme ich deine Zuwendung, und dann geht es mir auch gut.« Das ist ein erlerntes Muster, was sehr viele Frauen, aber auch Männer dann mit ins Leben nehmen. Sie sind mehr bei den anderen als bei sich selbst.

Wir sehen bei Charlotte Wiemann deutlich, dass sie ihre Mutter stabilisieren musste, sie war mit ihren Antennen und ihrer Orientierung mehr bei der Mutter als bei sich selbst. Die Verbindung mit der Mutter war dauerhaft auf »online« gestellt.

Retten müssen

Peter Kunzbach, 35, berichtet über die Dreierkonstellation zwischen ihm, seinem Vater und seiner alkoholkranken Mutter. Der Vater tat so, als gäbe es kein Alkoholproblem, machte aber oft abfällige, missachtende oder demütigende Bemerkungen gegenüber der Mutter. Peter erinnert, dass er alles getan hat, um die Mutter davor zu schützen. Er konnte ihre Scham, ihren Schmerz, ihre Angst in seinem eigenen Körper spüren, so sehr hatte er sich mit ihr identifiziert. Also lernte er, schwierige Situationen glattzubügeln, und verstand es immer wieder, zwischen den Eltern auszugleichen. Was zur Folge hatte, dass er ständig in einem Alarmzustand war, gedanklich immer einen Schritt voraus, um Peinlichkeiten der Mutter zu verhindern, damit der Vater keinen Anlass hatte, die Mutter verbal zu verletzen. Er lernte das Familienleben zu kontrollieren, war ständig aufmerksam und hellwach, damit die Dinge nicht entgleiten konnten, damit der Mutter nichts passierte, er war der Retter seiner Mutter – mit tiefgreifenden Folgen:

»Als Retter habe ich mich gar nicht gespürt, ich war wie taub und hatte über viele Jahre gar keine Wahrnehmung von mir. Ich spürte meine Mutter, mich nicht. Eigene Bedürfnisse: ein Fremdwort. Ich habe keine gehabt. Bis heute bin ich in allen Lebenslagen gedanklich meist zwei Schritte voraus – das Kopfkino läuft und läuft, ich habe mein Leben, vor allem meine Arbeit, im Griff, nur der Preis ist hoch, ich kann mich kaum entspannen, der innere Motor rattert seit meiner Kindheit.«

Auch Peter Kunzbach ist erst wachgerüttelt worden, als Angst und Panikattacken ihn zwangen, sich seiner Realität zu stellen.

Ist die Mutter depressiv oder in einem andauernden Gefühlschaos, ist sie wie abwesend, in einer anderen Welt, dann macht das den Kindern Angst: »Wenn ich ihr nicht helfe, dann ist sie verloren, dann wird es ihr immer schlechter gehen.« Eine 22-Jährige nennt es so: »Geht es meiner Mutter nicht gut, dann bin ich sofort in Alarm, und ich weiß, was zu tun ist.« Kinder versuchen, die Ehe ihrer Eltern zu retten, sie tun alles, um die Familie zu befrieden, und sie dürfen damit auf keinen Fall versagen, denn dann könnte die Familie zerbrechen, die man so liebt. Es gibt auch die Angst, die Mutter könne sterben. Und diese Fantasie, die ein kleines Mädchen, ein kleiner Junge haben können, zeigt, wie groß die Überforderung ist, denn sie brauchen ja die Mutter zum Überleben und nicht umgekehrt. Diese Rettungsversuche und die Ängste um die Mutter verhindern, dass die eigenen Bedürfnisse überhaupt gefühlt werden.

Peter und Charlotte stehen für unzählige Menschen, die als Kinder durch den Kummer und die Probleme ihrer Mutter wie gebannt waren. Die Grenzen zwischen Mutter und Kind sind in diesen Fällen verwischt oder gar nicht vorhanden, und die betroffenen Kinder werden es als Erwachsene schwer haben herauszufinden: »Wer bin ich, wenn ich (meine Mutter) nicht rette? Was möchte ich von meinem Leben?« Und gerade Frauen werden vielleicht erkennen, dass sie ihre Liebe nicht weiter dahin geben können, wo so wenig für sie zu holen ist, wo sie sich aufopfern und, wenn überhaupt, nur die Brotkrumen vom Tisch bekommen.

Die Hilflosigkeit der Mutter macht das Kind zum Retter. Aber wer rettet das Kind? Die Rolle des Retters ist eine sehr einsame Position. Wir werden im Weiteren sehen, was es bedeutet, wenn niemand da ist, der das Kind hält.

Parentifizierung – vertauschte Rollen

Charlotte Wiemann hat den Mut, eine bittere Wahrheit zu formulieren: »Wenn ich an meine Mutter denke, dann habe ich das Gefühl, nie eine Mutter gehabt zu haben. Ich habe mich um sie gekümmert, ich war eher die Mutter meiner Mutter. Ich kenne keine Tochtergefühle meiner Mutter gegenüber.«

Es findet also ein Rollentausch mit nachhaltigen Folgen statt. Die Mutter und/oder auch der Vater, die dem Kind Halt geben sollten, sind selber haltlos. Das Kind muss dann weit mehr Verantwortung übernehmen, als es von seiner Entwicklung her kann. Es ist ständig überfordert und gestresst, weil es auf die Mutter achtet, mit ihr leidet und sich um sie kümmert. Ein Betroffener beschreibt es treffend: »Ich habe mir als Kind eine Erwachsenenmaske zulegen müssen. Man tut, als ob, als habe man das alles im Griff.« Das Kind lernt also, über seine Grenzen und seine eigentlichen Möglichkeiten zu gehen. Das heißt: Es muss ständig geben, bei gleichzeitigem Mangel, denn es entbehrt den Schutz und die adäquate Zuwendung der Mutter, da diese von ihrer eigenen Problematik zu sehr absorbiert ist. Und es muss einen großen Teil seines Kindseins hinten anstellen – denn es ist ja vermeintlich »groß«.

Ist ein Elternteil depressiv, dann fühlt sich das für den Rest der Familie wie eine Schwere an, eine Atmosphäre von Unlebendigkeit und Niedergedrücktheit macht sich breit. Wichtig dabei ist: Das Kind nimmt seine Lebendigkeit zurück, es versucht, dem depressiven Elternteil die Last zu nehmen, und das geht auf Kosten der eigenen Vitalität. Für das Kind fühlt sich dieser Zustand normal an, es kennt das Leben nicht anders. Das geht allerdings nur so lange, bis es nicht mehr kann. Bis es im erwachsenen Alter die Überforderung deutlich körperlich spürt oder die emotionale Notlage wahrnimmt. Das kann durch eine psychische oder körperliche Krise, aber auch durch Angst oder Panikattacken geschehen – dann erst, nach vielen, vielen Jahren, taucht die Frage auf: »Und ich? Werde ich gesehen, wird von meiner Mutter, meinem Vater wahrgenommen, was mit mir ist? Ich kann nicht mehr! Ich habe alles getan, damit ich ihre Liebe bekomme, vergeblich. Ich schaffe es nicht mehr, alles auszuhalten, und will mich auch nicht mehr zurücknehmen, weder bei meinem Partner noch bei meinen Eltern. Jetzt möchte *ich* leben.«

So war es bei Charlotte Wiemann, die den Kontakt abgebrochen hat, weil sie die leidende Mutter nicht mehr ertragen konnte. Weil die Mutter selbst dann nicht in der Lage war zu helfen, als ihre erwachsene Tochter sie gebraucht hätte: »Ich habe alles gegeben, mich immer gekümmert und für mich fiel wieder nichts ab.« Charlotte Wiemann spürte ihre sehr tiefe Erschöpfung und brauchte einfach Distanz. Sie benötigt jetzt Zeit und Raum für sich, muss sich um sich selbst kümmern und nicht mehr um andere – vor allem nicht um die Eltern.

Diese sogenannte Parentifizierung ist eine Bindungsstörung, eine verdrehte Beziehung mit erheblichen Folgen für das Kind, denn das Kind verliert die kindliche Lebhaftigkeit und Sorglosigkeit – und das Gefühl für das Selbst. Kinder, die stellvertretend für ihre Eltern Verantwortung übernehmen, entwickeln zwangsläufig hohe Anforderungen an sich selbst und sie leben in einem paradoxen Spannungsbogen: Sie kennen das Gefühl, groß und wichtig zu sein, bei gleichzeitiger Angst, es nicht zu schaffen. Sie müssen in der Familie stabilisieren und stark sein, während sie von denen, die ihnen Halt geben sollten, keinen Halt bekommen. Sie müssen groß sein, sind es aber nicht. Diese Kluft wird durch Anstrengung, Funktionieren und Kontrolle kompensiert. Natürlich bleibt in ihnen das Gefühl zurück, dass sie nie das bekommen haben, was sie brauchten. Oft suchen sie als Erwachsene Partnerschaften, die dieses Muster bestätigen – sie schauen durch die Beziehungsbrille, mit der sie groß geworden sind. Die Retterin, der Retter hat große Angst zu versagen, sie hatten als Kind niemanden, an den sie sich wenden konnten mit der Bitte: »Hilf mir!« Das große Thema dieser Erwachsenen ist es, im Kontakt mit anderen Menschen zu bekennen: »Ich brauche …«

»Mein Kind – mein bester Freund«

Es gibt noch eine andere Form der Parentifizierung, und es ist mir wichtig, das Thema zu benennen, denn vor allem von den Medien wird diese eine Frage immer wieder an mich herangetragen: »Wie ist das eigentlich, wenn das eigene Kind mein bester Freund ist?« Beantworten lassen möchte ich die Frage durch den amerikanischen Psychologen Laurence Heller:

> »Diese Rollenumkehr findet auch in Fällen statt, wo das Kind zur engsten Vertrauten oder zur besten Freundin der Mutter oder des Vaters wird. In einem Interview sagte eine Hollywood-Schauspielerin, alleinerziehende Mutter einer Zehnjährigen: ›Ich rede mit meiner Tochter über alles … Sie ist meine beste Freundin.‹ Das ist eine Form von Parentifizierung, die so weit verbreitet ist, dass kaum erkannt wird, wie destruktiv sie ist.«[18]

Das Kind wird in diesem Fall für die Bedürfnislage der Mutter oder des Vaters benutzt. Es wird in Themen einbezogen, die nicht seine sind und mit denen es überfordert ist – die Eltern gehen nicht auf die entwicklungsgerechten kindlichen Bedürfnisse ein, das Kind darf kein Kind sein. Es lernt so zu tun, als ob: als ob es die Schwierigkeiten der Eltern verstehen und damit umgehen könnte, als ob es erwachsen wäre. Und auch in diesem Fall kann dann später die Folge ein tiefer Selbstzweifel sein: »Darf es um

18 Heller, Laurence/LaPierre, Aline: *Entwicklungstrauma heilen. Alte Überlebensstrategien lösen – Selbstregulierung und Beziehungsfähigkeit stärken.* München: Kösel-Verlag 2012; S. 87

mich gehen, dürfen meine Bedürfnisse sein? Denn ich habe ja gelernt, mehr für meinen Vater, meine Mutter da zu sein.«

Meine Reaktion auf die Frage, ob es denn nicht wunderbar sei, wenn Mutter und Tochter Freundinnen seien, ist eine vergleichsweise simple Gegenfrage: »Wer ist denn dann die Mutter?« Denn ein Kind, gleich welchen Alters, braucht eine Mutter, die ihre Verantwortung als Mutter auch übernimmt. Freunde finden wir immer.

Wenn die Tochter »größer« als die Mutter ist

Es gibt noch einen weiteren Punkt von ziemlicher Brisanz, den ich nicht unerwähnt lassen möchte. Vor allem Mütter – von Vätern habe ich das noch nicht gehört – verspüren manchmal Angst vor ihren Kindern. Angst, wieder etwas falsch zu machen, Angst davor, herablassend behandelt zu werden, Angst vor Bloßstellung, vor allem auch Angst, keine Worte gegen die verbalen Angriffe oder Vorwürfe der Kinder zu finden. Mütter wissen dann gar nicht, wie sie mit dem Kind umgehen sollen. Eine Betroffene sagt: »Ich habe immer das Gefühl, dass meine Tochter auf mich herabschaut.« Was meint: Sie fühlt sich mit ihrer Tochter nicht auf Augenhöhe, die Tochter ist »größer« als sie. In solchen Fällen scheint das Kind stärker, kompetenter, klüger, lebenstüchtiger und durchsetzungsfähiger – und das ist wohl auch tatsächlich so. Eine geschwächte Mutter, ohne einen sicheren Stand im Leben, eine Mutter, die selber Halt sucht, fordert ja geradezu heraus, dass die Kinder die starke Rolle übernehmen. Die mangelnde Augenhöhe ist also hausgemacht und sucht Veränderung. Dazu schreibe ich ausführlich in Kapitel 11.

Dauerhaft am Limit

Zurück zu den Wiemanns: Aus der Sicht der Eltern war Charlotte sicher ein ausgesprochen liebes Mädchen. Weder Vater noch Mutter waren in der Lage, die Not ihrer Tochter zu sehen. Ihnen fehlte offensichtlich die Möglichkeit, überhaupt zu fühlen beziehungsweise mitzufühlen. Wie viele Eltern bemerkten sie folglich nicht, dass das »Liebsein« das »Pflegeleichtsein« das »Super-gut-Funktionieren« ihres Kindes eine Anpassungsleistung an das schwierige Familienklima war.

Und so werden alle betroffenen Eltern auch nicht mitbekommen, dass dieses Funktionieren ihrer Kinder eine emotionale Anstrengung ist, verbunden mit einer körperlichen Anspannung. Ist die Not, der Druck und das Konfliktpotenzial einer Familie hoch, dann checkt das »Retter-Kind« permanent, was es tun muss, um alles harmonisch und friedlich zu halten. Das ist Stress pur. Das Funktionieren ist mit einem körperlichen Durchstraffen verbunden. Die Muskulatur ist angespannt, die Knie sind durchgedrückt, das Kind reißt sich zusammen und macht das, was ihm notwendig erscheint: die Eltern und die Familienatmosphäre retten. Dieses erlernte Funktionieren ist dann auch im weiteren Leben ein tiefes, sehr belastendes und kräftezehrendes Verhaltensmuster. Versagen wird wie eine Niederlage empfunden. Es ist wie ein innerer Motor, der ständig läuft. Das (erwachsene) Kind lebt dauerhaft am Limit, funktioniert über die Maßen, bei gleichzeitigem seelischem Mangel. Das kann in eine totale Überforderung führen und ist einer der Hintergründe für ein Burn-out – der Akku ist irgendwann leer. So ist es lebensnotwendig, dass diese Menschen anfangen, sich um sich selbst zu kümmern: »Jetzt bin ich mir wichtig, jetzt schaue ich, was mir guttut und was nicht.«

Und es gibt Fälle, in denen keine andere Möglichkeit bleibt, als sich Luft zu verschaffen und eine Grenze zwischen sich und den Eltern zu ziehen. Manchmal reicht die räumliche Distanz, manchmal braucht es eine Trennung – zumindest auf Zeit. So wie bei Charlotte, die sagt: »Auf einmal zeigte sich meine Lebensanspannung überdeutlich und wie sich das in meinem Körper manifestiert hat, im Kiefer, im Nacken, im Rücken, Magen, Darm.« Sie konnte erst einige Zeit nach dem radikalen Schnitt spüren: »Und erst jetzt fängt mein Körper an, sich zu entspannen. « Mit ihrem Nein setze sie eine Grenze und gab den unausgesprochenen Auftrag, den sie als Retterin und Gebende übernommen hatte, zurück.

»Aber ich konnte nicht anders«

Käme die Mutter von Charlotte Wiemann hier zu Wort, würde sie vermutlich aus allen Wolken fallen, würde sich unverstanden fühlen und etwa sagen: »Wie kann meine Tochter so über uns denken! Wir haben doch alles für die Kinder getan. Und ich habe nie verlangt, dass Charlotte sich um mich kümmert. Ich wollte doch, dass es ihr gut geht. Und es war doch auch schön früher! Sicher, mein Leben war und ist kein Honigschlecken, ich habe so vieles ausgehalten, aber da muss man eben durch und darf nicht gleich die Fahnen strecken. So etwas tut man nicht, wir sind doch schließlich eine Familie.« So oder ähnlich könnte die Mutter reagieren und der Zuhörer würde bemerken, dass die Begrenzungen und das Leiden der Mutter auch für sie selbst Normalität sind. Sie kann nicht anders, sie kann nicht zulassen und fühlen, was da für schmerzliche Umgangsformen in ihrer Familie herrschen – sie spürt vermutlich gar nicht, dass kein warmer Kontakt untereinander möglich ist. Normal! Alltag! Zu groß ist die Distanz vor allem zu sich selbst und ihren eigenen Gefühlen und das lässt sie wie unnahbar werden. Wenn Charlottes Mutter die Gelegenheit bekäme, ihr Leben etwas tiefgehender zu hinterfragen, dann würde sie vielleicht Folgendes sagen: »Ich kann einfach nicht aus meiner Haut! Ich fühle mich oft wie gelähmt und mein Herz ist wie gepanzert.«

Und sie hat recht: Sie kann nicht anders – nur ist die Frage, was ist mit ihr geschehen, dass sie ihre Fühlfähigkeit so weit herunterfahren musste. Denn niemand geht freiwillig in so eine Starre, bunkert sich ohne Freude, ohne liebevolles Miteinander in seiner Familie ein. An welcher Stelle sind ihre Lebendigkeit und Liebesfähigkeit auf der Strecke geblieben? Charlotte gibt uns Informationen, die vieles erklärlich machen: Ihre Mutter habe Antidepressiva genommen, fraglos zu viel hingenommen und vor allem habe sie als Kind den Krieg erlebt.

Kapitel 6: Kriegstraumata und die Folgen für die nächsten Generationen

Seit den letzen Jahren gibt es mehr und mehr Informationen darüber, wie tiefgreifend die Schrecken des Krieges sind, wie sehr sie den Körper und das seelische Befinden der Menschen beeinflussen. Auch 70 Jahre nach dem Zweiten Weltkrieg tragen Eltern und Großeltern unverarbeitete Traumata in sich. Das hat Folgen auf ihr Leben und das Leben der nächsten Generationen. Zahllose massive Familienkonflikte liegen in dieser Schreckenszeit begründet.

So zeigt Charlotte Wiemanns Mutter Symptome, die auch bei anderen Eltern, die den Krieg erlebt haben, zu finden sind. Dazu gehören Depressionen, emotionale Unerreichbarkeit, traurige Augen, innere Isolation, Unsicherheit, körperliche Unruhezustände oder unerklärliche körperliche Symptome. Erscheinungsbilder, die sehr typisch für die Generation der sogenannten Kriegskinder sind, also die Jahrgänge von 1930 bis 1945. Das ist die Generation, die sich selbst niemals als Kriegskinder bezeichnet hätte. Fragen über ihre Erlebnisse und die Folgen des Krieges beantworten diese Menschen meist mit: »Da musste man halt durch … Wir haben das alles überlebt und es hat uns doch offensichtlich nicht geschadet … Das ist lange her, das muss man ruhen lassen … Es gibt andere, denen ist es noch viel schlimmer ergangen …«

Dabei haben sie unvorstellbare Grausamkeiten erlebt, Grausamkeiten, die uns, wenn wir von ihnen aktuell im Zusammenhang mit den kriegsbetroffenen Kindern aus Gaza, Syrien oder dem Irak hören, zutiefst erschüttern. Wir sehen in den Nachrichten Kinder mit entsetzten Augen und erstarrten Gesichtern. Und wenn wir uns nur einen Augenblick in die Generation unserer Eltern oder Großeltern hineinversetzen, die vielleicht als Kinder Nacht für Nacht angezogen im Bett lagen, dann hochschreckten und mit der Oma, Mutter, Tante, den Geschwistern in den Bunker gezerrt wurden, die unvorstellbar bedrohlichen Lärm erfuhren, Angst und Panik, Verzweiflung um sich herum, Verschüttung, Feuer, Tod, eine existenzielle Bedrohung über lange Zeit erlebten, dann stellt sich die Frage: Wie haben sie das verarbeitet? Was ist mit diesem Erleben geschehen? Denn die Mehrheit der Kinder von damals hat Bombardierungen, Angriffe von Tieffliegern, Flucht, Verlust und Bedrohung erlitten. Die Familien waren auch konfrontiert mit der bedrückenden Schuldfrage, es kamen traumatisierte Väter und Großväter aus dem Krieg, zerbrochen oder auch verhärtet, durch die Erfahrung verändert und somit andere Väter als sie vorher waren.

Der Psychoanalytiker Prof. Michael Ermann belegt in einer umfangreichen Studie, dass mehr als ein Drittel dieser Generation noch heute mit den Spätfolgen dieser Kriegserlebnisse belastet ist. Zehn Prozent zeigen deutliche posttraumatische Belastungsstörungen und circa 25 Prozent sind in ihrer psychosozialen Lebensqualität eingeschränkt. Wie Ermann in einem Interview mit dem *Spiegel* sagt, leiden die betroffenen Menschen unter immer wiederkehrenden Erinnerungen an den Krieg sowie unter Angstzuständen, Depressionen oder psychosomatischen Beschwerden. Beispielsweise seien chronische Schmerzen, Herzrasen oder auch Krämpfe häufige Symptome. Zudem seien Auffälligkeiten wie ein Gefühl der Leere, Beziehungsstörungen oder Fremdheitsgefühle, der Eindruck neben sich zu stehen und nicht das eigenen Leben zu leben, typische Merkmale dieser Generation der Kriegskinder.[19]

»Meine Eltern sind emotional nicht erreichbar«

Vom Krieg betroffene Eltern tragen also tiefe Erschütterungen in sich und niemand hat ihnen damals geholfen, die Erlebnisse zu verarbeiten. Es gab in den 1950er-, 1960er-, 1970er-Jahren keine Therapeuten, die auf diese Belastungen hätten reagieren können. Es gab ja noch nicht einmal den Begriff der posttraumatischen Belastungsstörung. Es hätte auch niemand einen Therapeuten aufgesucht, denn es gab kollektiv nur eine Maxime: vergessen, nach vorne schauen und aufbauen. Das bedeutet: Diese Männer und Frauen tragen den Schrecken, die Bilder des Krieges »unverdaut« in sich und gleichzeitig haben sie gelernt, damit zu leben. Sie richteten sich aus auf den Aufbau von materieller Sicherheit und Leistung um jeden Preis. Sie funktionierten, haben außerordentlich viel gearbeitet, waren korrekt und angepasst, unterwarfen sich engen Regeln und Normen, all das waren ihre Lösungen, um den Albtraum der Vergangenheit zu bannen. Das war ihr Weg, die Erlebnisse nicht mehr spüren zu müssen. So wurden sie aktiv, um das Dunkle der Vergangenheit zu verjagen. Nur: Funktionieren bedeutet, sich zusammennehmen, weitermachen, und da ist dann kein Platz für Gefühle – das Funktionieren hilft dabei, die Erlebnisse in Schach zu halten, macht aber eben auch ein gepanzertes Herz. Mit der Folge von unterkühlten,

19 Spiegel-Gespräch mit Prof. Dr. Michael Ermann: »Der Körper vergisst nicht« vom 21.02.2009 – Der Spiegel, S. 46.

wenig emotionalen Beziehungen zu den Kindern und Partner/innen.[20]

Sabine Bode, eine herausragende Journalistin, schreibt seit Jahren über die Folgen des Zweiten Weltkriegs. Sowohl über die sogenannten Kriegskinder als auch über deren Kinder und Kindeskinder. Und sie benennt in ihrem Buch *Kriegsenkel* ein vorherrschendes Merkmal, das diese Familien prägt: »Die Kinder der Kriegsgeneration erklären einhellig: ›Ich kann meine Eltern emotional nicht erreichen.‹«[21] Kriegsenkel, wie Bode die nächste Generation nennt, berichten über einen Mangel an Wärme und emotionaler Sicherheit in ihren Herkunftsfamilien. Genau wie Charlotte Wiemann – auch ihre Eltern sind Kriegskinder, die Mutter, 1940 geboren, wäre beinahe während einer Bombardierung umgekommen.

Was ist das eigentlich, ein Trauma?

Wie genau kann es dazu kommen, dass diese Menschen so wenig erreichbar sind? Damit sind wir an einem Punkt, der zu wegweisenden Erkenntnissen führt, die aus meiner Sicht auch für das Thema Kontaktabbruch von großer Bedeutung sind. Es geht um den Einfluss des körperlichen Erlebens auf unsere Empfindungen und unsere psychische Gesundheit. Beginnen wir mit den Traumatisierungen als Folge des Krieges.

---

20 Ausführlich sind diese Zusammenhänge in meinem Buch *Mütter sind auch Menschen* beschrieben.

21 Bode, Sabine: *Kriegsenkel. Die Erben der vergessenen Generation*. Stuttgart: Klett-Cotta Verlag 2009.

Dr. Peter Levine, Begründer der Trauma-Therapie »Somatic Experiencing «, forscht seit mehr als 30 Jahren zum Thema Stress und Trauma. Levine ist maßgeblich an einer neuen Definition beteiligt: »Trauma«, so sagt er zusammengefasst, sei ein körperliches Geschehen im Heute und nicht das furchtbare Ereignis der Vergangenheit. Es sei ein nicht enden wollender Schreck-und-Stress-Zustand im Körper. Ereignisse – wie ein sexueller Missbrauch, ein schwerer Unfall, ein Überfall, die Todesnachricht eines nahen Angehörigen und eben vor allem auch die Extremsituationen in einem Krieg – bleiben im Körper als Aufregung stecken, wenn sie nicht richtig verarbeitet und abgebaut werden können. Das bedeutet: Auch wenn das Ereignis lange vorbei ist, hat der Körper das noch nicht verstanden, er bleibt in einer Form von Alarmzustand, in einer Habachthaltung, weil er ständig auf eine erneute Gefahr ausgerichtet ist. Traumatisierte kennen diese innerliche Überwachsamkeit, etwas in ihnen befürchtet, dass jederzeit Schreckliches geschehen könnte und sie aufpassen müssen, wann und woher es kommt und von wem es ausgeht. Levine definiert Traumata als die biologisch unvollständige Stressantwort auf eine lebensbedrohliche Situation. Biologisch? Genau, denn es geht bei einer Traumatisierung nicht nur um die psychische Problematik, sondern um körperlich-biologische Faktoren, die auf unser ganzes System Auswirkungen haben und infolgedessen eben auch auf die Psyche.

Nehmen wir uns einen Augenblick Zeit, um das zu verstehen. Levine stellt also fest, dass es vor allem unser Körper ist, der auf eine bedrohliche Situation reagiert, und damit meint er in erster Linie das Nervensystem und das Gehirn. Wir teilen mit allen Lebewesen eine völlig unwillkürliche, nicht bewusst steuerbare Reaktion auf eine Bedrohung: Kommt etwas Gefährliches auf uns zu, gibt unser Gehirn das Kommando zur Ausschüttung unglaublich vieler Stresshormone, die den Körper in Bruchteilen einer Sekunde mobil zur Verteidigung machen. Verteidigung bedeutet zu kämpfen oder wegzulaufen, zu fliehen. Die Flucht beziehungsweise Kampfbereitschaft ist die natürliche, spontane Reaktion von uns Menschen auf eine Bedrohung. Der Körper fährt eine große Menge Notfallenergie hoch, um die Gefahr abzuwenden. Mit einem Wimpernschlag baut sich eine enorme Spannung auf, ein Erregungszustand, um zu überleben. Wozu der Körper in diesem Zustand fähig ist, zeigt eindrücklich folgendes Beispiel: Ein sechsjähriger Junge wird im Beisein seiner Mutter langsam von einem Auto überrollt. Blitzschnell reagiert die Mutter, indem sie das schwere Auto anhebt und ihr Kind befreit. Das macht deutlich, welche Kräfte in einer lebensbedrohlichen Situation im Körper freigesetzt werden. Was aber passiert, wenn wir bedrohliche Situationen erleben, in denen wir uns weder verteidigen noch fliehen können? Auch da findet der Körper eine Lösung, die wir evolutionsgeschichtlich mit den Tieren teilen. In eben diesem zeitlichen Wimpernschlag schätzt das Gehirn ein, ob es eine Chance auf Verteidigung gibt oder nicht. Gibt es keinerlei Chance, uns in Sicherheit zu bringen, dann schaltet der Körper in einen anderen Notfallmodus – in die Erstarrung. Wenn das, was uns angreift, zu übermächtig, wenn die Situation ausweglos erscheint, dann fallen wir unwillkürlich in einen Totstellreflex, in eine Lähmung. Dieses Erstarren hat zur Folge, dass wir keine Angst, keinen Schmerz mehr spüren. Wir kennen das von einer Maus, die von einer Katze gefangen wurde. Die Maus hängt wie leblos im Maul der Katze und wartet, dass die Katze das Interesse an ihr verliert, erst dann kann sie fliehen und hat überlebt. In dieser Starre verharrt der Körper, bis die Gefahr vorbei ist. Menschen, die in einer ausweglosen lebensbedrohenden Situation sind, gehen in genau dieses Erstarren, das innere Einfrieren – manche nennen es Schreckstarre. Ihr Körper befindet sich in folgender Situation: Höchstanspannung und Energie, bereitgestellt für die Verteidigung, bei gleichzeitigem Stillstand, der Erstarrung. Für den Körper ist das so, als wären ein Gaspedal und eine Bremse gleichzeitig durchgetreten – ein furchtbarer Zustand.

Den Stress wieder entlassen

Wenn es gut geht, fährt die enorme Spannung nach überstandener Gefahr langsam wieder herunter. Jeder kennt das – nach einem Schrecken oder Schock, ganz gleich wie groß oder klein, braucht es eine Zeit, bis der Stress abgebaut ist. Der Stress wird zum Beispiel durch Tränen herausgelassen, manchmal schlottern die Knie und vielleicht klappern die Zähne, manche Menschen reden und reden über das, was passiert ist, andere zittern sogar am ganzen Leib, und genau damit wird die hohe Erregung und Anspannung entlassen. Dann brauchen wir Menschen, die uns in solchen Situationen zu verstehen geben: »Alles ist wieder gut, es geht weiter, jetzt bist du in Sicherheit.« All das hilft dem Körper, den hochgefahrenen Stresszustand zu entladen, und wir beginnen uns zu beruhigen. Das kann einige Zeit dauern, aber der Stress lässt nach. Die Mutter, die den Wagen angehoben hat, um ihr Kind zu retten, musste eine halbe Stunde »Rotz und Wasser heulen«, um die hochgefahrene Überlebensenergie und die Angst herauszulassen. Danach war es gut.

Alarmzustand ohne Ende

Gelingt das nicht, finden wir keine Ruhe, können wir nicht weinen, können die Knie nicht schlottern, gibt es niemanden, der tröstet, dann bleibt die Spannung, der Stress im Körper stecken, beziehungsweise bleiben wir in einer Form von Starre und Ohnmacht hängen. Und das ist es, was Levine das eigentliche Trauma nennt. Dieser hängen gebliebene »Überlebensstress« im Körper sendet dem Nervensystem weiterhin: »Achtung, Achtung. Gefahr! «, der Körper bleibt in Alarmbereitschaft oder in einer Form von Lähmung und Starre. Der Stress bleibt und das Gefühl dazu ist die Angst. Die biologisch wünschenswerte Antwort wäre der vollkommene Abbau dieser Stressenergie und das wiedererlangte Gefühl von Sicherheit. Menschen, denen das gelungen ist, zeigen keine posttraumatischen Belastungsstörungen.

Die Gründe, die eine Beruhigung des Körpers verhindern, sind vielfältig. Entweder finden wir keine Ruhe, die Umgebung ist zu stressig oder wir sind es gewohnt, die Zähne zusammenzubeißen, die Tränen nicht zuzulassen, nach dem Motto: »Nur nicht nachgeben, Augen zu und durch!« Oder es gibt nach dem Ereignis keine emotional sichere Situation, keine vertrauten Menschen, die uns glaubhaft zu verstehen geben, dass nun alles wieder gut ist. Und natürlich können wir uns nicht erholen, wenn die Lebensumstände weiterhin bedrohlich bleiben, wie etwa durch die Bombardierungen im Krieg. Wir können uns auch nicht erholen, wenn das Erlebte zu groß, zu schockierend, zu grausam – einfach zu viel – war. Das gilt natürlich auch für jede andere Bedrohung, die kein Ende nimmt – zum Beispiel ein Klima von Angst und Schrecken in der Familie –, für jede Form der Grenzüberschreitung und selbstredend für Missbrauch, sowohl den emotionalen als auch den körperlich-gewalttätigen und sexuellen.

Zusammengefasst kann man sagen: Eine Traumatisierung zieht einem den Boden unter den Füßen weg, sie macht nachhaltig verletzbar. Ein Trauma bewirkt ein hocherregtes Nervensystem und hinterlässt dadurch einen dauerhaften inneren Stress, Angst, und Unsicherheit.

Abspaltung des Unerträglichen

Für die Menschen, die Kinder, die die Unbarmherzigkeit des Krieges erlebt haben, ist es, als sei auf eine bestimmte Weise ihre innere Uhr an der Stelle des konkreten Albtraums stehen geblieben, als habe es ihnen den Atem verschlagen. Aber den Kindern von damals ist es gelungen, damit weiterzuleben. Doch die unverarbeiteten Erlebnisse führen seither eine Art Eigenleben. Wie bei allen schweren Traumatisierungen greifen das Nervensystem und das Gehirn in diesem Fall zu einem Mittel, das die innere Angst, den Körperstress erträglicher macht. Die angemessene Lösung heißt: Das Erlebte und die dazugehörenden Gefühle, manchmal sogar die Erinnerungen daran, werden abgespalten. Damit wird Distanz geschaffen. Konkret sieht das so aus: Ich trete wie aus mir heraus und stehe quasi neben mir. Das macht es möglich, so zu tun, als sei ich gar nicht betroffen, als sei ich das gar nicht, als gehöre das Erlebte nicht zu mir. Diese Abspaltung – in der Fachsprache Dissoziation genannt, ermöglicht es, nach diesen Tragödien weiterzuleben. Peter Levine sagt: »Dissoziation hilft uns, das Unerträgliche erträglich zu machen.«

So können Traumatisierte die schrecklichen Erlebnisse wie einen Film sehen, sie haben Bilder von sich auf der Flucht, von brennenden Straßen, von Toten, haben aber überhaupt kein Gefühl dazu. Und nur deshalb können sie sagen: »Das war eben so, nicht so schlimm ...« Dieses Hilfsmittel des Körpers und der Psyche macht erklärlich, warum grausame Erlebnisse als abenteuerliche Geschichten erzählt werden können. Die eigentliche Erschütterung wird abgespalten, und so ist es möglich, das Schlimme zu vergessen und nach vorne zu schauen. Die meisten Betroffenen aber halten die Erlebnisse ganz in sich verschlossen, denn wenn unsere Eltern den Schrecken wirklich wahrnehmen würden, gefühlsmäßig wahrnehmen, dann wäre da einfach nur Angst. Angst vor dem Horror des Erlebten.

Es ist nur leider folgendermaßen: Werden wesentliche Erlebnisse, die zu mir und meiner Biografie gehören, beiseitegestellt, dann ist ein Teil meines Leben und damit meines Selbst nicht mehr wirklich zugänglich. Dissoziation ist so etwas wie »die Schotten dicht machen«, ein andauerndes Gefühl von Betäubtsein, es macht emotional stumpf. Ich schütze mich so vor den überwältigenden Gefühlen. Aber damit sind wichtige Bereiche von mir nicht mehr empfänglich. Das Spektrum meiner Gefühle, meine Fühlfähigkeit, ist eingeschränkt, ich stehe mit meiner Gefühlswelt und meiner Lebendigkeit nicht mehr ganz zur Verfügung. Ein Teil von mir ist wie taub und nicht erreichbar – weder für mich noch für meine Familie. Manche Betroffene können überhaupt keine Liebe, keine Nähe mehr zulassen, sie leben in ihrer unzugänglichen eigenen Welt.

Wir haben es hier mit einer Fähigkeit und psychischen Höchstleistung zu tun. Die Abspaltung dieser Lebensphase war für die betroffene Elterngeneration ein Überlebensmechanismus, nur so konnten sie weitermachen. Nur so können traumatisierte Menschen ein »normales« Leben führen und ihre gesunden Strukturen, die sie ja auch haben, helfen ihnen dabei. Aber sie sind in Teilen verschlossen, nicht erreichbar, sprachlos, angstbesetzt, oft können sie einfach nur funktionieren, sie überleben, aber leben nicht wirklich im Sinne von Lebendigkeit. Ihr Nervenkostüm ist sehr labil, schon bei kleinen Unregelmäßigkeiten können sie überreagieren oder gar »ausflippen«.

Als Eltern nur eingeschränkt verfügbar

Genau damit hat es die nächste Generation zu tun. Der Krieg hatte Nachwirkungen und die bestimmten und bestimmen teilweise noch immer die Atmosphäre in den Familien. Die Mutter von Charlotte Wiemann beispielsweise scheint in ihrer Lebendigkeit nur eingeschränkt verfügbar, sie leidet unter Depressionen. Sie war und ist in ihrer Emotionalität, in der Gesamtheit ihrer Gefühle für ihre Kinder nicht erreichbar. Sie hat sich weit in sich zurückgezogen, was ja auch Sinn macht, denn die Kriegskinder haben erlebt, dass die Welt kein sicherer Ort ist. Da erscheint es doch vernünftiger, im Laufe des weiteren Lebens die persönliche Sicherheit und Überschaubarkeit, das eigene Wohlgefühl und das eigene Heim zu festigen und an seiner eigenen, selbst gegründeten, »sicheren« Familie festzuhalten.

Nicht selten wurden Mütter aus der Kriegskindergeneration zu perfekten Hausfrauen, zu den Müttern, die kochten, nähten, sich um alles sorgten. Alles im Haushalt war tipptopp – sie backten Buttercremetorten und kochten Rouladen, alles sollte schön sein! Gleichzeitig waren sie nicht wirklich da, sie waren wie nicht ganz anwesend, wie auf einem anderen Stern, in ihren Gedanken weggetragen. Wenn man sie ansprach, reagierten sie zwar, aber da war eine Unbeteiligtheit spürbar, sie funktionierten eben nur.

Die Bindung leidet natürlich, wenn die Mutter oder der Vater nicht ganz anwesend ist, wenn die Eltern als Erwachsene, als beruhigende Beschützer nicht zur Verfügung stehen. Man ist als

Kind allein, gerade was die Gefühle angeht. Hier beginnt die familiäre Fremdheit und Entfremdung. Die Eltern sind sachlich, geschäftig und tüchtig, aber der Kontakt fühlt sich unterkühlt und unnahbar an. Sie sind zurückhaltend, ihre Liebe auszudrücken, ihr Körper ist wie zusammengezogen, sie vermeiden Körperkontakt und Zärtlichkeit. Das Beziehungsleben wird rational oder verkopft. Oder die Eltern sind überängstlich, übererregt, schreckhaft, schwermütig bis depressiv, emotional überempfindlich, instabil. All das macht sehr einsam. Genau in dieser Familienchemie werden die Kinder groß.

Es gibt aber noch andere Reaktionen, die ich besonders von den Vätern höre. Da ist einmal die Cholerik. Oben wurde beschrieben, dass der Körper bei einer Traumatisierung die hohe Aufregung, den Stress nicht richtig loslassen konnte, dass er eigentlich ständig auf etwas wartet, aufpasst – denn jederzeit könnte wieder etwas Schlimmes passieren. Die Betroffenen sind in einer ständigen Alarmiertheit und Grundaufregung. Wird der innere Druck zu groß, entlädt er sich bei manchen Menschen durch Wutausbrüche und sie fahren aus der Haut. Leider sind solche cholerischen Attacken unberechenbar und für die Kinder ist die Familie dann eben auch ein Ort der Beunruhigung und kein Ort der Sicherheit – sie sind dann selber ständig in Alarmbereitschaft.

Eine andere Reaktion ist die Sprachlosigkeit. Ich höre von Söhnen, die kaum je etwas Persönliches mit ihren Vätern gesprochen haben. Es gibt keinerlei Kontakt – sie haben Väter, die alles mit sich allein ausmachen und sich ganz weit in die Einsamkeit zurückgezogen haben.

Gemeinsam ist fast all diesen Müttern und Vätern, dass im Mittelpunkt ihres Lebens Geld, Sicherheit und Leistung, Leistung, Leistung stehen – sie funktionieren sehr gut. Und verlangen von ihren Kindern, genauso gut zu funktionieren. Aber Kinder wollen nicht an ihrer Leistungsfähigkeit gemessen werden, sondern an ihrem Sein, sie wollen geliebt werden, einfach so, wie sie sind.

Die nächsten Generationen tragen das Trauma mit

Die Schwierigkeit für Kinder traumatisierter Eltern: Sie haben Mütter oder Väter, die in ihrer emotionalen Begrenzung kaum über Gefühle reden, die für vieles keine Worte mehr haben, weil es etwas Unaussprechliches in ihnen gibt. Es fällt den Eltern sehr schwer, über Herzensangelegenheiten zu sprechen, ihr Herz, so könnte man auch sagen, hat dichtgemacht. Es ist gepanzert, will vergessen. Nur keine Gefühle zulassen, denn Fühlen könnte bedrohlich sein, könnte den alten weggepackten Schmerz berühren. Bettina Alberti benennt es zusammengefasst in ihrem Buch *Seelische Trümmer*[22] so: Die Elterngeneration hat die Trümmer des Krieges beiseiteräumen müssen und ihre Kinder und deren Kinder müssen nun mit den seelischen Nöten fertigwerden. Die Kinder der Kriegskinder, so ihre Aussage, haben die Aufgabe, die seelischen Trümmer aufzuräumen.

Diese Beziehungsproblematiken betreffen also mehrere Generationen. Viele aus der Kriegsgeneration waren nur eingeschränkt bindungsfähig. Ihre Töchter und Söhne lebten als Kinder in einer großen seelischen Notlage, sie konnten mit diesen traumatisierten Eltern keine sichere Bindung erleben, und wie wir gesehen haben, ist es sehr schwer, das, was man selber nicht bekommen

---

22 Alberti, Bettina: *Seelische Trümmer. Geboren in den 50er- und 60er-Jahren: Die Nachkriegsgeneration im Schatten des Kriegstraumas*. München: Kösel-Verlag 2010.

hat, an die nächste Generation weiterzugeben. Da sind wir bereits bei der dritten Generation – es sind leider die Bindungsunsicherheiten und die misslungenen Beziehungsmodelle, die Familien-Einsamkeit, die Ängste, die eingeschränkte Gefühlssprache, die tendenziell »vererbt« werden.

Der Begriff des »Vererbens« trifft im wahrsten Sinne zu, denn heute beschreibt die Epigenetik, dass prägende Erfahrungen, und damit sind vor allem Traumatisierungen gemeint, sich im Erbgut festsetzen. Somit werden sie an die nächste Generation weitergegeben. Extremer Stress beeinträchtigt unseren Körper bis auf die Zellebene, er führt zu Veränderungen des chemischen Milieus der Zellen. Einer der führenden Forscher zu dem Thema ist Prof. Florian Holsboer, Direktor am Max-Planck-Institut für Psychiatrie. Er sprach in einem Interview darüber, wie sich das Kriegsgeschehen auf die Gene und auf die psychische Konstitution auswirkt: »Ich glaube, dass die sogenannte ›German Angst‹ eine Nachwirkung der schrecklichen Kriege ist.«[23]

23 Was wir erben – Gespräch mit Prof. Dr. Florian Holsboer, 30.05.2014 im Bayerischen Rundfunk.

Kapitel 7: Vom Gesicht-Herz-Kontakt – ein anderer Blick auf Kommunikation

Es gibt dich

Dein Ort ist
wo Augen dich ansehen.
Wo sich Augen treffen
entstehst du.

Von einem Ruf gehalten,
immer die gleiche Stimme,
es scheint nur eine zu geben
mit der alle rufen.

Du fielest,
aber du fällst nicht.
Augen fangen dich auf.

Es gibt dich
weil Augen dich wollen,
dich ansehen und sagen
daß es dich gibt.

Hilde Domin[24]

---

24 Domin, Hilde: *Es gibt dich*. Aus: *Sämtliche Gedichte*. © S. Fischer Verlag GmbH, Frankfurt am Main, 2009.

Bis hierher habe ich verschiedene Hintergründe beleuchtet, die – so hoffe ich – die Dimension der generationsübergreifenden Problematik haben verständlich werden lassen. Dabei gibt es drei Stichworte, von denen immer wieder die Rede ist: Sicherheit, Halt und Geborgenheit. Was es damit auf sich hat, wird im Folgenden ergründet.

Anna Freuds Entdeckung

Bei meinen Recherchen bin ich auf die interessante Dissertation von Andrea Bauer zum Thema »Kriegskindheit im zweiten Weltkrieg und heutige psychosomatische Belastung« aus dem Jahr 2009 gestoßen.[25] Dort erwähnt sie eine Studie von Anna Freud:

> »Die ersten systematischen Beobachtungen zu den Auswirkungen traumatischer Ereignisse auf kleine Kinder machten Anna Freud und Dorothy Burlingham während der deutschen Luftangriffe auf London im Zweiten Weltkrieg. Untersucht wurden Kinder, die Luftangriffe im Bunker gemeinsam mit ihren Eltern oder stabilen Bezugspersonen erlebten, im Vergleich zu Kindern, die evakuiert wurden, d. h. die zwar keine unmittelbaren Luftangriffe erlebten, dafür aber längere Zeit von ihren Eltern oder nahen Bezugspersonen getrennt waren. Das damals überraschende Ergebnis war, dass die Trennung von den Bezugspersonen weitaus belastender für die Kinder war als das Erleben der Bombenangriffe im Schutz der (in diesem Fall als

---

25 Bauer, Andrea: *Kriegskindheit im Zweiten Weltkrieg und heutige psychosomatische Belastung durch posttraumatische und komorbide Symptome*. Dissertation, LMU München: Medizinische Fakultät, 2009.

psychisch stabil eingeschätzten) Eltern/nahen Bezugspersonen. (Freud,Burlingham,1943).«[26]

Das, was Anna Freud schon 1943 formuliert hat, wird immer wieder beschrieben: Diejenigen Kinder, die im Krieg von ihren Müttern oder Großmüttern (Väter waren meist nicht anwesend) das Gefühl vermittelt bekommen haben: »Hier bei mir ist alles gut, ich halte dich«, »Ich passe auf dich auf«, haben die Kriegserlebnisse weitaus besser und stabiler überstanden als die Kinder, deren Mütter selber in Angst und Schrecken feststeckten. Mütter, die selber den Boden unter den Füßen verloren hatten, konnten ihre Kinder nicht gut schützen, weil sie keinen Halt, kein Sicherheitsgefühl geben konnten. Kinder, die sich in diesem Sinne alleingelassen gefühlt haben, ob auf dem Land oder in den Bunkern, konnten sich kaum wieder beruhigen, sondern blieben im Schock gefangen.

Das heißt, wer einen sicheren Halt hat, wer sich als Kind behütet fühlt, kann eine Menge Schockerlebnisse aushalten, ohne traumatisiert zu werden, beziehungsweise sein Körper kann den Stress schneller abbauen und das Gefühl von Ruhe wiedererlangen. Eine 73-Jährige erinnert ihre Kindheit inmitten der Dauerbombardierung ihrer Stadt: »Ich habe mich immer von meiner Mutter behütet gefühlt. Meine Mutter habe ich wie einen Schutz erlebt!« Und dadurch hat sie diese Schreckenszeit auch gut überstanden. Sie fühlte sich subjektiv geborgen und gehalten.

---

26 Ebenda, Bauer, Andrea, 2009, S. 11; Verweis auf Freud, Anna, und Burlingham, Dorothy T.: *War and Children*. New York: Medical War Books, 1943.

Was alle Kinder in Notlagen brauchen

Für uns alle gilt: Als Kinder brauchen wir Eltern, die uns helfen, aus einer Unsicherheit wieder in das Gefühl von »Alles ist gut«, also in ein Sicherheitsgefühl zu kommen. Mit ihrer Unterstützung kommen wir nach einer Angst, einer Aufregung, einem dramatischen Erlebnis, einem Schmerz wieder in den Zustand von Beruhigung. Mit ihrer Hilfe lernen wir, unseren Körper und unsere Gefühle zu regulieren, das heißt in einen ausgeglichenen Zustand zu kommen.

Und wieder können wir sehen, was über die Generationen weitergegeben wird: Eltern, denen selber die innere Stabilität fehlt, können nur schwerlich Stabilität an ihre Kinder weitergeben. Es wird immer in irgendeiner Form eine unsichere Bindung bleiben.

Vielleicht erinnern Sie sich an die Trauma-Therapie-Ausbilderin Elisabeth Schneider-Kaiser, die ich interviewte und bereits in Kapitel 2 zitiert habe. Hier noch einmal ein Auszug aus dem Zitat:

»Wir benötigen den Kontakt, um Sicherheit und Geborgenheit zu erleben. Das ist keine kognitive Entscheidung, das ist eine biologische Suche bzw. Notwendigkeit. Es geht darum, mit einem anderen Menschen zu erfahren: Alles ist gut. Immer dann, wenn etwas schwierig oder gar bedrohlich ist – und Situationen, die uns beunruhigen oder beängstigen, gehören zum Leben –, dann brauchen wir ein Gegenüber, um wieder in Balance zu kommen.«

Das ist ein wesentlicher Punkt. In den Familien, in die wir bisher einen Einblick gewonnen haben, scheint genau das nicht zu funktionieren. In den Familien Weinzierl, Hoffmann und Wiemann wird das Gegenteil von Sicherheit und Geborgenheit beschrieben. Es gibt dort kein Miteinander, sondern viel Stress, Unruhe, Gegeneinander. Die Eltern können – und vor allem konnten früher – nicht den richtigen Kontakt zu ihren Kindern finden. Es fehlte die auf das Kind eingestimmte Kommunikation, die beruhigenden Worte und Berührungen, es fehlte der Körperkontakt. Und wir haben gesehen: Die Eltern von Frau Weinzierl, Frau Hoffmann und Frau Wiemann haben das in ihrer eigenen Kindheit selber auch missen müssen.

Die Polyvagal-Theorie

Damit sind wir an der Stelle, die für mich den Kern dieses Buches ausmacht: Ich möchte Sie mit einer Theorie vertraut machen, in der es um die Bedeutung von Sicherheit und Geborgenheit geht, der »Polyvagal-Theorie«. Dr. Stephen W. Porges, Professor für Psychiatrie und Forscher im Bereich der Neurowissenschaften an der University of North Carolina, beschreibt etwas sehr Bedeutendes und Neues, das vieles über die familiäre Kommunikation erklärlich macht und ein besonderes Licht auf die Bindung zwischen Eltern und Kindern wirft. Seit Langem arbeite ich zum Thema Kommunikation, aber erst die Erkenntnisse von Stephen W. Porges lieferten für mich eine sinnhafte Erklärung in Bezug auf das Phänomen der abgründigen Familienkommunikation.

So nehme ich langsam Fahrt auf, um diese im Kern biologische Theorie darzulegen, die verständlich macht, was mit uns passiert, wenn wir in Familien groß werden, in denen wir uns nicht sicher, nicht wohl fühlen, nicht richtig aufgehoben, in denen es kein Miteinander gibt. In einem späteren Kapitel werden Sie das Interview mit Elisabeth Schneider-Kaiser finden, das die Auswirkungen dieser Theorie näher ausführt.

Unser Überwachungsprogramm

Porges hat sich mit den Reaktionen des Nervensystems auf Stress beschäftigt. Er hat untersucht, was uns in Beziehungen Stress macht und was uns beruhigt, was eine stimmige Kommunikation ist und was geschieht, wenn es zu »Unstimmigkeiten« kommt. Es geht dabei interessanterweise um etwas rein Physiologisches – etwas Körperliches. Und es ist heute in der Neurobiologie keine Frage mehr, dass das, was wir körperlich erleben, und das, was wir fühlen, untrennbar zusammengehört. Der Zustand des Nervensystems und unser Wohlbefinden sind eines. Ist unser Körper gestresst oder ist er entspannt? Wie wir uns im Kontakt *fühlen* – gut, schlecht, ängstlich, ruhig, wütend etc. –, hängt zusammen mit unserem physiologischen Zustand, besonders mit dem Nervensystem. Das vegetative Nervensystem kann als Schnittstelle zwischen Physis und Psyche verstanden werden. Porges erklärt uns, vereinfacht ausgedrückt, was geschehen muss, damit wir uns wohlfühlen, beruhigt und entspannt sind, und wann wir diesen Wohlfühlzustand automatisch verlassen.

Er beschreibt, dass wir in uns ein dreiteiliges Informationssystem tragen, das ständig – wirklich ständig – also unwillkürlich abfragt und bewertet:

1. Fühlen wir uns im Moment mit den Menschen, die um uns herum sind, mit dem Umfeld, in dem wir uns befinden, sicher?
2. Spüren wir eine Gefahr?
3. Wirkt diese Umgebung sogar lebensbedrohlich?

Je nachdem, ob wir eine Person als sicher oder gefährlich wahrnehmen, löst das ein neurobiologisches Verhalten aus: Entweder wir wenden uns der Person zu oder wir gehen in ein ablehnendes Verhalten.

Gut oder schlecht, harmlos oder gefährlich, sicher oder unsicher? Was sagt das Bauchgefühl? All unsere Sinne sind darauf ausgerichtet, diese Informationen abzuspüren. Dieses Überwachungsprogramm läuft kontinuierlich ab, ohne dass wir darauf bewusst Einfluss nehmen könnten, und das geschieht, damit wir im Notfall auf belastende oder bedrohliche Situationen reagieren können.

Nehmen wir eine alltägliche Situation: Sie sind bei Freunden eingeladen, kennen aber weder die Gegend noch das Haus noch die anderen Gäste. Sie werden eine gewisse Aufgeregtheit oder Nervosität spüren. Ihr Bauch fragt sich: »Wie gut ist das hier für mich?« Erst wenn Sie Ihre Freunde begrüßt haben, wenn diese auf Sie zugegangen sind und mit den Augen, mit einem Händeschütteln oder einer Umarmung Kontakt hergestellt haben, wenn Sie dann eventuell noch einigen Gästen, die Sie sympathisch finden, vorgestellt wurden, erst dann beruhigt sich Ihr Körper wieder.

Porges lässt uns wissen, dass wir den beruhigten Zustand, den stressfreien Zustand immer wieder suchen und ihn durch einen vertrauenden, sicheren, sozialen Austausch herstellen. Ist auf dem Fest jemand dabei, mit dem Sie schlechte Erfahrungen gemacht haben, der Ihnen unangenehm ist, von dem Sie sich nichts Gutes erhoffen, bleibt eine gewisse Unruhe bestehen, der Körper nimmt dann eine Habachtstellung ein und ist in Abwehr. Wer sich nicht sicher fühlt, kann sich nicht entspannen.

»Die Regulation unseres Körpers ist eingebettet in unsere Beziehungen«

In einem rundum ausgeglichenen, stressfreien, als sicher empfundenen Zustand sind wir angstfrei, stabil, entspannt, präsent und gelöst. In diesem Zustand sind wir kreativ, klar und offen und können alles, was auf uns zukommt, leicht lösen. Das ist der physiologisch regulierte Zustand. Unser Körper beziehungsweise unser Nervensystem ist fortwährend bestrebt, in diese Regulation, in dieses Gleichgewicht zu kommen. Porges sagt: »Wie wir uns fühlen – gut oder schlecht, sicher oder unsicher – hängt von der Interaktion mit den uns umgebenden Menschen ab. Die Regulation unseres Körpers ist eingebettet in unsere Beziehungen.«[27]

Diese Aussage ist die wirkliche Entdeckung, denn sie weist darauf hin, dass der evolutionsgeschichtlich jüngere Teil des Nervensystems, anders als bisher angenommen, aus einem Bindungs- oder Beziehungssystem besteht.

Das Nervensystem

Unser Körper und damit unser Nervensystem ist darauf ausgerichtet, den größtmöglichen Schutz herzustellen, und den größtmöglichen Schutz finden wir im Kontakt mit Menschen, die wir als freundlich, friedlich, zugewandt empfinden. Es braucht also eine Art »Kontaktherstellsystem«. Hierbei spielt der Vagus-Nerv die Hauptrolle. Der Vagus-Nerv ist der größte und stärkste parasympathische Nerv des vegetativen Nervensystems und damit der

27 Porges, Stephen: *Das gestresste Nervenkostüm*, Vortrag im August 2012 in Weggis, Schweiz, DVD Auditorium Netzwerk.

wichtigste Gegenspieler des Sympathikus. Der Sympathikus sorgt in Stresssituationen, das heißt in als belastend oder bedrohlich empfundenen Situationen, dafür, dass der Körper Energie zur Abwehr bereitstellt – er fährt den Körper hoch und könnte uns, wenn notwendig, befähigen zu kämpfen oder zu fliehen. Der Parasympathikus beziehungsweise Vagus-Nerv sorgt dafür, dass wir uns nach dem Hochfahren auch wieder beruhigen können. Nach einer Anspannung tritt wieder die Entspannung ein. Das ist das klassische Stress-Modell.

Porges erweitert dieses um einen wesentlichen Punkt: Er beschreibt den Vagus-Nerv als zweigeteilt. Der eine Teil (der dorsale Vagus) wirkt beruhigend – vor allem auf die inneren Organe – und er spielt in lebensbedrohlichen Situationen eine wichtige Rolle. Er kann, wenn die Bedrohung zu groß, etwas zu überwältigend, zu viel ist, den Körper in einen Erstarrungszustand herunterfahren, sodass wir starr vor Angst werden und nichts mehr fühlen – keinen Schmerz, keine Panik. Wenn etwas zu überwältigend, zu viel ist, befinden wir uns in Lähmung und Bewegungsunfähigkeit. Wichtig dabei ist: Im Körper steckt eine Hochspannung bei gleichzeitiger Passivität. Das alles gehört zu den Überlebensmechanismen, die im vorherigen Kapitel mit den Traumatisierungen schon genau beschrieben wurden.

Der zweite Teil des Vagus (der ventrale Vagus) ist darauf ausgerichtet, Sicherheit durch Kontakt aufzubauen, und spannenderweise innerviert, d. h. versorgt dieser Teil des sogenannten Vagus-Komplexes das Gesicht, die Ohren, den Rachen und damit die Stimme, er versorgt aber auch die Augenmuskeln. Und es geht noch weiter: Der Vagus-Nerv, den Porges auch den »sozialen Vagus« nennt, steht in Verbindung mit dem Herzen. In unserem Zusammenhang ist das der Schlüssel, denn all diese Partien des Kopfes sind bei der Kommunikation beteiligt! Der Vagus-Komplex macht es möglich, dass wir über die Stimme, über den Tonfall, über die facettenreiche Mimik, über das Zuhören und vor allem über die Augen, den Blickkontakt, miteinander kommunizieren. Und eine beruhigte, entspannte Kommunikation beruhigt das Herz: Es wird uns, wie man sprichwörtlich sagt, »warm ums Herz«. Mit einem ruhigen Herzschlag fühlen wir uns insgesamt besser und ruhiger, und das macht uns zugänglicher für Kontakt. Porges nennt dieses Kommunikationssystem das soziale Bindungs- oder Beziehungssystem (*social engagement system*).

Bindung und Kontakt über die Augen

Über die Stimme und den Gesichtsausdruck, vor allem über die Augen, haben wir die Fähigkeit, Sicherheit auszustrahlen und auch vom Gegenüber abzuholen – ein Dialog, der es uns Menschen ermöglicht, uns nahezukommen. Die Augen können ausdrücken: »Wie schön, dass du da bist!« – Nähe und Sicherheit sind dabei zentral. Liebe und Intimität verlangen, dass wir auf der biologischen Ebene unsere Abwehrmechanismen abschalten können. Erst die Sicherheit ermöglicht die Nähe und den Körperkontakt, die wir benötigen, um die Fortpflanzung der Nachkommen zu garantieren. Das Grundthema ist also: Wir müssen uns geschützt und sicher fühlen, um soziale Kontakte zulassen zu können.

Fühlen wir uns nicht sicher, dann kommen Angst und Unruhe mit ins Spiel und das schafft Distanz. Dann gibt es keinen echten Kontakt, dann versetzt sich etwas in uns in Alarmbereitschaft, und wir werden eng, unflexibel und gehen in Abwehr oder ziehen uns zurück. Genau das trifft auf die Familien zu, über die ich hier schreibe.

Zuwenden und abwenden

Aber schauen wir weiter, um die Dynamik zu verstehen. Stellen Sie sich nur eine Begegnung mit Ihrem Partner oder einer Freundin, einem Freund vor, der Sie mit den Augen des Willkommenheißens anschaut, der Ihnen mit vertrauter Stimme zu verstehen gibt: »Wie schön, dass du da bist«, in dessen Gesicht Sie erkennen, dass er sich über Ihre Anwesenheit freut. Dieses Gesicht »wärmt« Sie. Das ist Zugewandtheit. Das ist der stressfreie Zustand, in dem wir uns entspannen. Wenn Sie in dem Gesicht sehen: »Ich bin jetzt da für dich, ich höre dir zu«, und wenn dieser Mensch Sie dann noch über die Haut berührt, dann ist alles gut. Sollten Sie eine innere Not haben, dann kann auch diese langsam weichen, es ist, als falle Ihnen ein Stein vom Herzen. Sie beruhigen sich oder besser gesagt: Ihr Nervensystem beruhigt sich wieder. Diese Form der Beruhigung hat für Kinder natürlich eine besondere Bedeutung, sie brauchen genau diese Botschaften von den Eltern, damit aus einer Notlage wieder Freude entstehen kann.

Was aber, wenn das Gegenüber sich abwendet? Sie sitzen beispielsweise im Café und sind in einem intensiven Gespräch, vielleicht geht es sogar gerade um etwas Persönliches – plötzlich klingelt das Handy Ihres Gegenübers – er/sie geht ran, dreht sich weg von Ihnen und beginnt ein Gespräch. Was passiert? Sie fragen sich vielleicht zuerst, wie wichtig Sie diesem Menschen sind. Dann sind Sie leicht verunsichert und nach einer Zeit fühlen Sie sich wie stehen gelassen. Dauert das Telefonat dann an, fühlen Sie sich abgelehnt und irritiert, und wenn es nicht endet und er/sie kein Signal im Sinne von »Tut mir leid« oder »Bin gleich fertig« gibt, dann sind Sie empört, werden wütend und möchten eigentlich gehen. Es entsteht eine Aufregung, der Herzschlag erhöht sich und Sie ziehen sich innerlich zurück. Und es wird eine Zeit brauchen, bis Sie wieder im Vertrauen sind. Vielleicht ist das an diesem Abend auch erst einmal nicht mehr möglich. Porges bezeichnet übrigens die Smartphones als ein »kulturelles Leck des sozialen Bindungs- oder Beziehungssystems«.

Er benennt es klar: Wir als Spezies reagieren sehr sensibel darauf, wenn andere sich abwenden. Selbst wenn der Verstand weiß, warum sich der andere abgewendet hat, ist es schwierig, das auszuhalten. Diese Signale wirken so stark auf uns ein, dass wir spontan mit Erregung reagieren. Immer dann, wenn wir uns abgelehnt, unsicher, nicht angenommen fühlen, gehen wir in Abwehr – Abwehr bedeutet, wir machen dicht und eine Unruhe, die wir in der Regel gar nicht registrieren, entsteht. Fühlen wir uns nicht sicher, dann kommt Angst mit ins Spiel. Das ist keine kognitive Entscheidung, das ist eine biologische und ganz unwillkürliche Reaktion.

Halt und Sicherheit machen uns in jeder Beziehung stabil

Für mich ist diese Erkenntnis von großer Bedeutung, da sie sehr klar veranschaulicht, worum es bei dem Kontakt zwischen Eltern und Kindern – und das vor allem in der Kindheit – geht. Die Polyvagal-Theorie besagt: Wir Menschen finden in dieser Zugewandtheit, mit der uns unsere Eltern begegnen, in dem Verständnis, das uns in ihren Gesichtern begegnet, Sicherheit, Vertrautheit und Geborgenheit. Und im freundlichen Dialog, in dieser Gesicht-zu-Gesicht-Kommunikation, erleben wir in unserem Körper Stabilität und fühlen uns gehalten. Und es ist eben so: Sicherheit, Halt und Stabilität sind Körpergefühle, die uns auch emotional stabil machen. Also zufrieden, stark, glücklich. Die Welt wird dann als ein sicherer Ort empfunden.

Wenn es keine Beruhigung und Geborgenheit gibt

Wie wir uns fühlen, hängt, um das noch einmal zu sagen, von unserem physiologischen Zustand ab. Funktioniert dieses Miteinander, sagt Porges, dann hilft uns unser autonomes Nervensystem, unsere Batterien wieder aufzuladen und zu wachsen, es macht uns unseres Selbst sicher = selbstsicher. Damit sind wir wieder bei der oben gestellten Frage: Was, wenn wir mit den Eltern nicht in diesen beruhigten, entspannten Zustand kommen? Was geschieht stattdessen?

Charlotte Wiemann schildert in Kapitel 5 ganz deutlich, wie kommunikationslos das Zusammensein in ihrer Familie war: »Die Essenssituation diente ausschließlich der Nahrungsaufnahme, nicht der Kommunikation. Es gab keinen Austausch, keine Fragen im Sinne von ›Wie geht es dir?‹ oder ›Wie ist der Tag gelaufen?‹. Man hat sich überhaupt nicht zugehört. Im Vordergrund stand ›Zack, zack!‹, schauen, dass alles klappt.« Sie erlebte ihre Familie als durchgehend angespannt und ihre Mutter als haltlos, depressiv und nicht im Kontakt mit den Kindern stehend.

Sarah Weinzierl berichtet, dass ihre Eltern gar nicht in der Lage waren, ihr zuzuhören, dass vor allem die Mutter konkrete Vorstellungen hatte, was ihre Tochter betraf, was diese tun und lassen sollte. Sie hatte eine Mutter, die aus eigener Angst so sehr an ihrer Tochter festhielt, dass eine Kommunikation im Sinne von Austausch nicht stattfinden konnte, Sarah konnte kein Gehör finden. Katharina Hoffmann sagt über ihre Mutter: »Sie war ein Mensch, der keine Liebe vermitteln konnte.« Sie fühlte sich von ihr nicht geliebt, es gab keinen Körperkontakt, sondern Schläge. Das war alles andere als geborgen.

Abwehr und Erstarrung

Was passiert mit dem Bedürfnis nach Sicherheit, wenn es in der Familie unsicher, laut, ängstigend, zwanghaft, chaotisch, ablehnend oder nicht unterstützend ist, wenn tagelanges Schweigen herrscht? Wenn die Atmosphäre sich wie eine Schlitterbahn anfühlt, weil ständig etwas passieren kann? Wenn Kontakt nur über Leistungsnachweise möglich ist? Wenn der Augen- und Körperkontakt fehlt? Wenn die Mutter und andere Bezugspersonen nicht spüren, sehen, hören können, was das Kind braucht, wenn sie sich in die elementaren Bedürfnisse des Kindes nicht einstimmen können und wenn die Bedürfnisse nicht gestillt werden? Was geschieht, wenn die Suche des Kindes nach diesem warmen Kontakt, nach diesem sozialen Bindungs- oder Beziehungssystem nicht erfolgreich ist?

Porges erklärt, dass wir in solch einem Fall Abwehrreaktionen entwickeln. Bei einer Verletzung des sozialen Miteinanders wenden wir uns ab – kein Kontakt! Unser Nervensystem, unser Körper ist ohne unser Zutun darauf ausgerichtet, ständig zu überprüfen: Ist die aktuelle Situation gut für mich oder nicht gut, ist sie sicher oder nicht, bekomme ich, was ich brauche, oder nicht, muss ich darauf reagieren oder nicht? Es findet immer eine Bewertung unserer Beziehungen und des Umfeldes statt. Vielleicht klingt das nach Säbelzahntiger und Rehkitz. Und es stimmt: Diesen Mechanismus teilen wir mit den Säugetieren. Das Nervensystem im Zusammenspiel mit verschiedenen Gehirnregionen bewertet das Außen nach Überlebensrelevanz. Das ist ein unbewusster Automatismus, dem wir uns nicht entziehen können. Fällt die Bewertung negativ aus – im Sinne von »nicht freundlich, nicht friedlich, sondern bedrohlich«, reagiert der Körper. Er geht in einen Abwehr- beziehungsweise Verteidigungsmodus. Unser Abwehrsystem verhindert, dass wir Menschen zu nahe an uns heranlassen, die uns nicht guttun oder die uns verletzen könnten. Wie im vorherigen Kapitel zum Thema Trauma beschrieben, mobilisiert der Körper dann Energie, der Stoffwechsel und der Herzschlag beschleunigen sich – eigentlich damit wir uns wehren oder entkommen können. Es ist eine Stresssituation – gefühlt als Nervosität, Unruhe, Verunsicherung, Anspannung, Verspannung, Alarmiertheit, Angst. Wird der Kontakt sogar als lebensbedrohlich bewertet, das heißt, gibt es subjektiv keinen Ausweg, gehen wir in die Erstarrung, in die Bewegungslosigkeit. In dieser Bewegungslosigkeit, diesem ohnmächtigen Gefühl, landet ein Mensch, der große Angst hat, der sich hilflos und stark verunsichert fühlt. Manche beschreiben es wie ein Eingefrorensein, ein Nichts-tun-Können, eine Starre oder Taubheit. Teil dieser Reaktion ist die Dissoziation: Man schaltet ab und fühlt nichts mehr oder aber eine Hoffnungslosigkeit macht sich breit, man sitzt wie im Tunnel und kommt nicht mehr raus.

Zusammengefasst: Das soziale Bindungs- oder Beziehungssystem reguliert unsere Stressmechanismen. Deshalb suchen wir den nährenden und stärkenden, beruhigenden Kontakt mit anderen Menschen – fühlt sich das Gegenüber als nicht sicher an, geht der Körper in eine Abwehrhaltung oder in die Erstarrung, der Kontakt wird unterbrochen. Das ist übrigens kein statisches Geschehen, sondern es kann auch sein, dass man je nach Situation zwischen den einzelnen Ebenen relativ schnell hin und her wechselt.

Vor dem Kontaktabbruch war die Sprachlosigkeit

Für die Eltern-Kind-Kommunikation ist das von überragender Bedeutung, denn es bedeutet ja: Wird unser Bedürfnis nach diesem Gesicht-Herz-Kontakt nicht erfüllt, ist die Atmosphäre in der Familie sogar beunruhigend, werden die Bedürfnisse nicht beantwortet, dann gehen wir in einen Zustand über, der auf Verteidigung und Schutz ausgerichtet ist. Und das ist ein Abwehrzustand, in dem überhaupt kein Kontakt möglich ist! Abwehr macht zu – die Folge ist Sprachlosigkeit. Manchmal auch Schreien, was auch eine Form der Sprachlosigkeit ist. Und wie wir schon gesehen haben: Diese Sprachlosigkeit ist das Leitthema in den Familien, die keinen Kontakt haben.

In Wahrheit stecken wir unter den genannten Bedingungen in einer gestressten Verfassung fest. Wir fühlen uns nicht wohl und sind nicht aufnahmebereit. Wird diese beruhigende Kommunikation auf Dauer vermisst, dann kommen wir kaum aus dem Stress heraus. Unser Körper ist dysreguliert. Wir fühlen uns einfach nicht gut. Dieser Zustand kann zu einem chronischen Zustand werden. Stress, Unwohlsein, Unsicherheit, Angst, Überforderung, fehlender Körper- und Augenkontakt, Drohgebärden, laute, aggressive Stimmen, also eine Atmosphäre von Anspannung, verhindern das Miteinander, die Kommunikation. Im schlimmsten Fall fühlt man sich in der Familie bewegungsunfähig und steckt in einem ohnmächtigen Gefühl.

Mehrfach wurde davon gesprochen, dass sowohl die Eltern als auch die Kinder bei einem Zusammentreffen Angst davor haben können, etwas Falsches zu sagen, dass sie sich unsicher fühlen, nicht wissen, wie sie sich verhalten sollen. Das heißt, sie sind in einem Erregungsmuster, das eigentlich unzugänglich macht oder sogar Abwehr auslöst. In dieser Anspannung kann es kaum zu einem beruhigten Miteinander kommen. Das wirklich Bemerkenswerte dabei ist: Alle Beteiligten sind in einer dauerhaften hohen Aufregung, auch wenn sie das nicht spüren, weil sie es so gewohnt sind, weil es sich so normal anfühlt. Das Stressmuster ist altvertraut, ein heimisches Gefühl. Nur: Unter diesen Bedingungen kann sich kein Dialog, keine unterstützende Kommunikation einstellen.

Und ich möchte betonen: Das Kind erlebt, beziehungsweise sein Körper durchlebt diesen Stress, auch wenn die Eltern das so nicht wollen. Für die Eltern gilt das genauso, auch sie werden den Zustand kennen, auch sie werden sich vermutlich in ihrer Kindheit ähnlich gefühlt haben. Es kann aber auch sein, dass in ihrem Leben etwas Dramatisches geschehen ist, das sie nachhaltig nicht zur Ruhe kommen lässt. Das gilt natürlich besonders für alle unaufgearbeiteten Traumata. Ein angespanntes Nervenkostüm, ein Mensch, dem es immer wieder schwerfällt, in diesen entspannten, gelassenen, achtsamen Zustand zu kommen, der kann diese zugewandte Kommunikation nicht herstellen.

»Ich glaube, ich bin irgendwie komisch!«

Der Psychologe Laurence Heller fügt dem einen wichtigen Aspekt hinzu, den ich in meiner Praxis immer und immer wieder von Menschen höre, denen es in ihrem Elternhaus nicht gut ergangen ist. Ich zitiere aus seinem sehr interessanten Buch mit dem Titel *Entwicklungstrauma heilen*:

> »Die Dysregulation bewirkt bei Menschen, dass sie sich schlecht fühlen; und vor allem Kinder entwickeln, wenn sie sich

schlecht fühlen, dann zudem die Vorstellung, sie selbst seien schlecht. Eine chronische Dysregulation und innere Not führen zu negativen Identifikationen, Glaubenssätzen und Urteilen über uns selbst. Diese negativen Identifizierungen, Glaubenssätze und Wertungen wiederum lösen noch mehr Dysregulation im Nervensystem aus, und schon entsteht ein Teufelskreis innerer Not.«[28]

Das ist sehr tragisch, denn so viele Frauen und Männer haben dieses Gefühl: »Ich bin irgendwie nicht okay, ich bin falsch, ich müsste anders sein, ich bin nicht so wie andere, ich bin komisch«, und so weiter. Und das ist dann oft auch noch mit Scham verbunden. Interessanterweise legen sich diese Selbstzweifel, wenn sich der Körper beruhigt und wir in einem »wärmenden « Kontakt sind, wenn wir uns wieder trauen, in diesem Gesicht-Herz-Kontakt zu sein, und uns geliebt fühlen. Man fühlt sich schön und stabil und offen für die Welt, wenn man sich angenommen und geliebt fühlt.

Daueranspannung und Kontaktabbruch

Sind Sie, liebe Leserin und lieber Leser, mit mir durch diese Theorie gegangen, dann werden Sie verstehen, warum dieses soziale Bindungssystem so bedeutungsvoll im Zusammenhang mit einem Kontaktabbruch ist. Auch wenn die theoretischen Betrachtungen erst einmal gewöhnungsbedürftig sind, vermute ich: Alle Betroffenen werden ihre eigene Geschichte haben, was diesen

28 Heller, Laurence/LaPierre, Aline, 2013; S. 31.

Punkt betrifft. Alle Kontaktabbrecher/innen, alle, die darüber nachdenken, sich aus der Familie zu lösen, werden diese Form des Gesicht-Herz-Kontakts vermisst haben, werden sich partiell oder in Gänze nicht aufgehoben, nicht sicher, nicht behütet, nicht geborgen gefühlt haben. Sie werden berichten, wie sehr ihnen die zugewandte Kommunikation, die fürsorglichen Worte, diese Einstimmung auf ihre Bedürfnisse gefehlt haben und dass es in ihnen eine Grundaufregung gab und gibt. Ihnen fehlt das subjektive Gefühl des Willkommenseins. Viele berichten, dass sie schon lange in Bezug auf ihre Eltern in einer Habachthaltung leben, aus Angst vor dem nächsten »Angriff«. Es gibt in ihren Familien kaum jemals Entspannung. Sie fühlen sich bis heute gestresst oder wie gelähmt im Zusammensein mit Vater oder Mutter. Jede Form der Kommunikation läuft schief, es gibt nur ein Gegeneinander, Misstrauen und Hoffnungslosigkeit – kein Vertrauen.

Charlotte Wiemann spricht von einer Daueranspannung in der Familie. Als Familienretterin war ihr Nervensystem dauerhaft in einer hohen Aufgeregtheit und es ist bis heute so. Da reicht ein Anstoß von außen, ein Wort, ein Satz, eine Geste, die bei ihr als Ablehnung ankommt. Oder sie meint: »Ich muss jetzt hier sofort was regeln!«, und schon ist ihr Körper in einer Erregung, die sich wie ein Ausnahmezustand anfühlt. Denn das alles betrifft ja nicht nur das Damals, sondern es wirkt vor allem auch heute. Ich zitiere einige Stimmen von Betroffenen, die beschreiben, was es bedeutet, ein hoch erregtes Nervensystem zu haben:

- Je aufgeregter ich bin, umso weniger kann ich fühlen. Ich bin dann wie im Tunnel, bin außer mir und an Kontakt ist überhaupt nicht zu denken.
- Ich kenne keinen anderen Zustand als den Alarmzustand, und wenn nur der kleinste Angriff kommt oder etwas, was ich als

Angriff empfinde, dann bin ich sofort auf den Barrikaden, dann gebe ich sofort Gas, dann bin ich außer mir und tobe rum.

- Ich bin als Kind durch tagelanges Schweigen bestraft worden und noch heute falle ich selbst bei einem Krach mit meinem Mann in dieses Schweigen. Dann fühle mich so ohnmächtig – haltlos und verloren. Aber hinter diesem Schweigen lauert eine unglaubliche Aufgeregtheit, es fühlt sich an wie Panik.
- Wenn mich jemand kritisiert, dann stehe ich mit dem Rücken am Abgrund – ich werde dann sprachlos oder aggressiv. Kritik bedeutet, ich könnte die Kontrolle verloren, etwas übersehen haben. Ich erlebe das, als würde die Welt untergehen.
- Die wütenden Augen meiner Mutter, oder ihr fordernder Tonfall lösen einen Totalausfall in mir aus. Das geht mir auch mit meinem Partner so. Ein aggressiver Blick von ihm reicht aus und ich hole die »Waffen« raus und der »Krieg« beginnt. Wir kämpfen dann manchmal tagelang. Das ist wie ein Sog, mein Körper ist in Hochalarm und das kann ich kognitiv überhaupt nicht stoppen, auch wenn ich gedanklich immer und immer wieder eine Lösung suche – es geht nicht. Das geht so lange, bis es einen freundlichen Blick gibt, den ich zulasse, eine Berührung, die Kontakt wieder möglich macht, erst dann komme ich wieder zur Ruhe.
- Kontakt oder ein Small Talk mit Unbekannten macht mir so viel Angst, dass ich weglaufen möchte. Ich habe es nicht gelernt, anderen Menschen zu vertrauen. Ich fühle mich dann wie auf der Flucht.
- Wenn ich mich abgelehnt oder mies behandelt fühle, dann wirke ich im Außen ganz ruhig, aber innerlich ist mein Stresspegel sehr, sehr hoch. Das merkt mir keiner an, aber ich könnte um mich schlagen.

Für Menschen, die solche Empfindungen in sich tragen, kann es sehr hilfreich sein zu verstehen: »Nicht ich bin komisch oder falsch – sondern mein Nervensystem ist in einer Aufregung, in einem Notzustand. Ein Knopfdruck, ein Schlüsselreiz, eine Erinnerung reicht aus und mein Körper flippt wieder aus, dann kann ich nicht mehr adäquat reagieren. Ich bin dann wieder dysreguliert, mein Körper geht in Abwehr und ich fühle mich wie früher.« Eine Klientin war sehr erleichtert, als sie diese Zusammenhänge verstehen konnte, und meinte: »Dann habe ich ja doch keinen Schaden!« Genau!

Die Ursachen sind verschieden – die Folgen die gleichen

Noch einmal der Hinweis: Es geht nicht darum, dass Eltern etwas falsch gemacht haben. Die Mutter Katharina Hoffmann hat als Kind selber in diesem Mangel und in dieser Grundaufregung gesteckt, sie hat als Kind mit ihrer Mutter leider lernen müssen, in Rückzug zu gehen statt in den Kontakt. Ihr hat sozusagen das Beziehungstraining gefehlt, und da ist es wie bei den Muskeln: Werden sie nicht genutzt, stehen sie nicht mehr voll zur Verfügung. Genauso ist das mit dem »Gesicht-Herz-Kontaktmuskel«: Wird er nicht trainiert, bleibt er unterentwickelt, und mit dem ungeübten Gesicht-Herz-Kontakt hat es dann wiederum die Generation der Kinder zu tun. Das ist Teil der transgenerationalen Weitergabe.

Im Fall von Charlotte Wiemann wissen wir, dass ihre Mutter zu den kriegstraumatisierten Eltern gehört. Sie war nicht erreichbar, hatte Depressionen und damit war sie nur eingeschränkt kontaktfähig. Das gilt natürlich nicht nur für die Kriegsgeneration, sondern für alle traumatisierten Eltern. Bindung, sagt der Therapeut Prof. Franz Ruppert, ist nicht möglich, wenn die Mutter emotional nicht erreichbar ist.[29]

Dass Eltern ihren Kindern dieses Gefühl von Halt und Geborgenheit nur eingeschränkt geben können, hat also vielfältige Ursachen. Die Eltern halten das nicht mutwillig zurück, sie können nicht anders, und so entstehen Familienatmosphären, die äußerst beunruhigend sind. Das Kind – und ich wiederhole mich, einfach weil es so wichtig ist –, das Kind fühlt sich entweder in seinen Autonomiebestrebungen oder im nahen Kontakt nicht sicher oder sogar bedroht.

Je kleiner das Kind, desto schwerwiegender die Folgen

Je früher dieser Halt, die Sicherheit, die Ruhe und dieser Gesicht-Herz-Dialog in der Entwicklung gefehlt haben, desto schwerwiegender sind die Folgen. Ein kleines Kind kann kaum mit der beschriebenen Aufgeregtheit, mit der Spannung und Unruhe, mit dem fehlenden Halt umgehen. Der kleine Körper, beziehungsweise das kindliche Nervensystem, kann das nicht aushalten. Es wird schnell von diesem Stress überwältigt sein und aufgeben.

Ein Experiment verdeutlicht diesen Vorgang besonders. Es ist das sogenannte Still-Face-Experiment, entwickelt von dem Psychologen Prof. Edward Tronick und als Video im Internet zu fin-

---

29 Ruppert, Franz (Hrsg.): *Frühes Trauma. Schwangerschaft, Geburt und erste Lebensjahre*. Stuttgart: Klett-Cotta Verlag 2014.

den.[30] Dort wird eine Mutter mit ihrem einjährigen Kind gezeigt. Die Mutter begrüßt ihr Kind, nimmt also Kontakt auf, und man kann dieses soziale, kommunikative Zusammenspiel gut beobachten: Je mehr das Kind strahlt, umso deutlicher ist auf dem Gesicht der Mutter zu lesen: »Ich bin so glücklich mit dir!« Und Gleiches gilt für das Kind. Es ist eine überaus freundliche Interaktion. Dann, nach einer Minute, wird die Mutter gebeten, sich kurz abzuwenden und aus dem Kontakt zu gehen. Sie dreht sich dann dem Kind wieder zu mit einem regungslosen, eingefrorenen Gesicht. Ihre Augen zeigen keinerlei Regung. Das Kind reagiert sofort darauf, es versucht, den Kontakt über die Augen wieder herzustellen, es lacht die Mutter an, wendet ihr die Arme zu, tut alles, um erneut in diesen Wohlfühlkontakt zu gelangen. Die Mutter bleibt auf Anweisung in dem kontaktlosen Zustand, mit dem leblosen Gesicht. Schon nach kurzer Zeit beginnt das Kind zu toben, und als auch das nicht hilft, gerät es in einen absolut hilflosen Zustand und man kann dann sehen: Es zieht sich zurück, es resigniert, wird selber regungslos. Das Kind hat dabei einen ungeheuren Stress, hat aber aufgegeben, etwas dagegen zu unternehmen. Das zeigt sehr anschaulich, dass besonders für Säuglinge und Babys der sichere Kontakt so wichtig wie die Nahrung ist.

Grundsätzlich kann man sagen: Ein Kind, dem nicht geholfen wurde, sich immer wieder im Kontakt zu regulieren, das diese »Du bist hier behütet und geborgen«-Empfindung missen musste und das «Ich sehe, was du brauchst«-Erleben nicht erfahren hat, bleibt in einer Aufgeregtheit hängen und ist damit maßlos überfordert. Es steckt in Stress und Haltlosigkeit.

---

30 Prof. Tronick, Edward, *Still Face Experiment*; https://www.youtube.com/watch?v=apzXGEbZhto; Zugriff 11.11.2018

Dies ist eben die wirkliche Tragik in den Eltern-Kind-Beziehungen: Wenn die Familien keinen Weg aus diesem Teufelskreis heraus finden, bleibt die Kontaktlosigkeit bestehen.

Alte Bekannte auf jedem Familientreffen

Diese Zusammenhänge zu verstehen, ist für die Menschen, mit denen ich arbeite, besonders wichtig, denn damit wird nachvollziehbar, was zum Beispiel bei dem Telefonat passiert, das wieder einmal schiefläuft, oder bei dem Sonntagsbesuch bei den Eltern, wenn man nach ein paar Stunden total resigniert, aufgeregt, angespannt oder zornig das Elternhaus verlässt. Ein Satz oder nur ein Wort reichen und schon stürzt man ab, ist sofort im Widerstand. Das Muster ist wieder da, der Körper erinnert sich – keine nährende Kommunikation, sondern Sprachlosigkeit und Beunruhigung. Das gilt für beide Seiten – Eltern und Kinder. Ihr Körper, ihr Nervensystem rutschen wieder automatisch in den Kampf- oder Fluchtimpuls, das heißt in Abwehr. Noch schlimmer ist, wenn der Körper wieder in die Ohnmacht geht, in die Hilflosigkeit, die Erstarrung. Das sind alte Bekannte, in denen Kontakt unmöglich ist. Im 1. Kapitel wurde davon gesprochen, dass die Eltern Angst haben, etwas Falsches zu sagen. Diese Angst ist eben eine hochgradige Aufgeregtheit, in der keine Kommunikation möglich ist.

Natürlich kommt man aus dem Zustand wieder heraus, sobald die Umgebung sich beruhigter und sicherer anfühlt. Es braucht also Distanz. Diese Distanz kann für die erwachsenen Kinder und die Eltern heißen: Ich muss ein Gespräch beenden, weil es zu »heiß« wird, ich möchte gehen, damit es nicht weiter eskaliert, oder ich muss sogar den Kontakt abbrechen. Kinder, die in eine

Funkstille gehen, äußern in der Regel: »Ich kann nicht mehr.« Sie brauchen den Abstand, um aus der Aufregungsschleife herauszukommen. Durch einen Kontaktabbruch vermeiden die Kinder ihre Familien-Stressspirale und den Druck, den sie und ihr Körper nicht mehr aushalten können.

Meine Wahrnehmung ist: Die erwachsenen Kinder können den Kontakt zu ihren Eltern wieder aufnehmen, wenn sie stabiler, ruhiger und sich ihrer selbst sicherer geworden sind.

Die Not macht erfinderisch

Nun ist unser Lebenswille sehr, sehr stark. Jeder Mensch, jedes Kind wird auf die Gegebenheiten, die es vorfindet, eine Antwort finden. Das Kind wird Strategien entwickeln, mit deren Hilfe es seine Notlage, seine Angst, seinen inneren Stress kompensieren kann. Es wird Wege finden, um in der Atmosphäre, in der es aufwächst, bestmöglich zurechtzukommen. Es muss mit dem angespannten Nervensystem fertigwerden, und es wird Mittel finden, seine Not nicht zu spüren. Da sind wir wieder bei den Strategien, die im 1. Kapitel schon eine Rolle gespielt haben – jetzt wird noch deutlicher, wozu sie dienen. Wir brauchen sie, um zu funktionieren – und das meine ich im positiven Sinne, denn es sind Überlebensstrategien.

- **Rückzug**
  Wie wird beispielsweise die adäquate Antwort auf eine Mutter sein, die den Kontakt vermeidet, die mir gegenüber vielleicht sogar ablehnend ist, in deren Bauch ich schon spüren konnte, dass sie mich nicht wollte? Oder auf eine Mutter/einen Vater, in deren Gesicht ich nicht sehen kann, dass sie/er sich über

mich freut? Laut Porges eine absolute Aufregung des Nervensystems. Auf Ablehnung oder Gleichgültigkeit kann die Antwort heißen: »Ich ziehe mich zurück, ich brauche niemanden, ich meide Kontakt, denn der fühlt sich für mich bedrohlich an, und bedrohlich bedeutet Angst. Ich muss mich wehren oder fliehen. Also schotte ich mich ab und halte mich selbst. Da von meiner Mutter kein Halt zu erwarten ist, werde ich stark und unabhängig. Ich lerne, mich selbst zu beruhigen, und das geht am besten, indem ich mich zurückziehe. Oder ich gehe wie aus meinem Körper heraus, stehe neben mir, bin nicht mehr wirklich da, weil ich nichts mehr fühlen will.«
Das erlernte Muster bleibt bis ins Erwachsenenalter bestehen, diese Menschen suchen sich Nischen, in denen sie sich sicher fühlen – oftmals ist es ihr eigenes Zuhause oder die Arbeit. Es ist der Rückzug. Kontakt wird als gefährlich erlebt. Das Nervensystem erinnert sich und ist sofort in Alarm.

- **Sich zurücknehmen**

  Habe ich eine Mutter oder einen Vater, die traurig und eher labil als stabil sind, dann ist eine mögliche Antwort: »Ich mache nicht noch zusätzlichen Kummer, ich nehme mich und meine Lebendigkeit zurück. Ich bin besonders lieb und bin ganz nah bei der Mutter oder dem Vater.« Oder das Kind stellt sich hintan, setzt eine Tarnkappe auf, die es unsichtbar macht. Oder es versucht zu retten. Unter all dem liegen natürlich dieses aufgeregte Nervensystem, eine tiefe Angst und Hilflosigkeit.

- **Bedürfnislosigkeit**

  Es kann aber auch sein, dass Bedürfnislosigkeit das richtige Mittel ist. Können die Eltern die Bedürfnisse des Kindes nicht sehen, können sie ihm nicht geben, was es braucht, dann wird es anfangen, seine Bedürfnisse hintanzustellen oder so zu tun, als hätte es keine. Auch darunter steckt ein gestresster Körper. Im schlimmsten Fall gibt das Kind die Überzeugung auf, dass es wichtig ist. Es glaubt: »Ich werde nie die Erfüllung finden für das, was mir wichtig ist.« Es spürt, wie sehr die Mutter in Not ist, und es gibt der Not der Mutter Vorrang, statt sich um sich selbst zu sorgen. Das wird dann immer wieder in Beziehungen wiederholt, bis sein Herz versteht: »Ich bin so wichtig wie jeder andere Mensch, ich habe ein Recht auf Liebe wie jeder andere auch.«

- **Kontrolle**

  Die Kontrolle zu behalten ist eine wesentliche Strategie. Damit reagieren Kinder auf Unberechenbarkeit, auf chaotische Eltern, auf alkoholkranke Elternteile, aber auch auf Eltern, die durch eine Depression oder Dissoziation wie nicht anwesend sind. Immer da, wo etwas zu entgleiten droht, wird ein Kind sich aufgefordert fühlen, größer zu sein, als es ist. »Ich rette sie! Ich reiße mich zusammen, bin stark, helfend, aufbauend, halte mich und mein Umfeld unter Kontrolle, damit mir, beziehungsweise uns, nicht die Felle wegschwimmen. Ich muss das schaffen!« Die Kinder, die die Elternfunktion übernehmen, glauben: »Wenn ich das nicht schaffe, dann geht die Welt unter.« Das ist Stress pur!

- **Kopflastigkeit**

  Es gibt noch eine Strategie, die zudem gesellschaftlich hochgradig angesehen ist: Der Mangel an zugewandter, wertschätzender Kommunikation wird durch Funktionieren kompensiert. Durch Leistung. Der Kopf übernimmt die Oberhand. Wir versuchen, in allen Lebenslagen die Kontrolle gedanklich zu übernehmen, und wir glauben, mit Hilfe von Erfolg, Geld, Konsum ein beruhigendes Lebensgefühl herstellen zu können. Der Kopf versucht, die innere Unsicherheit zu bewältigen. Wenn aber all das zutrifft, worüber ich hier schreibe, können Sicherheit und das beruhigte Lebensgefühl nur in Beziehungen, Freundschaften und mit wohlwollenden Menschen, wo auch immer wir sie treffen, gefunden werden.

Lösungen in Sicht

Es steht außer Frage: Wir können zu jeder Zeit, wenn wir es wollen, dieses soziale Bindungsverhalten wieder aufleben lassen, indem wir es versuchen und dann mehr und mehr üben. Es ist biologisch in uns angelegt. Dieses Bedürfnis nach Bezogenheit will genutzt sein. Das wird mit Menschen, die wir mögen, mit denen wir uns wohlfühlen, mit einem Partner, einer Partnerin oder Freunden möglich sein, manchmal ist dazu auch ein Therapeut ganz gut. Ich weiß, dass das leichter geschrieben als getan ist, denn bevor wir uns dann trauen, diesen Kontakt wieder zuzulassen, kommt oft der alte Impuls hoch, in Abwehr zu gehen oder die Beine in die Hand zu nehmen, also zu fliehen. Dieser gewohnte Impuls muss sozusagen unterbrochen werden. Das ist das Training: Vertrauen lernen. Und das ist ganz sicher auch in Familien möglich, in denen der Kontakt abgebrochen ist.

Kapitel 8: Von der inneren Unruhe zum Kontaktabbruch – ein Gespräch mit Elisabeth Schneider-Kaiser

Unser Nervenkostüm beeinflusst das Familienklima und die Kommunikation. Welchen Einfluss es auf die Bindung hat, darüber sprach ich mit Elisabeth Schneider-Kaiser. Sie ist Ausbilderin für die Trauma-Therapie »Somatic Experiencing« mit dem Schwerpunkt Bindung und Bindungstraumata und hat ein großes Wissen und Einfühlungsvermögen, was die Eltern-Kind-Beziehungen betrifft. Wie wir im vorangegangenen Kapitel gesehen haben, ist die Kommunikation in Familien, in denen es keine Beruhigung und Geborgenheit gab, sehr schwierig, und das begünstigt Kontaktabbrüche. In diesem Gespräch gehen wir vertiefend auf die verhaltensbiologischen Hintergründe im Zusammenhang mit den Eltern-Kind-Beziehungen ein.

Haarmann: Wir wissen viel über die Bindung, verstehen die Dynamik zwischen Mutter und Kind, kennen die Folgen für das Erwachsenenleben. Jetzt ist aber etwas dazugekommen, nämlich die sogenannte »Polyvagal-Theorie«. Deren Begründer, Stephen Porges, erklärt uns, dass es eben auch eine physiologische Ebene gibt, die unsere Beziehungen beeinflusst.

Schneider-Kaiser: Ja, er geht der wichtigen Frage nach, was wir brauchen, um nach Aufregungen, Ängsten oder gar Bedrohungen immer wieder in die Homöostase, also das innere Gleichgewicht. zu kommen. Stephen Porges hat erkannt, dass dies

etwas mit unserem Nervensystem zu tun hat. Und das Nervensystem teilen wir Menschen evolutionsgeschichtlich sowohl mit den Säugetieren als auch mit den Reptilien. Wenn ein Reptil sich bedroht fühlt, dann ermöglicht sein Nervensystem ihm, in Bewegung zu gehen. Es hat diesen Kampf- oder Fluchtreflex. Das Reptil kann ganz schnell hochschrecken, es geht dann in den Kampf oder in die Flucht und kann sich danach aber auch sofort wieder hinlegen und ausruhen. Es hat die Möglichkeit, den Herzschlag und die Verdauung wieder in den Ruhemodus zu bringen. Porges formuliert es so: »Der große, bahnbrechende Unterschied zwischen dem Reptil und dem Säugetier und damit uns Menschen ist, wir haben diese Fähigkeit nicht.« Wir können natürlich überleben, aber wir brauchen das menschliche Gegenüber, wir brauchen einen guten, das heißt zugewandten menschlichen Kontakt, um wieder in das innere Gefühl von »Alles ist gut« zu kommen. Erst dann beruhigt sich unser Nervensystem wirklich. Um unser menschliches Verhalten zu verstehen, müssen wir erkennen, dass unser Körper das, wie Porges es nennt, soziale Engagement mit anderen braucht. In dem Wort Engagement steckt übrigens Unterstützung und Bindung.
Haarmann: Das heißt, wenn mir etwas passiert und dann niemand da ist und mich an die Hand nimmt und mir zu verstehen gibt: »Alles ist gut«, bleibt in mir eine gewisse Grundaufgeregtheit?
Schneider-Kaiser: Ja, Porges erklärt: Wenn keine Beziehung da ist, können wir nicht in Ruhe gehen. Wir brauchen gute soziale Beziehungen. Über den Kontakt beruhigen sich die Herzfrequenz und auch das viszerale System, denn die inneren Organe haben viel mehr mit Kontakt zu tun, als wir annehmen. Ist ein stimmiger Kontakt da, können wir gut verdauen, können gut schlafen, dann können der Darm, der Magen, das Herz, das Ge-

hirn – denn das ist ja auch ein Organ –, dann kann alles in Ruhe gehen.

Haarmann: Es gibt auch Kontakte, bei denen man Bauchschmerzen bekommen kann, Herzjagen und ganz unruhig wird.

Schneider-Kaiser: Das ist genau das Gegenteil. Und das gehört auch zum Leben. Unser Leben ist nicht frei von Aufregung und Stürmen. Und das erklärt auch, warum es notwendig ist, als Kind zu lernen: Eine Not wendet sich immer wieder. Da ist jemand, der mir hilft.

Haarmann: Es gibt offensichtlich einen direkten Zusammenhang zwischen der Gesicht-zu-Gesicht-Kommunikation und dem Gefühl von »Alles ist gut, ich freu mich, wir haben einen guten Kontakt«.

Schneider-Kaiser: Und damit sind wir bei der Funktion des Vagus-Nervs. Um das noch ein bisschen mehr auszuführen: Der ventrale Vagus ist einer der zwölf Hirnnerven. Wir unterscheiden zwischen – erstens – dem dorsalen (hinteren) Vaguskern, der zuständig ist für die Beschleunigung der Herzfrequenz, ebenso für das Kampf- und Fluchtverhalten und die Möglichkeit des Erstarrens, und – zweitens – dem ventralen (vorderen) Vaguskern. Wichtige andere Hirnnerven stehen auch in Verbindung mit dem ventralen Vagus, sie wirken mit bei dem Zusammenspiel von Kontakt und Wohlgefühl. Denn sie sind im weitesten Sinn zuständig für das Hören, den Rachenraum, also auch für die Stimme, besonders aber für die Augen. Sie ermöglichen die Modulation des Hörens, damit meine ich: Wie laut oder leise und was hört das Ohr, und wie ist die Stimme, und vor allem wie ist der Ausdruck der Augen? Dieser Teil des Vagus hat also mit der Kommunikation zu tun. Er steht in Verbindung mit dem Frontallappen des Gehirns, der präfrontalen Region, die zuständig ist für unser emotionales Leben und für das

Leben in Beziehung. Bei der Geburt besteht dieser Teil des Gehirns aus Neuronen, die noch nicht miteinander verbunden sind. Diese Neuronen sind aber genetisch darauf vorbereitet, Verbindungen durch Erfahrung von Beziehung einzugehen. Dazu ist die Bindungserfahrung in der ganz frühen Lebensphase maßgeblich, denn damit bildet sich die Grundlage der Beziehungsfähigkeit zu anderen und zu sich selbst.
Das bedeutet also, dass die Bindung, vor allem die frühe Bindung, notwendig ist. Und die Forschung bestätigt, wie wichtig es ist, dass der Frontallappen der Mutter und der des Kindes einander zugewandt sind.
Haarmann: Was ist damit gemeint?
Schneider-Kaiser: Wenn die Mutter sich dem Kind zuwendet, zum Beispiel beim Stillen, dann denkt so ein kleiner Säugling, der im Arm der Mutter liegt, ja nicht: »Das da ist meine Mutter.« Sondern er spürt in der Resonanz, dass da Freundlichkeit ist. Wir können auch sagen: Eine gute Gesinnung kommt ihm entgegen. Das ist das Einschwingen von Gehirn zu Gehirn, von Frontallappen zu Frontallappen, sie sind in Resonanz. Und diese Kommunikation tut dem Gehirn so gut, dass es sich dadurch entwickelt und erweitert. Das Kind braucht diese Zugewandtheit, sonst kann es sich nicht entwickeln und komplexe Verbindungen herstellen.
Haarmann: Und genau dazu braucht es natürlich einen engen Kontakt mit der oder den Bezugspersonen.
Schneider-Kaiser: Um kommunizieren zu können, brauche ich ein Gegenüber. In Kommunikation ist das Lebendige enthalten. Wenn die Augen ausdrücken: »Schön, dass du da bist!«, dann erst können wir uns mit dem Gegenüber wirklich verbinden. Dann ist das Nervensystem beruhigt, das Herz kann sich dann öffnen. Das ist die Unterstützung, die ein Kind braucht.

Diese Lebendigkeit zeigt sich zum Beispiel durch das Zusammenspiel von mimischer Muskulatur im Bereich der Wangenknochen und der Muskulatur um das Auge. Dadurch wird ein Strahlen möglich. Wenn wir etwas sehen, was uns wirklich erfreut, dann fangen wir an zu leuchten und zu strahlen. Der Säugling erkennt in der Mimik, in den Augen diese Zugewandtheit, das Interesse. Ist die Mutter glücklich mit dem Kind, dann wirkt das wie ansteckend auf das Kind.

Haarmann: Das Stichwort heißt: ein Gegenüber. Das bedeutet doch, dass die Mutter oder die Bezugsperson auch wirklich präsent sein muss.

Schneider-Kaiser: Ja, das Kind braucht ein Gegenüber, das lebendig ist, das liebevoll zugewandt und auch interessiert ist, das neugierig fragt: »Wer bist du?« Und nicht in der Haltung steckt von »Ich weiß schon, was du brauchst!« Denn wenn ich ohnehin weiß, was der andere braucht, dann bin ich nicht mehr offen für ihn. Ohne diese Neugier ist da keine Kommunikation, sondern Dissonanz, und etwas wird dann bei dem Kind verstummen. Der Säugling ist abhängig. Er braucht Unterstützung, er muss verstanden werden, damit er gut ins Leben kommen kann. Säuglinge fangen sofort an, sich für das Außen zu interessieren. Sie schauen und suchen. Wenn es aber zu arm im Außen ist, das heißt, wenn die Mutter nicht zugewandt ist oder wenn da nicht ausreichend Worte kommen – die Ohren, die wollen schon Laute oder Singsang hören –, ja, dann fangen sie an, sich zurückzuziehen. Der Säugling ist auf die Bezugspersonen ausgerichtet. Er ist in Resonanz mit ihnen. Sind die Eltern im Stress, saugt das Kleinkind diesen Stress auf, so ein Neugeborenes ist ja wie ein Schwamm. Es nimmt alles auf, was gut und auch was nicht gut ist, sein Körper nimmt alles auf.

Haarmann: Also guter Kontakt = guter körperlicher Zustand? Und wenn es keinen guten beruhigenden Kontakt gibt?

Schneider-Kaiser: Dann hat das Kind es schwer, richtig in Ruhe zu kommen, es bleibt in einer Unruhe, ihm fehlt das beruhigende, annehmende, sicherheitsgebende Gegenüber. Es lernt nicht wirklich, sich zu regulieren. Um sich zu regulieren, braucht es jemanden, der freundlich zugewandt ist. Wenn aber niemand in einer wirklich lebendigen Verbindung ist, dann gibt es zwar irgendeinen Kontakt, aber die Verbindung kann nicht von einer ruhigen Dynamik sein, sondern das Kind bleibt in der Habachtstellung. Also in einer Grunderregung oder Überwachsamkeit.

Haarmann: Jetzt haben wir aber Situationen, in denen häufig eben nicht alles gut ist, weil das Leben uns Menschen so viel Schwieriges beschert. Bedeutet das, dass jede Form von Stress vom Kind aufgenommen wird?

Schneider-Kaiser: Absolut. Das Kind ist ja in den ersten neun Monaten total in der Symbiose mit der Mutter verbunden. Es gibt da kein Ich und Du. Jeglichen Stress, den die Mutter hat, wird der Säugling aufnehmen und wir hoffen, dass die Mutter gelernt hat, schnell wieder runterzufahren. Also sowohl der Fötus als auch der Säugling oder das Kleinkind sind zwangsläufig mit einer hohen Erregung und Anspannung der Mutter verbunden.

Haarmann: Das heißt, das Kind ist in gewisser Weise dadurch schon gestresst?

Schneider-Kaiser: Genau. Unser Nervensystem braucht ein anderes Nervensystem, das Ruhe hat. Und viele Menschen können eben nicht runterfahren, sie haben es nicht gelernt und suchen deshalb nicht den Kontakt. Das fällt vielleicht gar nicht so auf, denn die Überlebensmöglichkeiten haben wir, wir lernen zu funktionieren. Es gibt so viele Menschen, die haben gelernt, zu funktionieren. Aber der Stress, der im Körper zurückbleibt, der ist wirklich nicht zu unterschätzen.

Haarmann: Was passiert, wenn das Kind eine Mutter hat, die nicht diese leuchtenden Augen hat, die nicht neugierig auf das Kind ist, sondern die mit sich selbst beschäftigt ist? Vielleicht hat sie mit ihrem Mann Streit oder sie ist unzufrieden, traurig oder überdreht oder hat Angst: Das wird sofort von dem Kind aufgenommen?

Schneider-Kaiser: Das Kind bleibt im inneren Stress. Es kann nicht wirklich in Ruhe kommen. Es ist ja angelegt, dass es in den Kontakt gehen möchte. Es kann sein, dass es in einer hohen Erregung bleibt. Es kann auch sein, dass es in einen Zustand von Abgeben, Aufgeben oder Erstarrung gerät. Wenn wir von einer Mutter ausgehen, die ein Problem hat, die in Sorge ist, dann hat sie eben sorgenvolle Augen. Das Kind sieht: »Da ist nichts für mich da!« Und wenn niemand da ist, dann wendet es sich ab. Die Zuwendung kann nicht stattfinden.

Haarmann: Also das geht in Richtung Unruhe und Angst?

Schneider-Kaiser: Es ist Unruhe! Angst empfindet dieser kleine Säugling noch nicht. Also er sucht und findet keinen Kontakt, sieht da nichts beim Gegenüber und das beunruhigt das Kind. Und wenn dieser Zustand zu unerträglich wird, haben wir biologisch die Möglichkeit, in Erstarrung zu gehen. Das ist, was wir »gefroren sein« nennen. Dieses innerliche Einfrieren ist eine Schutzreaktion. Wenn die Mutter über längere Zeit nicht zur Verfügung steht – das kann zum Beispiel bei einer depressiven Mutter so sein oder einer Mutter, die den Kontakt wirklich vermeidet –, dann ist die soziale Kontaktaufnahme auf Dauer gestört, dann fällt das Kind wie in sich hinein, es zieht sich ganz zurück. Diese Kinder wirken im Außen sehr ruhig. Sie lernen, zu funktionieren. Diese Babys sind mehr mit sich beschäftigt. Sie sind mehr mit sich und mehr im Kopf. Das können dann später oft brillante Köpfe sein, hochintelligent und analytisch.

Haarmann: Porges sagt, und das finde ich wirklich beeindruckend: »Menschen, die sich in der Interaktion mit anderen Menschen nicht regulieren können, suchen sich Objekte, um sich selbst zu beruhigen, oder sie gehen in eine Art Scheinwelt.«[31]

Schneider-Kaiser: Ja, sie werden sich mit Fernsehen, Computer, Spielen, Lesen und anderen Sachen beruhigen. Viele finden in der Natur ein Gegenüber, aber sie sind in sich zurückgezogen – Kontakt macht ihnen eher Angst.

Haarmann: Jetzt schreibe ich ja über Kontaktabbruch. Und meine Annahme ist eben: Der Kontaktabbruch findet nicht im Heute statt, sondern er hat eine sehr lange Geschichte. Einer der Hauptvorwürfe von Kindern an ihre Eltern und an ihre Mütter ist ja: »Du warst nie für mich da.« Während die Mutter denkt: »Ich war doch immer da.«

Schneider-Kaiser: Und da sind wir wieder bei dem Zuwenden. Die Mutter, sie ist da, aber die Augen gehen schon irgendwo anders hin. Und das Kind spürt: »Ach, meine Mutter denkt schon wieder darüber nach, was sie nachher tun möchte.« Die Mutter ist also nur physisch anwesend. Und das Kind kriegt es genau mit.

Haarmann: Und da haben wir das generelle Missverständnis. Das Kind sagt: »Du warst nie für mich da, ich habe mich alleingelassen gefühlt …«

Schneider-Kaiser: Ganz genau, und die Mutter kann es nicht verstehen. Ja, so läuft das. Leider entsteht so bei dem Kind eine Grundaufgeregtheit. Wenn dieser Zustand über einen längeren

---

31 Porges, Stephen, Vortrag 2012.

Zeitraum bleibt, wenn es nicht richtig wahrgenommen wird, dann geht das kleine Kind in eine Dissoziation. Der Körper geht in einen Modus von: »Ich spür das nicht, dass ich mich so alleingelassen fühle, weil es so wehtut ..., ich bin gar nicht wirklich da.« Und es baut sich dann diese »Scheinwelten« auf, zieht sich in seine eigene Welt zurück. Oder es sucht sich auch einfach eine andere Person. Es geht zu jemandem, bei dem es Zuwendung bekommt.

Haarmann: Lass uns noch mal zu den Augen kommen. Eine Frau, über die ich schreibe, berichtet, dass sie Angst vor dem Blick der Mutter hat, nicht, weil der Blick bedrohlich ist, sondern weil der Blick so traurig ist.

Schneider-Kaiser: Wenn wir uns das vorstellen, eine Mutter, die nur einen traurigen Blick hat! Ein Kind möchte ja gern, dass die Mutter sich darüber freut, dass es lebt. Es ist aber so, als existiere es gar nicht, wenn die Mutter nur traurig ist. Es ist ein Gefühl von: »Ich bin gar nicht da für sie, sie ist wer weiß wo....« Was machen Kinder alles, damit sie die traurigen Augen vielleicht ein bisschen in Freude bringen können! »Ich tue alles für dich, nur, damit du mir mal zulächelst.« Mit den traurigen Augen ist das »Ich sehe dich« gar nicht existent – und das macht natürlich Angst. Das macht Unruhe. Jeder warme Blick, mit dem wir angeschaut werden, beruhigt unser Herz und wir spüren, dass wir da sind. Und ein Kind, das eine Mutter hat, die immer traurig schaut, kann nicht wirklich in eine Öffnung gehen. Damit meine ich: Das Herz, der ganze Brustkorb, die Arme wollen auf sie zu. Wenn man sich vorstellt, ein Kind will zur Mutter hin, kann es aber nicht, weil die Mutter nur traurig, unwillig oder abweisend schaut oder weil sie total überfordert und nur mit sich beschäftigt ist, dann wird es sich emotional und körperlich zurückziehen.

Haarmann: Das Kind bekommt nicht das, was es braucht. Entsteht da das Gefühl von Mangel?

Schneider-Kaiser: Wir könnten sagen, es ist objektiv ein Mangel da. Aber das Kind kann es ja nicht als Mangel definieren, es ist das, was es erlebt. Das sind die Menschen, die sagen: »Mir fehlt nichts. Es ist alles gut. Es ist alles in Ordnung ...«

Haarmann: »... wir sind eine ganz normale Familie, es ist doch alles gut.« Aber dann machen sie als Erwachsene die Erfahrung: »Doch, es gibt etwas anderes. Das erlebe ich mit meinem Mann oder meinem Freund oder mit einer Freundin oder wem auch immer.« Und dann erst werden sie sich dessen gewahr, was früher gefehlt hat.

Schneider-Kaiser: Dann kann ich erst wahrnehmen, dass ein Mangel an warmem Kontakt, an wirklicher Bindung und Verbindung da war.

Haarmann: Und dann tauchen Formulierungen auf wie: »Du hast mich nicht geliebt. Du hast mich nicht gehört. Du hast mich nicht gesehen. Und ich bekomme das heute immer noch nicht von dir. Und deshalb gehe ich jetzt, weil ich das nicht mehr aushalten kann.«

Schneider-Kaiser: Ja. Wenn ein erwachsenes Kind das zur Mutter sagen kann, dann ist es schon sehr weit. Ob die Mutter das Kind hören kann, ist eine andere Sache.

Haarmann: Gehen wir einen Schritt weiter. Kann es auch sein, dass das Kind sich an die Gemütsverfassung der Mutter oder auch des Vaters anpasst?

Schneider-Kaiser: Ein Kind kommt eigentlich auf die Welt, damit es ihm gut geht, es ist dazu angelegt, sich alles zu holen, was nährend ist. Aber es wird, wenn die Mutter beispielsweise niedergedrückt oder dauergestresst ist und ihm nichts geben kann, auch ein Stück niedergedrückt oder gestresst sein. Zum einen, weil es natürlich die Lebendigkeit von der Mutter nicht bekommt, zum anderen aber auch, weil es ja nicht allein weitergehen kann und die Mutter nicht verlieren möchte, weil es sie liebt. Und dann passt es sich der Gemütslage der Mutter an: »Wir gehören zusammen.« Und wenn es später groß ist, merkt es vielleicht: »Dieser gedämpfte und gedrückte oder aufgeregte Zustand, das bin ich gar nicht, das will ich gar nicht mehr, das gehört zu ihr!« Wenn ich als Erwachsene anfange, mich da herauszulösen, habe ich gleichzeitig ein Problem: Es kann sich wie ein Verrat an der Mutter anfühlen. Wenn man so ein Muster erkennt und sich daraus lösen will, wird es oft wie eine Treulosigkeit empfunden. Denn das Loslassen des alten Musters bedeutet eben auch: »Wir gehören nicht mehr zusammen!« Es ist nicht leicht, sich aus dieser Identifizierung herauszuarbeiten.

Haarmann: Als würde man subjektiv die Mutter mit ihrer ganzen Problematik zurücklassen, und das kann Schuldgefühle machen?

Schneider-Kaiser: Ja, und von daher ist es so wichtig zu erkennen, dass das ein Identifikationsmuster ist. Es ist »nur« ein Muster. Aber es ist nicht das Eigene, es ist nicht das eigene Sein. Sondern es gehört zur Mutter. Und ich darf trotzdem da sein.

Haarmann: Die Identifikation mit der Mutter war eigentlich eine Notlösung.

Schneider-Kaiser: Und da sehen wir diese Bindung, die wir Menschen mit den Säugetieren teilen. Das Kleine »wackelt« der Mutter hinterher, denn die ist eben zuständig für die Nahrung, sie garantiert das Überleben. Und das Kind braucht die Mutter und tut alles für sie. Das Kind wird, wenn es schlecht behandelt wird, seine Wut nicht zulassen können, weil es in der Abhängigkeit ist.

Haarmann: Es wird die Defizite erst als Erwachsene/r wahrnehmen können, wenn es aus der direkten Abhängigkeit heraus ist.
Schneider-Kaiser: Ganz genau. Und da bleibt trotzdem die hohe Erregung im Nervensystem, die bleibt da, weil das Nervensystem des Erwachsenen noch gar nicht realisiert hat: »Es ist vorüber und ich bin nicht mehr in der alten Bedrängnis.« Das alles gilt natürlich für den gesamten Zeitraum der Kindheit und Jugend. Es kann in einer Familie so vieles passieren. Es kann zum Beispiel sein, dass die Schwangerschaft gut war, die Geburt gut war. Es kann sein, dass das erste Jahr gut war. Dann kommt die Familie in eine Situation, in der existenziell ganz viel im Äußeren wegbricht. Das ist bedrohlich. Bei den Eltern kann das plötzlich so viel Angst auslösen, dass sie gar nicht mehr mitbekommen, dass die Kinder ja auch noch da sind. Plötzlich wird der Boden weggezogen. Scheidung, Trennungen, Streit, Unfälle, Todesfälle, ja, es geschieht so viel. Das führt bei allen Beteiligten natürlich zu absoluter Unruhe und Unbeständigkeit und diese äußere Haltlosigkeit wird dann als innere Haltlosigkeit erlebt.
Haarmann: Das heißt, man ist all die Jahre mit der Angst der Mutter oder des Vaters oder irgendeinem anderen zu Hause vorherrschenden Gefühl mitgeschwungen. Und das wirkt auch noch nach 30 Jahren: Du fährst nach Hause zu Besuch, machst die Tür auf und du bist sofort in einer Aufgeregtheit und in dem Gefühl, das du schon Jahrzehnte vorher gespürt hast.
Schneider-Kaiser: Ja, das ist das Resonanzgefühl. Erinnere dich an das, was ich vorhin gesagt habe: Du saugst es als Kind auf wie ein Schwamm. Dem Kind ist die Abgrenzung nicht möglich. Es ist allem ausgeliefert. Es kann keinen eigenen Schutzraum bilden.
Haarmann: Jetzt sagst du gerade etwas sehr Wichtiges: Du kannst dich dagegen gar nicht abgrenzen, sondern du bist mit-

tendrin. Und ich vermute, in manchen Fällen merkt man vielleicht sogar nur instinktiv: »Immer, wenn ich zu Hause bin, gerate ich in etwas hinein – das will ich und kann ich nicht mehr!«, und du vermeidest den Kontakt.

Schneider-Kaiser: Dann brichst du einen Kontakt ab, den du eigentlich möchtest. Aber du musst dich auch schützen. Als Erwachsene/r fängst du an, dir den Schutz zu ermöglichen und aufrechtzuhalten. Du ziehst die Grenze. Das ist nicht leicht, denn »das Kind im Erwachsenen« fühlt sich zu den Eltern hingezogen, aber es ist kein gesunder Kontakt. Der Vorteil des Erwachsenseins ist natürlich: Du fängst an, vieles zu verstehen, weil du ahnst, warum deine Eltern so geworden sind, wie sie sind. Dann kannst du vielleicht sagen: »Ich weiß, ich muss mich schützen, ich kann nur so und so lange mit ihnen sein. Es kann sein, dass mir das nur einen ganz kurzen Moment guttut.« Also du merkst, du kannst deine Eltern nur eine halbe Stunde treffen. Das reicht, damit du in deinem inneren Frieden bleiben kannst. Je mehr du dich im Erwachsenenalter abgrenzen kannst und je stabiler du wirst, desto eher wird sich etwas verändern in der Beziehung. Vielleicht fangen die Eltern dann auch an, sich anders zu verhalten, weil sie irgendwie merken: »Da ist was neu.«

Haarmann: Das ist eben das Tragische: Man gehört zusammen – aber gleichzeitig kann das Gemeinsame nicht gelebt werden. Wenn erwachsene Kinder sagen: »Ich will keinen Kontakt mehr zu meinen Eltern«, sagen sie damit: »Ich kann nicht mehr bleiben, denn wenn ich bleibe, gehe ich unter.«

Schneider-Kaiser: Weil es keine Differenzierung, weil es keinen Respekt gibt, weil es keine Wahrnehmung gibt: »Das bin ich und das bist du.« Wenn ein erwachsenes Kind sagt: »Ich muss gehen, ich gehe unter«, dann hat es ja ein Gegenüber, das gar nicht wahrnimmt, dass da eine eigene Persönlichkeit ist.

Ich glaube, eine der Hauptschwierigkeiten ist dabei die unklare Abgrenzung der Mutter zum Kind. Also: »Das bist du, du bist das Kind. Und das bin ich, ich bin die Mutter.« Das ist eben oft so verwischt. Und dieses Undifferenzierte führt zu Unruhe. Wenn ich aber differenzieren kann: »Das bin ich und das bist du«, dann gibt es eine Grenze. In dem Moment, wo ich mich und meine Eltern wahrnehme und wo auch meine Eltern erkennen, dass ich das bin, dass ich eine eigene Persönlichkeit bin, dann kann ich innehalten, dann bin ich selbstreflektiert, kann unabhängig für mich sorgen, mich selbst regulieren, denn wir sind nicht mehr verwoben.

Haarmann: Eine letzte Frage: Wenn all das in einer Familie vorliegt, wenn es so eine schwierige Bindung gibt: Was könnte man tun? Wie kann man aus deiner Sicht da herauskommen?

Schneider-Kaiser: Indem man sich Unterstützung holt. Indem wahrgenommen und erkannt wird, dass Unterstützung möglich ist und dass das nicht bedeutet, dass irgendetwas falsch ist. »Falsch« hat mit Bewertung zu tun. Und immer wenn eine Bewertung abgegeben wird, zieht sich etwas in uns zurück. Sich Unterstützung holen, das ist nach außen gerichtet, dann möchte sich etwas verbinden und das ist das Naturprinzip, über das wir gesprochen haben. Ein Prinzip, das in uns allen ist. Unterstützung heißt: Da ist jemand, der mir hilft, egal was passiert ist. Und alles, was wir nicht besser wussten, darf da sein. Fehlende Unterstützung in der Familie hat nichts damit zu tun, dass jemand etwas falsch gemacht hat. Es bedeutet einfach, dass die Beteiligten nie gelernt haben, Unterstützung zu geben. Und sie wahrscheinlich auch selbst nie erhalten haben. Was wir selber nicht gelernt haben, können wir schwerlich weitergeben, auch wenn wir es noch so sehr wünschen.

Kapitel 9: Mütter oder Väter, die im Mittelpunkt stehen – sogenannte narzisstische Eltern

Susanne Fischers Geschichte

»Was ich bis hierher gelesen habe, ist ja total harmlos. Ich glaube, Sie haben keine Ahnung, was wirklich abgeht! Meine Mutter ist kalt und unbarmherzig. Sie hat mich von morgens bis abends mit ihrem Gejammer beschallt. Ich komme bei ihr nicht vor! Sie sieht in mir bestenfalls eine kostenlose Reinigungskraft. Alles, wirklich alles, dreht sich nur um sie! Ihr Getue und dann wieder ihr Gezeter, ihre Unkontrolliertheit … all das ist für mich ein Grauen. Seit ich mich zurückgezogen habe, leidet natürlich nur sie!«

So könnte der Kommentar einer Leserin, eines Lesers mit einer speziellen Elternproblematik klingen. Und tatsächlich gibt es Eltern, die sich sehr, sehr problematisch verhalten. Einmal fühlen sie sich großartig, dann wieder klein und schwach. Sie sind nicht einschätzbar, oft launisch. Sie kreisen ständig um sich selbst und bekommen deshalb nichts von dem mit, was die Menschen aus ihrem nahen Umfeld betrifft. Es scheint, als würden sie den Geschmack von aufrichtiger Liebe kaum kennen. Bevor ich die Hintergründe dieser Familienbeziehungen näher analysiere, hier zuerst ein biografischer Bericht, der das Thema sehr deutlich macht.

Susanne Fischer, 49 Jahre alt, bin ich ausgesprochen dankbar, dass sie so offen von sich und ihrer Kindheit spricht. Ihre Geschichte zeigt die ganze Tragweite der Erfahrung, mit einer vollkommen selbstbezogenen Mutter groß zu werden. Susanne Fischer ist heute selbst Mutter von vier Kindern und arbeitet nach einer notwendigen Kinderpause im Gesundheitsbereich. Sie lebt glücklich mit Mann und Familie am Niederrhein. Und das ist in ihrem Fall in der Tat ein großes Glück.

Vor der Eiszeit war die Kälte

»Die Sehnsucht, die habe ich noch immer! Und ich träume manchmal von einer Frauengestalt, sie hat zwar kein Gesicht, aber ich sitze mit ihr auf dem Sofa. Sie hält mich in ihrem Arm und wir gucken einfach in den Kamin und sagen gar nichts. Es kommen immer wieder diese Träume in mir hoch. Ich glaube, die Sehnsucht nach dieser mütterlichen Nähe und Geborgenheit stirbt nie, das geht nie weg.

Die Beziehung zu meiner Mutter war in den letzten 30 Jahren ein Auf und Ab. Teilweise lag unser Kontakt über Jahre auf Eis und dann ging es wieder für längere Zeit ein bisschen. Der richtig große Bruch, der dauerte sechs Jahre. Ich will vorausschicken: Im Außen sah es bei uns wohlgeordnet und perfekt aus. eine normale Kleinfamilie. Ich habe keine Geschwister. Mein Vater war berufstätig und meine Mutter auch.

Meine Mutter hat mich versorgt. Also Nahrung war da, Kleidung war da, ein Dach über dem Kopf war da. Aber das war es dann auch. Keine Wärme, keine Liebe, kein Vertrauen, kein Zuspruch, kein Trost, nichts von dem, was ein Kind eben so braucht. Was da war, war eine Eiseskälte. Schon als kleines Kind wurde ich knallhart zur Selbstständigkeit erzogen. Es musste alles nach ihrem Plan laufen. Sie diktierte, und da durfte ich auch nicht von abweichen, sonst bekam ich meinen ›Denkzettel‹. Ich hatte Angst vor ihr, wirklich Angst. Sie war sehr, sehr stark. Und eh ich mich versah, machte sie die Küchenschublade auf, holte den Kochlöffel raus und dann gab es ein paar … Sie war sehr launisch. Mal ist sie bei einer Kleinigkeit explodiert und mal ging es. Es war nicht vorhersehbar. Man wusste nicht, was für eine Laune hat sie gerade heute. Hatte sie schlechte Laune, war man gefährdet. Hatte sie gute Laune, dann war sie nicht ganz so laut und es gab keine Schläge. Trotzdem war immer diese Eiseskälte anwesend, diese Gefühlskälte stand immer auf der Tagesordnung.

Als ich in die Schule kam, war ich ein Schlüsselkind. Mittags, wenn ich nach Hause kam, hatte ich oft Hunger. Es war aber nichts vorbereitet. Manchmal habe ich mir selber was zu essen gemacht – hab mir ein Butterbrot geschmiert oder mal versucht, einen Pfannkuchen zu backen. Schon das war eine Katastrophe. Das hat dann wieder einen Riesenärger gegeben, denn wenn sie nach Hause kam und registrierte, dass ›ihre‹ Küche benutzt aussah – die Küche war eher was für einen Katalog –, dann flippte sie aus. In ihrer Küche durfte man eigentlich gar nichts machen. Ich hab natürlich versucht, alles zu vertuschen und so sauber zu machen, dass es möglichst nicht auffällt. Aber sie hat es irgendwie immer rausgekriegt. Eben, weil alles pedantisch an seinem Platz sein musste. Also hab ich mir nichts mehr zu essen gemacht. Später hat sie in einem Altersheim gearbeitet und von dort Essen mitgebracht. Wenn mein Vater abends von der Arbeit kam, wurde das aufgewärmt. Das war dann die warme Hauptmahlzeit. Also mehr oder weniger Schonkost. Mein Vater und ich, wir waren essenstechnisch unkompliziert. Wir haben alles gegessen und noch nicht mal gemeckert.

Mein Kinderzimmer war nach ihrem Stil und ihrem Geschmack eingerichtet, nicht nach meinem. Ich wurde gar nicht gefragt: ›Was möchtest du für eine Farbe, für ein Bett, für einen Schreibtisch?‹ Es wurde einfach nach ihren Vorstellungen eingerichtet. Das ging so weit, dass sie bestimmte, wo die Stifte, die Bücher oder die Deko oder was auch immer zu stehen hatten. Ich durfte in meinem Zimmer nichts verstellen. Wenn ich es doch tat, dann kam sie und hat alles wieder ›richtig‹ hingestellt.

Mein Vater, der machte sein Ding. Sein Job war ihm wichtig und dass die Familie ernährt wird. Also, der hat sich da nicht groß eingemischt. Der hat das auch nicht so wirklich mitbekommen. Ich habe ja nie was gesagt. Hab mich nicht getraut. Und meine Mutter hat natürlich immer, wenn er dann nach Hause kam, gesagt: ›Deine Tochter hat heute dieses und jenes gemacht und keine Eins nach Hause gebracht.‹ Gute Noten nach Hause bringen, das war ganz wichtig, damit konnte sie angeben, was für ein tolles Kind sie hat. Ich war auch eine gute Schülerin. Gut, es gab vielleicht mal eine Drei. Aber dann gab es auch Ärger. Sie wurde in solchen Fällen nicht mal unbedingt laut, sondern sie bestrafte mich auf andere Weise: Sie sprach nicht mehr mit mir. Es gab Phasen, in denen sie – ich weiß es nicht mehr genau, aber so aus dem Gefühl heraus – Wochen nicht mit mir gesprochen hat. Dann habe ich Zettelchen geschrieben: ›Mama, sprich doch bitte wieder mit mir.‹

Ich glaube, dass sie auch eifersüchtig war, denn mein Vater hat mich oft auf den Schoß genommen, ich hatte ja Gott sei Dank ihn – und ich könnte mir vorstellen, dass sie das beobachtet und gedacht hat: ›Ja, und mit mir nicht!‹ Die beiden haben sich ja auch nie wirklich verstanden.

Letztens habe ich mich noch gefragt: ›Damals muss doch auch was Schönes gewesen sein?!‹ Gab es aber nicht. Meine Mutter hat wirklich Humor, die kann Menschen zum Lachen bringen, nur unter uns beiden gab es das nicht. Lachen, das konnte sie mit anderen Leuten. Das fand ich immer so paradox. Mit anderen war sie so lustig, da konnte sie richtig auf dem Tisch tanzen und einen Saal unterhalten und zu Hause, wusch, wieder das lange Gesicht.

Mit meinem Vater lachte sie auch nicht. Aber sobald sie dann die Haustüre von außen zumachte, gab es auf der Straße mit Nachbarn ein lustiges Pläuschchen hier und ein Pläuschchen da. Ich glaube, da hat es angefangen, dass ich dachte: ›Warum ist sie nicht bei mir so? Das liegt sicher an mir, mit mir stimmt doch was nicht! Also bin ich schuld, dass sie zu Hause so schrecklich ist.‹ Das Resultat war: Ich wurde noch kleiner und ein ganz liebes, ruhiges Mäuschen, total unsicher. Ich wollte möglichst nicht auffallen.

Dann, von einem Tag zum anderen, haben sich meine Eltern getrennt, beziehungsweise meine Mutter trennte sich. Sie hat tatsächlich zu meinem Vater gesagt: ›Geh! – Und eines ist klar: Deine Tochter übernehme ich nicht!‹ Das werde ich nie vergessen, das brennt sich ein. Sie ist eben eine Egomanin, es geht immer nur um sie, was ihr in den Sinn kam, was sie wollte, das war Gebot. In der Formulierung ›deine Tochter‹ liegt doch die Botschaft: ›Deine Tochter ist nicht meine Tochter.‹ So war das ja immer: ›Deine Tochter hat heute eine Drei nach Hause gebracht‹ oder ›Deine Tochter ist aus der Schule gekommen und hatte ein Loch in der Strumpfhose.‹ Ich durfte mich ja nicht schmutzig machen, denn das waren nicht meine eigenen Sachen, es waren ja ihre Sachen, die sie ausgesucht hat. Sie legte sie auch morgens hin zur Schule – und da gab es auch keine Diskussionen!

Als ich mit meinem Vater ausgezogen bin, da war ich 14. Wir sind an das andere Ende der Straße gezogen. Das war schon eine sehr, sehr schwierige Zeit für mich. Mein Vater litt heftig, denn meine Mutter hatte ihn verlassen. Er wollte das gar nicht. Er war wie vor den Kopf geschlagen: ›Wie? Was ist denn jetzt los? Scheidung?‹ Und das hat mir sehr wehgetan. Schwierig war besonders die erste Zeit, wenn er nach der Arbeit – wir wohnten schräg gegenüber von so einer Kneipe – für ein bis mehrere Bierchen hängen blieb. Ich bin manchmal nachts angerufen worden von der Frau aus der Kneipe: ›Dein Vater, der ist hier eingeschlafen, kannst du den eben holen kommen?‹ Das waren Situationen! Am anderen Morgen musste ich ja wieder in die Schule und ich hatte auch den Anspruch, das sehr gut zu machen. Also habe ich den Haushalt geführt, gelernt und mich um Papa gekümmert. Total überfordernd. Es hat sich dann gelegt, nachdem er sich irgendwie gefangen hatte, und er war alles in allem auch gut mit mir.

In dieser Zeit hatte ich so gut wie keinen Kontakt zu meiner Mutter. Allerdings wohnten wir in der gleichen Straße. Da sah man sich manchmal zwangsläufig aus der Entfernung oder wir sind in dem Tante-Emma-Laden aneinander vorbeigegangen. Da gab es dann bestenfalls ein kurzes ›Hallo‹. Etwas mehr Kontakt hatten wir, als ich 18 wurde und meinen Führerschein machte. Sie hatte einen Käfer und meinte dann großmütig: ›Also, wenn du mal ein Auto brauchst, das steht bei mir hier vor der Tür.‹ Das war komisch, sehr komisch. ›Pass auf‹, habe ich gedacht, ›da steckt was dahinter.‹ Mit ihr war ich immer in einer Habachtstellung. Und das war auch angebracht. Immer wenn sie keinen Mann hatte, rief sie mich an, dann ging es ihr nicht gut. Ich solle mich um sie kümmern, sie habe ja niemanden. Was macht man denn, wenn die Mutter anruft und ganz jämmerlich klingt: ›Ach, mir geht es so schlecht!‹? Ich dachte am Anfang: ›Um Gottes Willen‹ und bin mit wehenden Fahnen zu ihr hin. Das ist einige Male passiert. Irgendwann habe ich gesagt: ›Mama, ich rufe den Krankenwagen an. Ich komme jetzt nicht. Der Arzt kann sich dann um dich kümmern.‹ Da war sie dann plötzlich wieder ganz klar und hat gesagt: ›Nein, nein, mach das nicht, mach das nicht, es wird schon gehen.‹

Als ich 23 war, da wurde mein erstes Kind, meine Tochter, geboren, und ab da wurde der Kontakt wieder etwas enger. Ihr Enkelkind war dann wichtig – ich nicht. Meine Mutter, die mit mir so rigide, ordnungs- und sauberkeitsfanatisch umging, war mit den Enkeln ganz locker. Sie war und ist wirklich eine richtig gute Oma. Ich weiß noch: Als ich das erste Mal meine Tochter bei ihr abgeholt habe, da sah ich das ganze Spielzeug rumliegen und Krümel auf dem Fußboden und habe schnell alles weggemacht. Und was passierte? Da sagte sie doch: ›Was machst du denn? Lass das, ist doch ein Kind, das ist schon in Ordnung.‹ Wie kann das sein? Ich habe gedacht: ›Ich bin im falschen Film, was ist denn jetzt hier los?‹ Bei mir war sie so dominant, das hatte ja schon sadistische Züge, sie hat ja jeden Atemzug von mir beherrscht und dann …

Sehr erstaunlich! Damals kam mir der Gedanke: ›Mama, wieso hast du mir das nicht geben können?‹ Auch wenn sie mit meinen Kindern nett war – ich war ihr gegenüber weiterhin vollkommen zu. Ich habe früh gelernt, meine Gefühle ganz herunterzufahren. Ihr gegenüber war ich in einem Kältezustand, tiefgefroren. Das war mein Schutz, denn für mich war klar: ›Du, liebe Mama, kommst nie mehr an mich heran!‹ Ich hätte keinerlei Nähe von ihr zugelassen, aber dieses Bedürfnis hat sie auch nie ausgestrahlt, jedenfalls nicht mir gegenüber.

Vielleicht ist noch interessant, dass früher meine Beziehungen mit Männern sehr schwierig waren. Mit einem war ich lange zusammen: Er war ein Mann, der mir im Außen alles bot, was man sich erträumt. Aber er hat mich total ausgenutzt. Ich war auch nur ein Objekt für ihn. Es ging nicht um mich, sondern um ihn – in jeder Beziehung. Nur seine Bedürfnisse zählten. Das gleiche Muster wie mit meiner Mutter. Ich bin als Mensch von diesem Mann nicht wirklich geliebt worden, sondern ich war eher Staffage – für ihn da. Dann kam die Zeit, als ich meinen jetzigen Mann kennenlernte. Ich hatte das Riesenglück, diesen Mann zu finden, mit ihm bin ich jetzt schon 20 Jahre verheiratet. Ich weiß noch: Ich wollte meine Mutter an meinem Glück mit teilhaben lassen.

Irgendwie kam wieder so eine Sehnsucht in mir hoch. Diese Sehnsucht ist ja ein Leben lang da, immer wieder. Die geht auch nie weg, die Sehnsucht nach einer Mutter, die stolz auf einen ist, die einen sieht und einen liebt.

Auf jeden Fall habe ich sie dann angerufen und ihr gesagt: ›Ich habe da einen tollen Mann kennengelernt.‹ Und er hat uns zum Essen eingeladen, damit man sich kennenlernt. Da kommt sie dann so was von gestylt hin, so aufgetakelt, dass ich mich fremdgeschämt habe. Das erinnerte mich an früher. Als ich eine junge Frau war, da hat sie sich dann bei meinen Freunden so präsentiert, so im Sinne von: ›Ihr habt euch zwar jetzt in meine Tochter verguckt, aber ich bin auch noch da.‹ Sie war immer auffällig gekleidet, hat sich immer irgendwas einfallen lassen, damit die Leute gucken. Aber das Highlight war unsere Hochzeit. Am Abend, wir saßen noch im engsten Kreis in unserem Haus zusammen, da war meine Mutter plötzlich verschwunden. Auf einmal kommt sie die Treppe herunter. Und was denken Sie, was sie anhatte? Ein weißes Kleid mit Spitze und Schößchen, wie ein Hochzeitskleid.

Mein Mann guckte da nur hin, lachte und sagte: ›Da kommt jetzt die eigentliche Braut die Treppe herunter.‹ Das verschlägt einem echt die Sprache. Ich war da schon schwanger und konnte mir das noch nicht mal schöntrinken. Ich hätte so gerne ein Glas getrunken, um das irgendwie auszuhalten. So was kriegt sie nicht mit. Da hat sie überhaupt kein Feeling, total egomanisch.

So ist mein ganzes Leben mit ihr eine Aneinanderreihung von Grobheiten und Verletzungen gewesen. Als mein Sohn geboren wurde – er kam schwerstbehindert zur Welt –, hat sie mir am Telefon gesagt: ›Ja, wie kann das denn sein? Dann hast du mit Sicherheit in der Schwangerschaft irgendwas falsch gemacht.‹ Peng! Ich konnte nur sagen: ›Ja, Mama, alles klar‹, und habe aufgelegt. Und dann war auch erst mal wieder Funkstille.

Mein Mann war dann derjenige, der vor Weihnachten sagte: ›Ruf doch mal deine Mutter an.‹ Habe ich auch gemacht, aber wir tauschten in diesen Telefonaten nur ganz knappe, kurze Sätze aus. Von ihrer Seite kam auch nicht wirklich was. Ich war bei diesen knappen Gesprächen ziemlich aufgewühlt. Denn sie hatte so ein Jammerniveau: ›Mir geht es schlecht und ich habe Depressionen und ich muss das einnehmen und dieses einnehmen …‹ Sie hat immer auf die Tränendrüse und auf die Krankheitsdrüse gedrückt. Das wollte ich aber gar nicht hören. Ich hätte mir so gewünscht, dass sie sagt: ›Schön Kind, dass du anrufst. Ich freue mich darüber.‹ Wenn da ein bisschen, nur ein bisschen Wärme und Herz herübergekommen wäre, wäre ich diejenige gewesen, die gesagt hätte: ›Komm, ich hole dich ab, komm zu uns an Weihnachten.‹ Aber das kam nie. Nie, nie, nie.

In all den Jahren des Auf und Ab hat sie manchmal auf die Kinder aufgepasst – bis es dann zu dem massiven Eklat kam. Sie kümmerte sich dann meist um unseren kranken Sohn und das machte sie wirklich toll, denn das war nicht einfach, als er älter wurde. Es ging oberflächlich um etwas ganz Profanes, eigentlich war es nebensächlich, es ging um die Entsorgung der Windeln. Sie hatte es mehrmals vergessen. Und es stank natürlich in dem Zimmer. Ich sagte erst noch: ›Ja, kann mal passieren, ist ja nicht so schlimm.‹ Und dann hat sie es tatsächlich an einem Tag ein drittes Mal geschafft! Wir waren abends weg und das Allererste, was wir taten, wenn wir nach Hause kamen, war, nach dem Kind zu sehen. Ich mache die Zimmertür auf und dann kam uns wieder so eine Wolke entgegen. Das war für mich der Gipfel. Ich war in der Nacht völlig aufgelöst. Ich war außer mir. Sie war doch diejenige, die mich gedrillt hat, alles perfekt zu machen, kein Staubkorn war bei uns früher zu sehen, sie hat mich damit als Kind malträtiert und fertiggemacht und auf einmal war von dem Sauberkeitswahn nichts mehr zu spüren! In unserem Haus dann diese Nachlässigkeit! Ich denke, das war in diesem Moment für mich zu viel. Die ganze Qual meiner Kindheit ist da wieder hochgekommen, ich wollte sie nicht mehr sehen und wir hatten danach sechs Jahre keinen Kontakt mehr.

Selbst als unser Sohn starb, habe ich ihr das zwar mitgeteilt, aber auch direkt gesagt, dass ich sie bei der Beerdigung nicht dabeihaben wollte, dass wir das ganz unter uns machen wollten. Denn das war das Letzte, was ich wollte: dass sie dort eine Show abzieht. Das konnte sie eben gut, theatralisch sein und dramatisch – für eine Bühne geeignet.

Früher war ich diese kleine Maus, ich hätte mich nie getraut, ihr deutlich zu sagen: ›So nicht mehr, Mama!‹ Ich habe alles über mich ergehen lassen, war wie gelähmt und habe mich so wertlos gefühlt, unsicher und ängstlich, absolut ohne Selbstbewusstsein. Erst mit Hilfe einer jahrelangen Therapie und mit innerer Befreiungsarbeit – und glauben Sie mir, das war manchmal ein Gang durch Angst und dunkelste Gefühle – habe ich mir meine Selbstachtung und meinen Selbstwert zurückgeholt. Auch durch den Rückhalt meiner eigenen Familie, durch meinen Mann, der mir viel Sicherheit und Halt gibt, konnte ich sagen: ›Jetzt ist Schluss, du kannst mir nichts mehr antun.‹ Da war ich Anfang 40. Ich konnte da endlich meine Grenzen deutlich machen: ›Nein, ich lasse mich nicht mehr von dir verletzen! Du sitzt jetzt nicht mehr am längeren Hebel.‹ Ich bin da endlich aus dem wehrlosen Kind herausgekommen. Ich meine, das war ja schon spät genug.

Und aus dieser Distanz, dieser neuen Selbstsicherheit heraus fing langsam eine Veränderung in dem Verhältnis zu meiner Mutter an. Da konnte ich mich erstmals fragen: ›Wie ist sie so geworden?‹ Es will doch keine Mutter ihrem Kind schaden. Sie muss ja durch irgendetwas in Ihrem Leben so geworden sein. Was ist passiert, dass sie nicht in der Lage ist, Liebe zu geben und Liebe zu empfangen? Durch diese Fragen hat sich etwas verändert, ein kleiner Schalter ist da umgelegt worden. Ich glaube, sie hat sehr viel Strenge und keine Liebe bekommen. Und ich glaube, dass da schlimme Dinge in ihrer Familie passiert sind, mehr will ich gar nicht sagen. Aber auch bei meiner Mutter hat sich etwas verändert. In der Zeit rief meine Lieblingstante mich mal an, sie versuchte zu vermitteln. Aber da habe ich ihr ganz deutlich gesagt, wie meine Haltung zu meiner Mutter ist und vor allem, was ich als Kind erlebt habe. Das war das erste Mal, dass ich das vor ihr ausgesprochen habe. Früher hat das niemand mitbekommen, wie es bei uns zu Hause war. Der Albtraum hatte keine Worte und wem hätte ich das als Kind erzählen sollen? Meine Tante war schockiert. Sie hat es mir nie gesagt, aber ich gehe mal davon aus, dass sie dann mit meiner Mutter gesprochen hat.

All die Jahre hatte meine Mutter im Grunde die Haltung: ›Dann bleib eben, wo der Pfeffer wächst.‹ Aber mit Hilfe meiner Tante konnte sie wohl einiges verstehen. Und dann hat sie sich tatsächlich am Telefon bei mir entschuldigt – für alles, was sie mir angetan hat! Wortwörtlich: ›Für alles, was ich dir angetan habe!‹ Puh! Erst habe ich gedacht: ›Mein Gott, das sagst du doch jetzt nur so.‹ Aber dann habe ich gefühlt, dass sie es nicht nur so sagte, sondern dass sie es auch so meinte. Spontan habe ich geantwortet: ›Das muss ich erst mal verarbeiten.‹ Denn in dem Moment habe ich nicht gedacht: ›Ah, jetzt ist alles gut. Wunderbar, mit einem Satz ist die Welt wieder in Ordnung!‹ Aber ich hätte nie, nie gedacht, dass sie das sagen kann: ›Für alles, was ich dir angetan habe!‹ Dieser Satz sagt ja alles. Danach ist so langsam eine Riesenlast von mir gefallen, eine Schuldlast. Ich habe mich ja früher immer schuldig gefühlt an allem. ›Hallo, ich bin ja gar nicht schuld! Wenn sie sich jetzt entschuldigt für alles, was sie mir angetan hat, dann bin ich ja gar nicht so verkehrt!‹

Heute laufen unsere Gespräche anders als früher. Sobald sie mitbekommt, dass ich es bin am Telefon, dann sagt sie jetzt wirklich: ›Hallo Kind, wie geht es dir?‹ Früher hieß es ja immer: ›Mir ist nicht gut …‹ – und dann war sie direkt in dieser Leidensschiene. Das hat sie jetzt gar nicht mehr. Man spürt das sofort, dass sie sich freut. Wir können sogar zusammen lachen.

Es ist aber bei aller Entwicklung nicht so, als hätte ich eine neue Mutter. Nein, in weiten Teilen ist sie noch die alte. Letztes Jahr hatte ich eine Operation, es ging mir wirklich schlecht, und ich hätte mir dieses Umsorgen gewünscht, dass sie sich mal um mich kümmert. Habe gedacht: ›Mein Gott, das könnte doch jetzt jeder. Warum kannst du das nicht?‹ Meine Haushaltshilfe hat mir eine Hühnersuppe gekocht, nicht meine Mutter.

Es gibt auch nach wie vor keinen Körperkontakt zwischen uns. Ich hatte früher eine Hemmschwelle und habe sie noch immer. Ich befürchte, dass die Nähe nicht echt ist. Deshalb lasse ich es aus Angst lieber gar nicht zu, denn da könnte noch mal deutlich werden, dass sie mich nicht wirklich liebt. Wenn ich das fühlen müsste, dass sie mich nicht wirklich liebt … das geht nicht, das ist mehr als frustrierend. Es gibt die Angst vor einer neuen Enttäuschung. Klar, wenn wir uns begrüßen, dann wird sich mal kurz in den Arm genommen, aber das ist kein gutes Gefühl, kein heimisches Gefühl. Da kommt wieder dieses – Aufpassen. Es ist auch fremd. Das kenne ich nicht.

Dennoch – da ist seit der Entschuldigung etwas gewachsen. Ich beginne jetzt schon fast, ein Umsorgungsgefühl für sie zu entwickeln. Das habe ich bei einem Familienfest gemerkt. Sie ist halt nicht mehr so fit und ihre linke Hand zittert heftig, das ist wohl nervlich bedingt. Auf diesem Fest hat sie sich so langsam an mich herangetastet und plötzlich saß sie neben mir. Ich habe sie gefragt: ›Soll ich dir was zu essen holen?‹ Habe ihr dann auch alles wegen des Zitterns klein geschnitten und wir haben eine ganze Weile nebeneinander gesessen und das war ganz, ganz normal. Meine Mutter ist nicht mehr bedrohlich für mich, absolut nicht mehr.«

Grandios und immer im Zentrum

Susanne Fischer berichtet von einer speziellen Problematik. Was sie schildert, kommt in Familien nicht so häufig vor, aber es ist ganz sicher auch kein Ausnahmefall. Manchmal gibt es auch Vermischungen mit anderen Bindungsproblematiken, doch hier geht es um den sogenannten Narzissmus.

Klären wir erst einmal den Begriff: Meist wird die narzisstische, eigennützige Haltung im Zusammenhang mit unserer auf Leistung, Geld und Macht orientierten Gesellschaft genannt. Man sieht Persönlichkeiten vor sich, die profilierungssüchtig sind und auf ihren eigenen Vorteil bedacht, Menschen, die sich gegen alle Widerstände durchsetzen. Mithilfe von öffentlichem Ansehen, teurer Kleidung, Schmuck, Autos oder Reisen zeigen sie, wie super gut sie sind. Aber man ahnt auch, dass hinter dieser Großartigkeit, diesem Streben nach Bewunderung noch etwas anderes steckt.

In Familien wie der von Susanne Fischer geht es um den gegenüberliegenden Pol: um einen Mangel an Selbstsicherheit und Selbstwert. Das ist der Kern der narzisstischen Problematik. Susannes Mutter gehört zu den Menschen mit einem grundlegenden Selbstwertproblem, das verschiedene Ausprägungen haben kann. Es beginnt mit einem fragilen Selbstbild und endet unter Umständen bei massiven und sogar krankmachenden Zweifeln, was den eigenen Wert betrifft. Das Gefühl, keinen Wert zu haben, versuchen die betroffenen Personen offensiv durch Großartigkeit zu kompensieren. Sowohl in ihrer Fantasie als auch in ihrem Verhalten suchen sie nach Bewunderung. Erhalten sie diese nicht, dann rutschen sie zurück in die Selbstabwertung. Mal überschätzen sie sich, fühlen sich grandios, dann fallen sie wieder in ein Loch, in dem sie sich klein, labil und schlecht fühlen. Die Kinder erleben sehr stimmungsschwankende Eltern. Befinden sich Vater oder Mutter auf der glanzvollen Seite, sind sie euphorisch und strahlend, befinden sie sich auf der Seite der Selbstabwertung, dann fühlen sie sich leer und pendeln in eine depressive Stimmung. Sie können dann aber auch schnell wütend werden und beleidigend, sind überaus empfindlich und sehr leicht kränkbar. Das vielleicht Wichtigste: Sie haben kein realistisches Gefühl für sich selbst entwickeln können und wenig Zugang zu den eigenen Gefühlen und damit auch zu den Gefühlen anderer.

Das Ringen um Anerkennung

Was ist der Hintergrund eines solchen Verhaltens? Hans-Joachim Maaz sagt im Vorspann zu seinem Buch *Die narzisstische Gesellschaft:* »Der narzisstische Mensch ist im Kern ein um Anerkennung ringender, verunsicherter Mensch.«[32] Und es ist für Psychiater und Therapeuten wie Maaz keine Frage: Dieser endlosen Sehnsucht nach Anerkennung liegt eine tiefe Verletzung zugrunde. Es handelt sich dabei im Kern um einen Mangel an erfahrener Liebe. Es sind Menschen, die als Kinder nicht um ihrer selbst willen geliebt wurden, sondern für eine Funktion oder

32 Maaz, Hans-Joachim: *Die narzisstische Gesellschaft. Ein Psychogramm.* München: Verlag C.H. Beck 2013.

Leistung; die die Erwartungen der Eltern erfüllen mussten, um überhaupt irgendeine Form von Anerkennung zu bekommen; Menschen, die als Person nicht gewürdigt worden sind, weil es nie wirklich um sie ging; diese Menschen konnten im Laufe ihrer Kindheit und Jugend kaum eine Vorstellung von echter Selbstliebe und Selbstwert, kaum etwas von mitfühlender, anerkennender Liebe entwickeln. Es ist aber auch möglich, dass die Betroffenen als Kinder durch ernste Grenzüberschreitungen, also durch körperlichen oder seelischen Missbrauch, eine Entwertung ihres Selbst erlebt haben, die Zeit ihres Lebens nachhallt. Susanne Fischer deutet an, dass das die Erfahrung ihrer Mutter war. Die Betroffenen leiden unter einem fundamentalen Mangel an Wertschätzung und Daseinsberechtigung, und sie können nicht geben, was ihnen selbst – ihrem Selbst – fehlt.

Da in unserem Sprachgebrauch eine heftige Abwertung mit dem Wort »narzisstisch« verbunden ist, die ich ungern fortsetzen möchte, spreche ich hier von den »sogenannten« narzisstischen Eltern. Diese sogenannten narzisstischen Eltern tragen Verletzungen in sich, die große Narben hinterlassen haben. Sie müssen – und aus ihrer Geschichte heraus haben sie keine andere Wahl – sich selbst ständig aufwerten, immer im Mittelpunkt stehen, weil sie fortwährend Bewunderung mit Liebe verwechseln. Sie meinen, wenn sie Aufmerksamkeit von außen bekommen, dann würden sie geliebt. Ihre zwischenmenschlichen Kontakte sind also darauf ausgerichtet, Beifall und Bestätigung entgegenzunehmen. Ihr Wohlgefühl hängt von der Bestätigung anderer ab. Bekommen sie den Applaus, dann fühlen sie sich großartig. Bekommen sie die Zustimmung nicht, dann fallen sie in Selbstzweifel, in dieses schreckliche Gefühl der Wertlosigkeit. Der Glanz, das Besonderssein ermöglichen es ihnen, sich gut zu fühlen, und verstecken den Schmerz, der darunter liegt.

Auch bei diesem Thema geht es wieder um die generationenübergreifende Weitergabe von Bindungsdefiziten, denn es ist anzunehmen: Diese Eltern reagieren auf ihre Kinder, als seien diese nichts und niemand, weil sie selber als Kinder so behandelt worden sind.

Die Folgen für das Umfeld

Ein solches Verhalten hat natürlich Folgen für das Umfeld, insbesondere für die Kinder. Und das ist es, was im Zusammenhang von Kontaktabbruch relevant ist. Die Frage lautet: Was geschieht im Beziehungsalltag, wenn ein Elternteil eine sogenannte narzisstische Störung zeigt? Angemerkt sei: Diese narzisstische Problematik hat viele Ausprägungen, die hier nicht alle genannt werden können. Es macht natürlich einen Unterschied, ob der Vater die Seite der Grandiosität auslebt oder eine Mutter die Seite des instabilen Selbstwerts. Hier soll nur das Grundthema dieser Familienkonstellation aufgezeigt werden. Wer sich damit tiefer auseinandersetzen mag, dem empfehle ich die Bücher von Bärbel Wardetzki, ganz besonders *Weiblicher Narzissmus: Der Hunger nach Anerkennung*.[33]

Ein Vater, eine Mutter die ihre ganze Kraft darauf verwenden, im Zentrum der Aufmerksamkeit zu stehen, haben eine eingeschränkte Wahrnehmung für das, was außerhalb von ihnen geschieht. Sie können sich kaum auf ihr Kind einstimmen oder sich einfühlen, ihnen fehlt eine Vorstellung von den Befindlichkeiten der Familienmitglieder. Die Kinder wachsen mit einem Elternteil auf, der in erster Linie sich selbst sieht und gar nicht im Blickfeld

33 Wardetzki, Bärbel: *Weiblicher Narzissmus. Der Hunger nach Anerkennung* München: Kösel-Verlag 2006.

hat, was der Sohn oder die Tochter braucht, und das ist für diese Kinder sehr schwierig. Darin liegt die eigentliche Beziehungsproblematik, denn als Eltern – oder besser gesagt: in ihrer Elternschaft – sind diese Menschen nur eingeschränkt tauglich.

Im vorliegenden Kapitel geht es in erster Linie um die Mütter, und ich beziehe mich nicht zuletzt auf sie, weil ich hauptsächlich von Töchtern auf die Problematik angesprochen werde, sondern auch, weil Frauen offensichtlich stärker von den oben geschilderten emotionalen Schwankungen betroffen sind; sie befinden sich schnell auf der wertlosen Seite und können auch über längere Zeiträume in dem Kleinheitsgefühl stecken bleiben. Männern fällt es leichter, sich durch Leistung, auf welchem Gebiet auch immer, und durch berufliches Ansehen auf der grandiosen Seite aufzuhalten. Sie drücken das aus durch Topleistungen oder durch Überzeugungen/Äußerungen wie: »Ich habe alles im Griff« und »Kein Problem!«.

Schwankende Stimmungen

Also schauen wir zu den sogenannten narzisstischen Müttern: Sie pendeln zwischen himmelhoch jauchzend und zu Tode betrübt. Sie können euphorisch sein und begeisternd, und kurze Zeit später können sie in das Gegenteil kippen, dann sind sie wieder ganz klein, giftig, misslaunig oder auch verzweifelt. Man darf sie auf keinen Fall kritisieren, denn dann reagieren sie scharf oder gehen in die Knie. Es geht aber immer nur und ausschließlich um sie. Sie kreisen und kreisen um sich selbst und sehen sich im Mittelpunkt von allem, was sie umgibt. Für ein Kind ist solch eine Mutter wenig berechenbar. Es lebt in einer Atmosphäre, in der es keine Sicherheit und Geborgenheit gibt, sondern in der Angst vorherrscht. Die Bindung ist damit für das Kind problematisch. Es gibt keinen echten Kontakt, die Kommunikation verläuft auf einer Einbahnstraße.

Fehlendes Einfühlungsvermögen

Susanne Fischer beschreibt: Wenn sie von der Schule nach Hause kam, war nichts zu essen da! Ihre Mutter hatte in der Tat keinen Gedanken daran verschwendet, dass ihr Kind Hunger haben könnte. Sie hatte keine Idee, keine Wahrnehmung davon, was ihr Kind brauchte. Sie konnte nur erfassen, was ihr wichtig war: ihre Küchenordnung, ihre Vorstellung, wie Susanne und ihr Zimmer aussehen sollten. Sie machte sich keine Gedanken darüber, dass auch ihr Kind Bedürfnisse hatte. Im Gegenteil, wenn ihr etwas missfiel, holte sie den Kochlöffel heraus. Und auch das war reine Willkür, entsprechend ihrer Befindlichkeit. Da wird die Unfähigkeit mitzufühlen sehr deutlich, es ist, als könne die Mutter nicht über den ganz persönlichen Tellerrand schauen, sie sieht nur sich. Diese Menschen interpretieren den Alltag, das Familienleben ausschließlich aus ihrer Subjektivität heraus und entsprechend handeln sie auch.

Manchmal bin ich fassungslos darüber, was in Phasen der Misslaunigkeit alles geschehen kann. Da werden Kinder beschimpft, weil sie dem Bild, den Vorstellungen der Mutter oder der Eltern nicht entsprechen, und die folgenden Aussagen sind noch eine freundliche Auswahl: »Du Versager, du Nichtsnutz.« »Du kannst nichts, du bist nichts.« »Du bist ja hässlich wie die Nacht.« Da werden Vergleiche angestellt und Konkurrenzen aufgebaut: »Du bist ja noch schrecklicher als dein Vater.« Oder: »Wie furchtbar du nur wieder aussiehst. Kannst du nicht so wie deine Freundin sein?« Eltern, die sich so gegenüber ihren Kindern äußern haben keine Ahnung, kein Gespür davon, was sie ihren Kindern antun, sie fühlen sich im Recht.

Ohne Beifall wird es schwierig

Susanne Fischer sagt noch etwas anderes: Kaum habe ihre Mutter die Wohnung verlassen, sei sie wie ausgewechselt gewesen, gar nicht wiederzuerkennen. Sie war dann sozusagen eine Menschenfängerin, beliebt, lachend, attraktiv, gern gesehen: »Sie konnte richtig auf dem Tisch tanzen und einen Saal unterhalten und zu Hause, wusch, wieder das lange Gesicht.« Außerhalb der Familie hatte die Mutter den Beifall, den sie brauchte, um sich gut zu fühlen. Oft legen Frauen in ihrer Grandiosität eine verführerische Art an den Tag, mit dem Ziel, schnell Zuneigung zu erhalten, vor allem von Männern. Gerda Pauly, 45 Jahre, erklärt:

»Meine Mutter war fixiert und wie abhängig von Männern, obwohl sie mit meinem Vater verheiratet war. Wenn sie mit irgendjemandem flirten konnte, wenn da einer war, der sie toll fand, dann ging es ihr richtig gut. Sie lief dann zur Höchstform auf, flirrte vor Glück, zog sich toll an … Sie hat es verstanden, die Blicke auf sich zu ziehen. Großartige Partys wurden gefeiert und sie stand dann im Glanz. Als Tochter lief ich eigentlich immer hinterher. Sie stand im Rampenlicht, ich im Schatten daneben. Wehe aber, einer dieser Männer enthielt ihr den Beifall vor oder signalisierte sogar Desinteresse, dann fiel sie wie in sich zusammen. Sie tauchte dann entweder in eine Depression oder sie raste vor Empörung, Wut und Erbitterung. Beide Seiten waren kein Spaß für mich als Kind. Männer waren wichtig, ich kam eigentlich selten vor. Sie hat mir einmal, als ich 16 Jahre alt war, ein sehr schönes Kleid gekauft, ich glaube, das tat sie nur, damit sie, die schöne Frau, nicht so ein hässliches Entlein hinter sich herlaufen hatte.«

Wenn die Mutter nicht wirklich Mutter – das heißt mütterlich – sein kann, dann wird sie der heranwachsenden Tochter auf der Frau-zu-Frau-Ebene begegnen. Und damit ist der nächste Schritt nicht weit – die Tochter wird zur Konkurrentin, denn sie könnte der Mutter den Glanz streitig machen. Das Zitat beschreibt, worum es in dieser Konstellation geht: Diese Mütter brauchen das Rampenlicht von außen, auch um den Preis der Konkurrenz mit den Töchtern, und bekommen sie den Beifall nicht, dann sind sie zu Tode betrübt, weil sie mit ihrer Ur-Verletzung – dem Nicht-geliebt-Werden oder besser gesagt: dem Nicht-um-seiner-selbst-willen-geliebt-Werden – in Berührung kommen. Und wenn sie vom jauchzenden Himmel in ihr Kleinheitsgefühl fallen, dann agieren sie zu Hause – und nur zu Hause, im »Kreise ihrer Lieben« – ihren Frust aus. Sie werden wütend und unbeherrscht, sie machen andere nieder, schimpfen, dass sich niemand um sie kümmere, werden wehleidig, bitter oder auch extrem dramatisch. Was sie aber überhaupt nicht vertragen, ist die leiseste Kritik, dann fangen sie an zu kämpfen, um doch noch recht zu haben. Sie können vor sich nicht zulassen, irgendetwas falsch gemacht zu haben. Und all das nur, um ihren Schmerzpunkt zu vermeiden.

»Kümmere dich um mich!«

Aus meiner Sicht gibt es noch eine andere Variante, wie sich Mütter, von denen hier die Rede ist, in den Mittelpunkt der Familie stellen: Es ist das Leiden. Verschiedenste Beschwerden und Leiden können einen Menschen besonders wichtig machen: »Ich habe heute Nacht wieder überhaupt nicht geschlafen!!!«, klagt eine Mutter, mit dem unausgesprochenen Subtext: »Bitte stört mich nicht, ich brauche meine Ruhe, kümmert euch um euch selbst, ja!?« Ein anderes dafür typisches Zitat einer Tochter: »Wir durften als Kinder nicht viel sagen, Weinen gab es nicht, denn sie hatte ja die Sorgen, ihr ging es so schlecht, immer hatte sie Schmerzen und die schrecklich viele Arbeit ... Uns ging es aus ihrer Sicht doch gut.« Noch problematischer wird es, wenn den Kindern die Schuld zugewiesen wird: »Ihr seid schuld, dass es mir so schlecht geht ...«

Aber auch eine faktische Erkrankung kann alle Aufmerksamkeit auf sich ziehen. Sich wiederholende Herzleiden, Magenprobleme, Unverträglichkeiten oder, oder, oder können das Umfeld in Aufregung halten. Die Kinder sind aufgefordert sich zu kümmern. Hier ist der Umgang mit einem Leiden das Thema, die Mütter können damit über Jahre hinweg die Aufmerksamkeit auf sich ziehen.

Nicht das Kind ist gemeint

Es gibt noch weitere wichtige Varianten der Selbstbezogenheit: Töchter und Söhne sollen Vater oder Mutter schmücken. »Perfekte« Eltern wünschen sich »perfekte« Kinder. Sie sollen die grandiosen Wünsche der Eltern einlösen, werden angehalten, schlau, leistungsstark, schön zu sein, sollen hervorragende und sensible Musiker werden, überragende Sportlerinnen oder Gewinner einer Castingshow. Gehört die Begabung zum Wesen des Kindes, ist es gut und richtig, versuchen die Eltern aber, ein Kind groß zu machen, weil sie selbst über ihr Kind an Bedeutung gewinnen, dann landen wir wieder an dem kritischen Punkt: Nicht das Kind ist gemeint.

Das gilt auch für die Söhne, die die Einsamkeit ihrer alleinstehenden oder auch verheirateten Mutter kompensieren sollen. Die ihr die Aufmerksamkeit geben sollen, die sie in ihrer narzisstischen Bedürftigkeit so dringend braucht. Sie bekommen die Funktion des Trösters, des Partnerersatzes, des Verständnisvollen usw., ohne dass das Kind in ihnen gesehen wird. All diese Beispiele haben eines gemeinsam: Die Kinder sind alleingelassen.

Notwendige Distanz

Spürt ein Kind, dass es nicht wichtig ist, dass es keine Bedeutung hat, dass seine Gefühle nicht ernst genommen werden, dass es nicht um seinetwillen geliebt wird, dann hat das natürlich Folgen für das weitere Leben. Und an dieser Stelle ist meine Position eindeutig. Diese elterliche Selbstbezogenheit hat für die Kinder Spätfolgen, die so gravierend sind, dass sie dem erwachsenen Kind keine andere Möglichkeit lassen, als eine angemessene Distanz zu schaffen. Es liegen aus meiner Sicht zwei Grundthemen vor, die das begründen und die den Betroffenen erst deutlich werden, wenn sie ihr Leben und ihre Vergangenheit reflektieren können.

Erst dann wird es ihnen möglich sein, für sich zu formulieren: »Ich habe mich so allein gefühlt, denn du bist als Mutter oder Vater nur um dich selbst gekreist. Und ich? Während du deine Augen nur auf dich selbst gerichtet hast, konntest du mich überhaupt nicht sehen! Ich hatte oft das Gefühl, dir lästig zu sein, habe mir immer gewünscht, dass du mitbekommst, wer ich bin und was ich brauche. Es wäre mir so wichtig gewesen, dass du mir einmal richtig zuhörst. Ich habe mich oft gefühlt, als sei ich gar nicht da, als gäbe es mich gar nicht. Ich habe mich so schlecht behandelt gefühlt, alles sollte so sein, wie du es gerade mochtest und magst. Zeit meines Lebens begleitet mich das Gefühl, dass ich nicht wichtig bin!«

So etwa klingt die Kernverletzung. Der Erwachsene kann erkennen, wie verlassen er sich als Kind fühlte, wie wenig er als eigene Person wahrgenommen wurde. Nach meiner Erfahrung hinterlässt dieses fortwährende Nicht-beachtet-werden eine tiefe Entmutigung. Ich kenne Betroffene, die irgendwann die Hoffnung aufgegeben haben, doch noch geliebt zu werden. Das haben sie als Kind so gefühlt und leider klebt das Gefühl noch im Erwachsenenalter an ihnen. Ihr Erleben war und ist das Alleinsein. »Ich kenne diese Verlassenheit, sie ist wie eine dunkle Höhle und man hat Angst, dort nicht mehr herauszukommen«, sagt eine 44-Jährige. »Wenn ich mich dahin verkrieche, weil ich wieder mal annehme, dass da niemand ist, der mich mag, dem ich wichtig bin, dann kommen mir wüste Gedanken – als liege es an mir, als sei ich nicht in Ordnung, als müsse ich noch mehr tun, um endlich akzeptiert und wahrgenommen zu werden.«

Grenzenlos

Es gibt noch einen zweiten Punkt, der mich veranlasst, dafür zu plädieren, dass diese Erwachsenen Distanz schaffen müssen: Sie haben die Erfahrung gemacht, dass ihre Grenzen nicht bemerkt und respektiert wurden. Mit Grenzen meine ich sowohl die körperliche Grenze als auch einen Raum, der jeden Menschen umgibt und den wir als das »persönliche Hoheitsgebiet« bezeichnen könnten. Es ist das ganz persönliche Terrain, die Privatheit, die zu jeder Person gehört, auch zu jedem Kind! Jeder Mensch verfügt über diesen imaginären Raum, über den er bestimmen kann beziehungsweise bestimmen sollte. Worte wie: »Da ist mir jemand zu nahe getreten« oder »... auf die Pelle gerückt« drücken eine Nichtbeachtung dieser Grenze aus. Denn damit hat sich mir jemand ungefragt auf eine Weise genähert, die ich so nicht wollte, und sofort fühle ich mich nicht mehr wohl in meiner Haut. Wird die Grenze dieses Hoheitsgebiets überschritten, ist es so, als stände jemand ungefragt in meinem Haus. Grenzüberschreitungen verletzen. Und bei einer Überschreitung dieses Schutzraumes gibt es sofort eine Reaktion, sie wird als Druck, als Bedrängnis, als Unbehagen, Beklemmung oder als Stress verspürt, im schlimmsten Fall ist es eine Verwundung – all das wird eine Körperreaktion auslösen. Die innere Abwehr wird aktiviert, das Nervensystem registriert Bedrohung und geht in den Stress- und Angstmodus.

Grenzüberschreitungen finden im Kontakt mit ichbezogenen Eltern immer wieder statt, denn diese Mütter, diese Väter können die Grenzen ihrer Kinder nicht achten, weil sie diese Grenzen gar nicht sehen. Sie sind da wie blind, haben kein Gespür für emotionale Verletzungen. Es ist, als sei das Kind mit seinen Wünschen und Bedürfnissen, aber auch mit seinen Rechten gar nicht da. In ihrer unrealistischen Grandiosität, aber auch in ihren unrealistischen Selbstzweifeln gibt es keinen Anderen, keine Grenze, da gibt es nur die eigene Person.

Susanne Fischer hat mir eine Episode über ihre Mutter erzählt, die nachdrücklich aufzeigt: Selbstbezogenheit macht es kaum möglich, das eigene Kind in seiner Persönlichkeit wahrzunehmen. Susanne war Mitte zwanzig, ihre Mutter und sie hatten schon lange Phasen ohne Kontakt hinter sich. Das hinderte die Mutter allerdings nicht, ihre Tochter um einen Gefallen zu bitten. Sie habe da einen neuen Freund, der sei viel jünger als sie, und dieser Mann brauche jetzt Hilfe, er sei nicht aus Deutschland.

Ob Susanne diesen Mann nicht heiraten könne, das sei glaubwürdiger, nur auf dem Papier natürlich, damit bliebe er ihr als Liebhaber erhalten. Solch ein Ansinnen kann einen schon sprachlos machen! Und es zeigt sehr anschaulich die eigentliche Problematik: Die Mutter hat keinen Gedanken daran verschwendet, was ihre Bitte für ihre Tochter bedeuten würde, sie hatte nur sich im Blick. Der junge Mann gab ihr Jugendlichkeit und Glanz, die Gefühle ihrer Tochter einzubeziehen war keine Option für sie.

Camouflage

Als Kind wird man auf dieses Familienklima eine Lösung, eine angemessene Reaktion finden müssen, und ich glaube, es gibt im Wesentlichen zwei Möglichkeiten: Dieses elterliche Verhalten provoziert entweder Aggression oder Anpassung. Geht ein Kind in die Aggression, die Rebellion – und so eine Mutter kann einen extrem wütend machen –, dann kämpft es damit auch um seinen eigenen Wert. Es zeigt: »Ich bin doch da, auch wenn du mich übersiehst.« Gleichwohl liegt unter der Auflehnung das verlassene, nicht wahrgenommene Kind. Aufbegehren ist eine der Strategien, um in so einer Familie klarzukommen. Eine andere Strategie wählte Susanne Fischer. Sie sagt: »Das Resultat war: Ich wurde noch kleiner und ein ganz liebes, ruhiges Mäuschen, total unsicher, und wollte möglichst nicht auffallen.« Und damit hat sie den Weg der Anpassung gewählt. Auf ihre Weise versuchte sie, die Atmosphäre zu befrieden. Ich bezeichne dieses Anpassungsmuster als »Camouflage«, ein Wort aus dem Französischen, das Tarnung, aber auch Irreführung oder Täuschung bedeutet. Susanne hat gelernt, sich so zu verhalten, als sei sie gar nicht anwesend: Sie hat sich ganz zurückgezogen, keine Bedürfnisse gezeigt, sondern eine Tarnkappe aufgesetzt. Das Verhalten entsprach der Vorgabe der Mutter: »Du zählst nicht, denn nur ich zähle.«

Nun macht Susannes Person nicht nur das aus, was sie in der Interaktion mit der Mutter – natürlich völlig unbewusst – gelernt hat, sondern neben dieser großen Anpassungsleistung gibt es ganz andere Anteile ihrer Persönlichkeit. Sie ist weder unscheinbar noch verstummt, sondern sie ist eine mutige, kreative und vitale Frau geworden, die ihr Schicksal angenommen und bewältigt hat. Ihr eigentliches Wesen ist nicht unsicher und lieb – manchmal vielleicht schon, wenn etwas sie an früher erinnert –, ihr eigentliches Wesen musste sich vor der Mutter verstecken. Sie hat sich, so könnte man sagen, getarnt, hat nicht zeigen können, was wirklich in ihr steckt. Camouflage bedeutet eben auch Tarnung, so tun als ob. Alle von Kontaktabbruch betroffenen Kinder haben noch weitaus andere Wahrheiten, andere Qualitäten, die sie erst als Jugendliche und Erwachsene ausdrücken konnten.

Und – natürlich – spielt in Susannes Fall der Vater eine wichtige Rolle: Er war als Bezugsperson da, auch wenn er der Mutter nichts entgegensetzen konnte und nach der Trennung von seiner Frau aus der Bahn gekippt ist, er war für Susanne ein Anker. Das gilt auch für die »Lieblingstante«, die immer wertschätzend und liebevoll mit ihr umging. Auch Charlotte Wiemann (Kapitel 5) berichtet über zwei Lehrer, die gesehen haben, was in ihr steckt. Sie hat sie als rettende Engel bezeichnet. Und genau so ist es: Wird ein Kind von einem Erwachsenen so, wie es ist, respektiert, liebevoll angeschaut, angenommen, das heißt als Person gesehen, dann ist das eine tiefe Erfahrung, die man sein Leben lang nicht vergisst – der »rettende Engel« war wirklich da.

Grenzen setzen

Für jene, die mit dieser Thematik groß geworden sind, wird es darum gehen, in eine Selbstermächtigung zu kommen, denn als Kind waren sie in einer machtlosen Situation. Die Mutter, der Vater dominierten das Leben. Es wird darum gehen, als Erwachsene/r auszudrücken: »Doch, ich bin da! Und ich habe eine Grenze, die ich nicht mehr überschritten wissen möchte. Ich brauche Respekt vor meiner Person. Meine Bedürfnisse sind von Belang. Und sollte meine Mutter, mein Vater mich wieder so behandeln wie früher, geht es wieder nur um sie, dann gibt es von mir ein klares NEIN. Ich stehe für das Thema meiner Eltern nicht mehr zur Verfügung. Ich trete heute für mich und das, was in mir ist, ein.«

Diese Grenzziehung wird unterschiedlich aussehen, weil natürlich auch die Verletzungen graduell unterschiedlich sind. In manchen Fällen reicht vielleicht ein deutliches Nein, eine verbale Grenzziehung. In anderen braucht es einen räumlichen oder sogar zeitlichen Abstand. Es kann aber auch ein Abbruch notwendig sein, um zu sich selbst zu finden – und als Zeichen des Respekts und der Wertschätzung sich selbst gegenüber.

Gibt es einen Ausweg?

Ich weiß, in diesem Kapitel habe ich deutlich Position für die Kinder bezogen. Und gerade Eltern mit dieser Struktur sind da sehr empfindlich, für sie ist es besonders schwer anzuerkennen, was in ihrer Familie geschehen ist. Sie fühlen sich angegriffen und kritisiert und das wiederum löst schmerzhafte Gefühle aus. Ich glaube, erst durch eine wie auch immer gestaltete Distanz ist in diesen Eltern-Kind-Beziehungen Veränderung möglich. Bei Susanne Fischer sehen wir: Erst aus der Distanz heraus und dadurch, dass sie Stabilität in ihr Leben gebracht hat, konnte sie die Frage stellen: »Wie ist meine Mutter so geworden? Es will doch keine Mutter ihrem Kind schaden. Was ist passiert, dass sie nicht in der Lage ist, Liebe zu geben und Liebe zu empfangen?« Diese Fragen machen versöhnlich und im Fall Fischer haben sie etwas eingeleitet. Sie ermöglichten der Mutter, über ihren Schatten zu springen. Und das muss ein sehr großer und mutiger Schritt für sie gewesen sein. Sie hat sich entschuldigt, zu der Tochter gesagt: »Für alles, was ich dir angetan habe.« Sie hat damit den Fokus nicht mehr auf sich gerichtet, sondern sie konnte die Situation der Tochter sehen und anerkennen. Und mit dieser formulierten Wahrheit zeigte sie eine Größe, die nicht glänzt oder beschönigt, sondern von innen heraus groß ist.

In Kapitel 11 wird noch weiter die Rede davon sein, was es braucht, um einen Wendepunkt herbeizuführen.

Kapitel 10: Keine Erfahrung wird vergessen, vor allem die erste nicht – von Kindern, die nicht sein sollten

Carla Leonhardts Geschichte

Solange es Sex gibt, solange es Lust und körperliche Freuden und magische, erotische Momente gibt, solange Frauen und Männer sich anziehen beziehungsweise ausziehen, solange Männer und Frauen Sex ohne Verhütung haben, wird es immer wieder zu ungewollten Schwangerschaften kommen. Alle Frauen dieser Welt kennen das Thema. Früher hat man den Atem angehalten und gehofft, dass es »gut gegangen« ist, heute geht man in die Apotheke und kauft einen Test.

Eine ungewollte Schwangerschaft zwingt junge Frauen zu einer folgenreichen Lebensentscheidung, denn sofort geht es um existenzielle Fragen: »Schaffe ich das mit einem Kind?« »Warum gerade jetzt? Ich wollte doch die Ausbildung zu Ende machen.«, »Bleibt der Vater des Kindes bei mir oder kann ich das alleine?«, »Von diesem Mann auf gar keinen Fall!«, »Noch ein Kind! Ich habe doch schon drei …«, »Ich habe so viel Sorgen, schon jetzt reicht das Geld vorne und hinten nicht.«, »Psychisch bin ich gerade so labil, da ist kein Raum für ein Kind.«

Zur Zeit der Großmütter und Mütter gab es noch die Scham, die damit verbunden war, ein außereheliches Kind zu erwarten. Und noch immer werden Frauen durch Übergriffe oder Gewalt gegen ihren Willen schwanger.

Statistisch wird kaum nachweisbar sein, wie viele der Schwangerschaften gewollt sind und wie viele nicht. Ungewollt schwanger zu werden ist jedoch eine Realität, die viele betrifft. Und ein ungewolltes Kind zu sein, ist alles andere als eine Ausnahme. Es ist eine Lebenswirklichkeit, die nicht zu bewerten oder zu beurteilen, schon gar nicht zu verurteilen ist. Hier zeigt sich das Leben mit seinen oft verwickelten Spielregeln. Geht es um den Kontakt zwischen Eltern und Kindern, hat das Thema Gewolltsein oder Ungewolltsein natürlich Bedeutung. Das betrifft auch die Väter, denn auch sie beziehen für oder gegen eine Schwangerschaft Position.

In diesem Kapitel geht es um den frühestmöglichen Kontakt, und wir werden sehen: Die Bindung gestaltet sich von Anfang an. Schon der Start ins Leben kann die spätere Beziehung zwischen Eltern und Kindern prägen. Um jedoch kein Missverständnis aufkommen zu lassen: Dies ist kein Plädoyer gegen Abtreibungen, es geht hier ausschließlich darum, einen der Hintergründe auszuleuchten, warum die Beziehung mit der Mutter oder auch dem Vater problematisch sein kann.

Carla Leonhardt, 48 Jahre alt, Mutter von zwei Kindern, gehört zu denen, die als Kind nicht vorgesehen waren. Ihre Geschichte ist sicher extrem, aber sie verdeutlicht sehr genau, was es heißt, ein ungewolltes Kind zu sein.

Nur Kummer und Sorgen

»Ich bin etwa sechs Jahre alt und stehe mit meiner Mutter auf einem Steg am Gardasee. Wir, meine Brüder, sie und ich, machen dort Urlaub. Ich weiß nicht mehr, warum sie es sagte, aber sie tat es. Sie sprach darüber, dass ich ja eigentlich gar nicht geboren werden sollte, sie habe nicht noch ein Kind gewollt. Punkt! Kein weiterer Kommentar. Kein ›Jetzt bin ich aber froh, dass du da bist!‹ – nichts.

Ich habe mich oft gefragt, was wohl der Anlass war, mir das zu sagen. Vermutlich machte ich ihr mal wieder ›nur Kummer und Sorgen‹ oder ich machte sie ›krank‹. Das war auch der Urlaub, in dem sie mir mitteilte, sie würde mit meinen Brüdern auf den Berg nach Tirol reisen, ich könne aber nicht mit, weil ich zu klein sei. Auf jeden Fall brachte sie mich bei Leuten aus der Pension unter, die mir wildfremd waren, während sie und meine Brüder über Nacht wegfuhren. Das ist eine Erinnerung, die sich noch nicht einmal so sehr als Schrecken eingebrannt hat, denn dass ich irgendwo untergebracht wurde, habe ich als normal empfunden. Es war meine Realität, ständig bei Großeltern, Freunden und auch bei mir Unbekannten ein paar Tage, manchmal auch sehr viel länger bleiben zu müssen. Merkwürdigerweise habe ich mich nie gefragt, warum meine Brüder, die drei und fünf Jahre älter waren, anders behandelt wurden. Sie gehörten dazu – ich nicht.

Ich glaube nicht, dass meiner Mutter das alles bewusst war, auch nicht, was sie da gesagt hatte. Sie war manchmal wie ein Geist, wie in einem Kokon verwoben, nicht anwesend. Wenn es um Kontaktabbruch geht, kann ich nur sagen: Meine Mutter und ich, wir hatten nie Kontakt im Sinne einer nahen Beziehung. Wirklich, ich kann mich kaum an eine liebende Begegnung mit ihr erinnern oder an Zärtlichkeit. Einmal ganz kurz, vielleicht für drei Sekunden, haben sich unsere Herzen berührt. Ich war dreizehn und kam gerade vom Sommerurlaub aus einem Schweizer Kinderheim. Ihre Mutter, meine Oma, war gestorben und während sie davon erzählte, gab es einen Blickkontakt zwischen uns, da konnte ich in ihren Augen ihren ganzen Schmerz sehen, ihre ganze Verzweiflung, die sie in sich trug, und ihre Tränen. Denn auch sie hatte eine sehr schwierige Beziehung zu ihrer Mutter. Ich weiß nicht genau, was die beiden trennte, aber wenn wir meine Oma besuchten, fühlte sich das an wie die Begegnung zwischen einem

Kühlschrank und einem Gefrierschrank, die sich über Geld, Geburtstagsgeschenke und über schlimme andere Menschen unterhielten und dabei Buttercremetorte und später Schnittchen aßen, in der Hoffnung, das Familientreffen ginge endlich vorüber. Nur wenn sie ein Likörchen ›geschnasselt‹ hatten, dann wurde es gemütlicher. Ich komme aus einer großbürgerlichen Familie, es gab Kindermädchen, die sich um uns kümmerten. Materiell hat es an nichts gefehlt und meine Mutter bekochte und versorgte uns vorbildlich. Sicher war das Umfeld davon überzeugt, dass wir eine wohlgeratene Familie waren.

Das Merkwürdige ist: Auch ich habe früher immer gemeint, sie sei die beste Mutter der Welt. Ich konnte nichts anderes zulassen, als sie auf ein Podest zu heben, denn sonst hätte ich mich den sehr schmerzlichen Tatsachen stellen müssen: Sie war für mich keine Mutter! Ich bin ein nicht gewolltes Kind! Ich sollte gar nicht existieren! Und genauso habe ich viele, viele Jahre meines Lebens mit Gefühlen verbracht wie ›Ich gehöre nicht dazu‹, ›Ich bin zu viel‹ und vor allem ›Ich bin nicht geliebt‹. Ich vermute, das jahrelange Übungsprogramm namens ›Selbstverwaltung‹ begann für mich schon im Bauch meiner Mutter. Ich bin sozusagen in die Unabhängigkeit gezwungen und dann ein unglaublich selbstständiges Kind geworden, das sich in allen Lebenslagen zurechtfand. Ich bin so stark geworden, dass ich theoretisch nichts und niemanden brauchte.

Die Seele weiß sich offensichtlich zu schützen, denn mein Verstand hat lange versucht, das, was ich als Sechsjährige an dem See gehört hatte, vor mir selber geheim zu halten, es war wie nicht gehört, bis vor vielleicht fünfzehn Jahren meine Tante es einmal ausgesprochen hat: ›Du warst ja gar nicht mehr vorgesehen.‹ Und sie deutete an, dass meine Mutter versucht hat, mich ›loszuwerden‹, was heißt: abzutreiben. Mit meiner Mutter konnte ich das nicht mehr klären, denn sie war schon tot. Also musste ich meinen ganzen Mut zusammennehmen und meinen Vater auf dieses Thema ansprechen. Er hat es bestätigt, als er den für mich so wichtigen Satz sagte: ›Aber ich wollte dich!‹ Mein Verhältnis zu ihm war auch nicht leicht, denn er war ziemlich autoritär und konnte einem das Leben schwer machen. Aber als ich klein war, da konnte ich seine Liebe spüren. Und diese Liebe meines Vaters war sicher meine Rettung.

Hat sie versucht, mich abzutreiben? Mein Gefühl sagt mir, ja. Wir waren uns von Anfang an fremd, schon in den ersten Wochen meines Seins. Darüber mag ich auch nicht sprechen, an der Stelle spüre ich Beklemmung, da ist ein dunkles Loch, und ich vermeide diese Dunkelheit, so gut ich nur kann. Meine Mutter war nie ein sicherer Ort für mich, wenn ich Trost brauchte, war sie keine Anlaufstelle. Im Gegenteil, wenn ich mit ihr zusammen war, fühlte es sich oft beunruhigend an. Heute würde man sagen, sie war hochgradig gestresst, mit allen Symptomen wie Herzattacken, Bluthochdruck, Schmerzen und ständiger Überforderung. Meine Mutter hat schwerste Schicksalsschläge ertragen müssen und inzwischen kann ich es auch in Worte fassen. Sie hat unter anderem als Dreijährige ihren Vater verloren, ist in großer Armut aufgewachsen, ist durch den Krieg traumatisiert, und dann, mit ihren 40 Jahren, fühlte sie sich mit noch einem Kind völlig überfordert. Und das war sie auch.

Als Kind hat man keine Vorstellung von all dem, man fühlt sich nur so – wie soll ich sagen? –, so durcheinander. Verrückterweise war ich als kleines Mädchen in anhaltender Sorge um sie. Ich musste auf sie aufpassen! Es gab überall Tellerminen, die kleinsten Anlässe konnten sie aufregen, und wenn so eine Mine hochging, dann konnte sie außer sich geraten oder sich tagelang in ihr Bett zurückziehen. Beides versuchte ich mit allen Mittel zu vermeiden. Ich habe meine Mutter wie eine Ertrinkende erlebt und versucht, sie zu retten. Aber wie sollte ein Kind diese Mutter retten? Es gab zwei Lösungen: Ich fühlte mich in sie hinein und wusste genau, wie es ihr geht. Ich tröstete sie, wenn etwas falsch lief. So unter dem Motto: ›Ist doch nicht so schlimm …‹ Die andere Lösung: Ich habe mich total hintangestellt, habe so getan, als sei ich gar nicht da, was ja folgerichtig war, denn ich sollte ja auch nicht da sein. Nur: Das hatte Folgen: Ich war mutterseelenallein und ein tiefes Muster hat sich damals eingegraben: ›Ich bin nicht wichtig, bin unbedeutend.‹

Als Kind habe ich also redlich versucht, ihr keinen Kummer und keine Sorgen zu machen. Das hat nicht funktioniert. Wenn ich zurückschaue, sehe ich ein Mädchen, das selbst der personifizierte Kummer war. Und keiner hat das mitbekommen! Ich wirkte sicherlich oft wie ein heiteres Kind, das Heitere gehört einfach zu mir. Aber wenn ich heute versuche, mein Grundlebensgefühl von damals zu beschreiben, dann so: Ich war fast immer in Unruhe und ständig in einer Habachthaltung, mir fehlte Schutz und ich hatte Angst, Angst davor, dass irgendetwas passieren könnte. Zum Beispiel, wenn meine Eltern abends weg waren – und das waren sie oft –, glaubte ich, sie würden nie mehr wiederkommen.

Obwohl mir eine sehr hohe Intelligenz attestiert wurde – das ließen meine Eltern vom Psychologen überprüfen –, versagte ich in der Schule völlig. Ich konnte mich nicht konzentrieren und nicht richtig lernen, so sehr hat mich das alles gefangen genommen und blockiert. Mein Schuldrama – und es war echt ein Drama – machte wiederum meinen Eltern Kummer und Sorgen. Aber weder meine Mutter noch mein Vater kamen auf die Idee, dass ich es war, die einen großen Kummer hatte, dass ich mich alleingelassen fühlte. Denn in Wahrheit machten ja sie mir Kummer und Sorgen.

In meiner Haltlosigkeit habe ich mich selbst gehalten und stark gemacht. Jemand hat mal zu mir gesagt, es gäbe Menschen, die als Kind gelernt haben, sich selber zu bemuttern, und dazu gehöre wohl auch ich. Ich hatte immer Freunde und war auch bei den Erwachsenen beliebt. Dennoch: Mit der Pubertät spürte ich, dass ich mich alleine besser fühlte als mit anderen. Was zur Folge hatte, dass ich mich zurückzog. Allein ging es mir gut. Es hat Jahre gebraucht, bis mir klar wurde, dass der Kontakt mit Menschen mich stresste. In Gruppen, die mir nicht vertraut waren, verspürte ich Fluchtfantasien, da gab es einen Teil in mir, der nur weg wollte. Das liegt wohl daran, dass mir das tiefe Vertrauen fehlt.

Es ist schon fast komisch, wenn ich erzähle, wie es weiterging, denn was war wohl das große Thema in meinen Partnerschaften? Was auch sonst: die Angst, verlassen zu werden! Die kleinsten Anlässe reichten und ich geriet in Panik, dachte: ›Jetzt ist er weg!‹ oder: ›Jetzt ist er tödlich verunglückt.‹. Immer die Furcht, dass die Liebe geht und ich allein zurückbleibe. Als unsere Kinder klein waren, war ich ständig in Sorge, ich konnte sie kaum aus den Augen lassen, immer war da die Angst, es könnte ihnen Schlimmes geschehen.

Die Familie, aus der ich komme, so sehe ich das heute, war ein Angstsystem, irgendwie haben alle am Rad gedreht, und ich bin heilfroh, eine Therapie gemacht zu haben. Schon zu wissen, was mit mir los ist, tat gut. Zu fühlen, dass ich in Ordnung bin, dass die Familie, aus der ich komme, mit ihren Ängsten und Unfähigkeiten nicht in Ordnung war, das war erlösend. Vielleicht war das Wichtigste auf meinem Weg, aus der fatalen Selbstständigkeit, aus der erzwungenen Autonomie herauszukommen und zuzulassen: ›Ja, ich brauche! Ich brauche Hilfe, Unterstützung und Zuwendung.‹ Heute kann ich meine Bedürfnisse aussprechen und sie finden wohlwollende Ohren und Herzen. Ich darf sein.

In der Zeit, als meine Mutter noch lebte, haben wir uns selten, aber doch immer mal wieder gesehen. War das ein Kontakt? Kontakt ist so ein Wort. Ich sage mal so: Kontakt ja – aber uns gelang keine Nähe. Wir haben über Alltägliches geredet, aber wir hatten keine Verbindung, wir waren sprachlos miteinander und haben es auch zu ihren Lebzeiten nicht mehr hingekriegt. Vielleicht klingt es komisch, aber ich habe sie immer geliebt, und das ist auch heute noch so, nur leider habe ich sie auch immer geschont und nie konfrontiert mit dem, was ich ihr hätte sagen wollen beziehungsweise sagen sollen. Der ›Mutter-Schon-Weg‹ ist in Wahrheit ein Irrweg! Indem ich sie geschont habe, bin ich zu kurz gekommen. Bis heute passiert es mir immer wieder mal, ich schone Menschen, die auf irgendeine Weise nicht gut mit mir umgehen. Ich ringe darum, für mich einzustehen, denn da hockt irgendwo noch die tiefsitzende Angst, verlassen zu werden, so wie ich als ganz kleines Wesen verlassen im Bauch meiner Mutter war.«

Das Nein, das Vielleicht, das Ja gut … und die Folgen

An keiner anderen Stelle in diesem Buch wird so deutlich, wie sehr die Lebenswirklichkeiten und die Empfindungen zwischen Müttern und ihren Kindern voneinander abweichen können. Die Mutter von Carla Leonhardt wird vermutlich keinerlei Vorstellungen von den Nachwirkungen ihrer Ablehnung gehabt haben. Ebenso wird sie vermutlich keine Idee davon gehabt haben, was das für ihre Tochter bedeutete. Schließlich hatte sie den inneren Konflikt und hat sich ja dann doch für das Kind entschieden!

Als erwachsene Frau versteht man die innere Zerrissenheit einer anderen Frau, die ungewollt schwanger geworden ist. Ihr »Nein« zu Beginn, ihr »Ich will jetzt kein Kind« sind nachvollziehbar, stehen dahinter doch lebenswichtige, zukunftsentscheidende Überlegungen. Meist ist es die Angst, völlig überfordert zu sein und dem Kind nicht gerecht werden zu können. Wie auch immer die Entscheidung letztendlich ausfällt, sie zu treffen, ist denkbar schwer. Manche Frauen entscheiden sich gegen ein Kind, andere bekommen es, weil eine Abtreibung unter keinen Umständen infrage kommt. Noch vor nicht allzu langer Zeit wurden kolportierte Ratschläge ausprobiert, um Schwangerschaften zu unterbrechen. Sehr, sehr heiß baden oder von Treppen und Schränken springen und so weiter – klappte das nicht, dann hieß es: »Dann ist es jetzt eben so!«, und das Kind wurde ausgetragen. »Irgendwie wird es schon gehen.« Frauen nahmen und nehmen zu jeder Zeit den sogenannten Unfall hin und akzeptieren die Schwangerschaft dann doch. Und über die Monate hinweg freuen sich viele, und auch die Väter, über ihr werdendes Kind.

Schwierig ist es, wenn die Haltung gegenüber dem Kind ambivalent bleibt. Wenn die Mutter weder zu einem Ja noch zu einem Nein kommen konnte. Irgendwie ist sie dann doch schwanger geblieben, aber ihr Leben ist nicht mehr so, wie sie es sich vorgestellt hatte. Über die Jahre wird diese Mutter sicher auch glücklich über die Tochter, den Sohn sein. Aber es gibt daneben noch dieses Wenn und Aber. Es bleibt ein ausgesprochener oder unausgesprochener Vorwurf: »Wenn ich dich nicht hätte, dann …« oder »Deinetwegen konnte ich nicht …«. Und diese Vorwürfe stehen wie eine unsichtbare Wand zwischen Mutter und Kind. Manche Mütter sprechen das offen aus, andere reden hinter vorgehaltener Hand darüber. Sie machen sich wahrscheinlich keine Gedanken darüber, was so ein Satz für ihr Kind bedeutet. Ihr eigenes Leben steht einfach im Vordergrund. Sie spüren nicht, dass die Botschaft, die bei ihrem Kind damit ankommt, heißt: »Ich sollte eigentlich nicht sein und ich bin eine Belastung.«

Nicht zu unterschätzen sind Aussagen, die in Zusammenhang mit moralischen, religiös geprägten Vorstellungen stehen, zum Beispiel wenn das Kind aus Sicht der Eltern ein Beweis für ihren »Fehltritt« ist. Mit einem gewissen Unterton wird dann gesagt: »Du bist unser Fünfmonatskind …«, und es schwingt etwas mit, als trüge das Kind daran die Schuld. Nicht lange ist es her, da war eine Schwangerschaft vor der offiziellen Erlaubnis, der Ehe, ein Versehen. Und es waren die vermeintlich bewertenden Augen der anderen, der Kirche, der Großeltern, der Nachbarn, die auf dem Kind lasteten, denn seine Existenz war der Beweis für die Unsittlichkeit und fehlende Moral der Eltern, weil diese nicht bis zur Hochzeit warten konnten oder – noch schlimmer – gar nicht daran dachten zu heiraten. Bei dem sogenannten Fünfmonatskind bleibt das bittere Gefühl: »Dass ich da bin, ist irgendwie falsch, ich bin ein Versehen.«

Wie auch immer der Umgang mit der ungewollten Schwangerschaft damals war: Die Mütter beziehungsweise die Eltern leben damit, es ist ihre Realität. Sie haben sich damit arrangiert und würden auch nie auf den Gedanken kommen, dass dadurch die Beziehung von Anfang an belastet war. Das Kind gehört jetzt dazu und fertig. Ganz anders ist es für das Kind. Es hat einen schwierigen Lebensstart, denn das erste Nein der Eltern, das zögerliche Ja, das »Ach Gott, dann eben doch« hat Konsequenzen. Das Kind, in diesem Fall der kleine Embryo, hat eine erste Information erhalten: »Ich bin nicht gewollt«, »Ich soll nicht sein«, »Meine Existenz ist eine Belastung.«

Hier wird sehr deutlich, was uns beim Mutter-Kind-Konflikt durch das ganze Buch in unterschiedlicher Ausprägung begleitet. Die Situation der Mutter ist radikal anders als die ihres werdenden Kindes. Die Mutter wird sagen: »Es war damals schwer für mich, ich konnte nicht anders«, das Kind fühlt: »Ich hätte dich und dein Ja gebraucht.« Zwei Wahrheiten, zwei Lebenswirklichkeiten – und beide sind, wie sie sind. Sie stehen nebeneinander.

Die eigene Biografie beginnt im Bauch der Mutter

»Das spürt doch nichts im Bauch« beziehungsweise »Das kriegt doch gar nichts mit!«, so dachte man vor noch nicht allzu langer Zeit. Heute ist erforscht: Das Gegenteil ist der Fall. Es ist eindeutig, dass das ungeborene Kind unmittelbar mit der Verfasstheit der Mutter verwoben ist – physisch und psychisch.

Das Kind ist zu jedem Zeitpunkt seiner Entwicklung weitaus kompetenter, als angenommen wurde. Die Forschung bestätigt: Keine Erfahrungen werden vergessen, vor allem die ersten nicht. Der intensive Austausch zwischen Mutter und Kind in der Zeit der Schwangerschaft sei mittlerweile gut dokumentiert, wie der Bindungsforscher Dr. Karl Heinz Brisch in seinem Buch *Die Anfänge der Eltern-Kind-Bindung* schreibt. Der Fötus erlebe die emotionale Situation der Mutter mit, da Belastungen und Ängste über hormonelle Veränderungen in den Stresshormonen direkt von der Mutter an das ungeborene Kind übertragen würden; dieser Austausch findet über die Plazenta statt. Auch das Baby selbst produziere während der Schwangerschaft Stresshormone in Abhängigkeit von der emotionalen Stimmung seiner Mutter, wodurch Belastungen der Mutter sich unmittelbar auf die intrauterine Regulationsfähigkeit und das Befinden des Embryos auswirken.[34]

Alles, was die Mutter während der Schwangerschaft zu sich nimmt – dazu gehört die Ernährung, aber auch was sie an positivem und negativem Stress aufnimmt, ihr emotionales Erleben mit dem Partner, ihre Ängste und ihre Freuden –, all das hat Einfluss auf das Ungeborene, denn das Kleine ist in ständiger Resonanz mit ihr – körperlich und seelisch. Sie kann keinen sauren Hering, keine Zigarette vor ihm »verheimlichen«, es kennt ihre Stimme und ihre Gemütsverfassung.

Wissenschaftler/innen jeder Disziplin suchen nach neuen Erkenntnissen über die vorgeburtlichen »Programmierungen«. Sie haben festgestellt: Sowohl das Immunsystem als auch der Stoffwechsel des Fötus werden durch die konkreten Lebensbedingungen der Mutter beeinflusst. Die Epigenetik, eine ganz junge Disziplin, erkennt mehr und mehr, wie die Umwelt unsere Gene beeinflusst, und sie belegt auch, dass Einflüsse im Mutterleib das Erbgut des Fötus prägen können. Vieles spricht dafür, dass das ganz persönliche Fundament von Gesundheit, Psyche und Intelligenz im Wesentlichen bereits während der Schwangerschaft angelegt wird. Liest man die umfangreichen Forschungsergebnisse, scheint es mir so, als würde sich dieser kleine Mensch auf das, was auf ihn zukommt, vorbereiten. Als würde sich sein ganzes System auf das einrichten, was ihn da draußen in seiner spezifischen Familie, in seinem Umfeld, erwartet.

Ich vermute – und das sei kurz eingeschoben –, dass bei jeder Mutter an dieser Stelle Gedanken wie die folgenden aufgetaucht

---

34 vgl. Brisch, Karl Heinz/Hellbrügge, Theodor (Hrsg.): *Die Anfänge der Eltern-Kind-Bindung: Schwangerschaft, Geburt und Psychotherapie*. Stuttgart: Klett-Cotta Verlag 2007; S. 271.

sein werden: »Wie war das bei mir, hat mein Kind irgendetwas davongetragen? « oder: »Was habe ich nur alles falsch gemacht!« Schon allein mit dem Gedanken laden Sie sich eine übermenschliche Verantwortung auf. Mütter sind keine Maschinen, sondern Menschen, die natürlich unter spezifischen Bedingungen schwanger sind. Und diese Bedingungen können gut oder auch nicht so gut sein. Das ist seit Jahrtausenden so, ganz gleich, was die Wissenschaft heute entdeckt. Aus den heutigen Erkenntnissen wird ein neues Bewusstsein entstehen, aber das liegt noch vor uns. Dieses Kapitel ist nicht geschrieben, um ein schlechtes Gewissen zu fördern, im Gegenteil: Ist das Thema des Nichtgewolltseins eine der Ursachen für den mangelnden, den schwierigen Kontakt, dann ist es wichtig, den Hintergrund zu verstehen und die Realität anzuerkennen.

Die Seele spürt von Anbeginn

Aber zurück zu dem, was heute Stand der Erkenntnisse ist. In dem Buch *Das Geheimnis der ersten neun Monate* beschreiben Gerald Hüther und Inge Weser sehr anschaulich die Stimmungen des werdenden Menschen, seine Sinneseindrücke, aber auch seine Kommunikationsfähigkeit und seine Bezogenheit auf die Mutter. Es ist ein sehr empfehlenswertes Buch für diejenigen, die darüber mehr wissen möchten. Lange gab es keine Aussage darüber, ob das werdende Kind schon fühlen kann, denn diese vorsprachliche Zeit ist in der bewussten Erinnerung nicht auszudrücken.

Jetzt ist auf 3-D-Ultraschallbildern zu sehen: Föten drücken schon sehr früh alle Gefühle aus. Sie lachen, weinen, schlagen vor Glück Purzelbäume oder ziehen sich aus Angst zusammen. Die psychische Entwicklung beginnt also gleichzeitig mit der physischen Entstehung eines Menschen.

Von der Empfindsamkeit des beginnenden Lebens

Und so ist es auch nicht erstaunlich, dass eine erweiterte Form der Psychotherapie an Bedeutung gewinnt: die pränatale Psychotherapie. Denn das, was vor und während der Geburt zwischen Mutter und Kind geschieht, kann lebenslange Folgen haben. Der Amerikaner Dr. William Emerson ist einer der Pioniere auf dem Gebiet der prä- und perinatalen (dies bedeutet: vor und während der Geburt) Psychologie. Ihn habe ich getroffen, um Antworten auf verschiedene Fragen zu bekommen. Zum Beispiel interessierte mich, was man heute darüber weiß, wann die Empfindsamkeit eines Fötus, eines Embryos überhaupt beginnt.[35]

William Emerson erklärt:

> »Eine lange Reihe von Experimenten haben gezeigt, dass Babys sehr viel empfindsamer und wahrnehmender sind, als wir uns vorstellen konnten. Eine aktuelle Forschung belegt: Babys fangen in der zehnten Woche nach der Zeugung an, Gedanken zu haben. Das Gehirn ist in der zehnten Woche schon angelegt. Und es sind Gehirnwellen gemessen worden, die Gedanken initiieren. Und die Fühlfähigkeit, die Sensitivität, ist von Anfang an da. Denn die Fähigkeit zu fühlen ist die basale menschliche Fertigkeit. Es ist der Körper, der fühlt. Es braucht dazu keine

35 Der Embryo ist das entstehende Kind in der sehr frühen Entwicklungsphase. Ab der neunten Woche spricht man vom Fötus.

hochentwickelte evolutionäre Fertigkeit. Selbst Amöben zeigen Sensitivität und reagieren auf Kälte oder elektrische Wellen. Die Fähigkeit zu fühlen ist in jedem lebendigen Organismus vorhanden. Es gibt dieses Konzept vom zellulären Gedächtnis, das besagt: Jede einzelne Zelle besitzt ein Erinnerungsvermögen. Es sind nicht nur die einzelnen Zellen, die sich erinnern. Der ganze Körper erinnert sich. Es gibt eben Zellerinnerungen, Gewebeerinnerungen, Knochenerinnerungen. Alle wesentlichen Informationen sind in jeder Zelle vorhanden.

Eine kleine Geschichte, die veranschaulicht, was das Ungeborene wahrnimmt und erinnert: Auf der gegenüberliegenden Straßenseite meines Hauses gab es eine trächtige Hündin. Sie war im letzten Drittel der Trächtigkeit. Die Hündin war eigentlich sehr vorsichtig, wenn sie die Straße überquerte, aber eben an diesem Tag wurde sie von einem Auto angefahren. Sie hat überlebt und die ungeborenen Welpen auch. Einige Zeit später brachte sie dann zwei Welpen zur Welt. Denen ging es gut, sie waren wohlauf. Als Pränatalpsychologe war ich neugierig, welchen Effekt das Erlebte auf die Neugeborenen gehabt haben könnte. Und als sie etwa zehn Wochen alt waren, habe ich zuerst den einen und dann den anderen Welpen an die Stelle der Straße gebracht, an der der Unfall passiert war. Beide Welpen reagierten gleich: Als ich dieser Stelle näher kam, fingen sie an zu zittern und haben mir auf die Hand gepinkelt.

Ich habe dann nach einer neutralen Stelle geschaut. Wie reagieren sie da beim Überqueren der Straße? Sie zeigten überhaupt keine emotionale Regung. Sie hatten also nicht nur eine vorgeburtliche Erinnerung, sondern ganz konkrete Wahrnehmungen von etwas, was sie nicht sehen, sondern nur fühlen konnten. Und wir wissen heute, dass das Kind vom ersten Moment an in permanenter Wahrnehmung und Empfindung sowohl mit der Mutter als auch mit seinem Umfeld ist. Es kennt die Familie, den Vater, die Geschwister, alle sind ihm vertraut. Aktuelle Forschungen der pränatalen Psychologie zeigen: Sowohl Menschen als auch Tiere haben ein vorgeburtliches Gedächtnis. Darin sind sowohl körperliche Erfahrungen, die innere Bilderwelt und eben auch Gefühle gespeichert. Bereits im Mutterleib stehen wir in einer engen, fühlenden Verbindung mit der Außenwelt.«[36]

Vom Willkommensein

William Emerson formuliert es so: »Keine tiefgreifende Erfahrung wird je vergessen.« Wenn wir über die Verbindung zwischen Mutter und Kind nachdenken, hat diese Aussage natürlich eine besondere Brisanz. Denn sie besagt, dass bereits die ersten Zellen des werdenden Kindes mit der Mutter in einem Austausch sind. Damit drängt sich natürlich eine Frage auf. Wann genau fangen Kontakt und Bindung an? Vom allerersten Moment an? Spürt das werdende Kind, ob es willkommen ist oder ob es nicht willkommen ist?

William Emerson:

»Natürlich. Das ist ganz bestimmt der Fall. Es fängt mit der Zeugung an. Sowohl aufseiten des Kindes als auch bei der Mutter. Es gibt viele Mütter, die sagen: ›Ich wusste vom ersten Mo-

---

36 Zitate aus einem Gespräch mit Dr. William R. Emerson im September 2014. Emerson hat als einer der Ersten über den Zusammenhang von Trauma während Schwangerschaft und Geburt und Bindungsstörung geforscht und geschrieben.

ment an, dass wir da ein Kind gezeugt haben.‹ Bejaht die Mutter das Kind und heißt es willkommen, entwickelt sich von Beginn an eine sichere Bindungsbeziehung. Das schafft eine Verbindung, die fast unzerstörbar ist für die ganze Lebenszeit. Die ersten Bindungserfahrungen sind die stärksten.«

Die ersten Zellen, die sich so schnell entwickeln, dass bereits in der fünften Woche das kleine Herz zu schlagen beginnt, sind also bereits in Resonanz mit der Mutter und das neue Leben ist von Anbeginn mit dem mütterlichen Lebensraum verbunden. Es nimmt auf, dass dieser Lebensraum schützt und nährt und es willkommen heißt. Das ist eine Erkenntnis von elementarer Wichtigkeit. Denn das bedeutet: Freuen sich die Eltern, wird die Existenz des Kindes begrüßt, dann trägt es ein Leben lang dieses »Ja« in sich. Von Anfang an wird es sich seiner selbst sicher sein, weil sein Dasein bejaht wird. Gerald Hüther benennt es in aller Deutlichkeit: »Um sich optimal entwickeln zu können, brauchen sie [Kinder] die Erfahrung, willkommen zu sein.«[37]

Isolation als erste Erfahrung

Bei einer ungewollten Schwangerschaft muss die Mutter jede Form von Verbindung vermeiden. Mit ihrem Zweifel »Soll oder kann ich das Kind behalten?« wird sie keinerlei Kontakt zu ihrem Kind aufnehmen. Sie steckt in einer Abwehr, in einem »Nein« oder »Jein«. Sie wird keine Freude, kein Gefühl zulassen können, das sie auf irgendeine Weise an das Kind bindet. Aber es ist nicht nur die Abwehr, es ist immer auch Angst im Spiel. Die Schwan-

37 Hüther/Weser, 2008; S. 13.

gere ist eben nicht »in guter Hoffnung«, sondern in Angst vor der Verantwortung, der Zukunft, vor Komplikationen, vor Krankheit und so weiter. Angst ist ganz sicher der Gegenspieler von Bindung, denn Angst macht eng, aufgeregt und auf sich bezogen. Das bedeutet für das werdende Kind: Solange die Mutter zögert, zu keinem »Ja« findet, wird sie keinen Kontakt, keine Beziehung mit ihm aufbauen. Das kleine Wesen lebt in dieser Zeit isoliert, ihm fehlt die wohlwollende Resonanz mit der Mutter. Es ist allein. Das ist sein erstes Erleben und kann der Beginn einer nachhaltigen Kontaktstörung zwischen Mutter und Kind sein.

Und so erstaunt es nicht, dass Erwachsene sagen: »Ich habe häufig das Gefühl, ich gehöre nicht dazu.« Oder »Ich fühle mich in meiner Familie wie das fünfte Rad am Wagen.« Oder: »Ich fühle mich isoliert und irgendwie anders.« Oftmals wissen diese Männer und Frauen gar nicht bewusst, dass sie eigentlich nicht vorgesehen waren, sie haben es nie gehört, aber etwas in ihnen weiß es doch. Und erst eine zufällige Information durch Verwandte oder das eigene Nachfragen und Nachforschen bestätigt ihren Verdacht.

Vom unsichtbaren Hörrohr

William Emerson konstatiert:

> »Wie wirst du dich fühlen, wenn jemand dich nicht will, dich ablehnt? Das ist universell, es ist der Beginn von Selbstabwertung. Wenn man nicht gewollt ist, dann wird das Teil der Identität. Der Sinn des Lebens ist zu lieben und geliebt zu werden. Wir reden hier von den grundlegendsten, menschlichsten Bedürfnissen im Leben, und der größte Stress, die größte Wunde im vorgeburtlichen Leben ist, wenn du nicht gewollt bist.«

Carla bezeichnet aus heutiger Sicht die Monate im Bauch ihrer Mutter mit einer gewissen Bitterkeit als »ein Übungsprogramm in Selbstverwaltung«. Die Menschen, die wirklich nicht sein sollten, die aber sind, diese Menschen haben eine große Autonomie und Stärke mitbringen müssen, denn sonst hätten sie die ersten Monate ihres Lebens nicht bewältigen können. Für Frauen und Männer, die abgetrieben werden sollten, die also einen Angriff auf ihre Existenz erlebt haben, kann es hilfreich sein, sich klarzumachen: »Etwas in mir war stärker als jede Abwehr, als jedes Nein. In mir selbst gibt es ein Ja, ich sollte leben und ich lebe!«

Aber solange diese Wunde nicht geheilt ist, ist die Körperinformation des frühen Alleinseins da. Und so erstaunt es nicht, dass Carla mir sagt: »Früher habe ich mich manchmal so einsam gefühlt, dass es mir körperlich wehgetan hat.« Ihre erste Bindungserfahrung ist keine, sie erlebte Isolation. Diese tiefe Verlassenheit hat sich eingegraben. Das ist für die Betroffenen wichtig zu verstehen, denn der frühe Mangel an Bindung und Nähe zur Mutter hat etwas kreiert, was nicht sichtbar ist, aber trotzdem das spätere Beziehungsleben prägt. Es ist in dieser frühen Zeit ein »unsichtbares Hörrohr« gewachsen, das auf Ablehnung ausgerichtet ist. Immer wenn es um Nähe geht, um Kontakt, um Liebe und Freundschaft, steuert dieses Hörrohr unwillkürlich bestimmte Worte und Sätze an, die nach Ablehnung klingen könnten. Hierbei ist der Konjunktiv wichtig – könnten! Das Hörrohr interpretiert Gehörtes in eine Richtung: »Wahrscheinlich bin ich hier wieder nicht erwünscht, werde abgelehnt und nicht gemocht.« Wer schon im Mutterleib isoliert war, wird sich schnell zurückziehen, weil er sich zurückgesetzt, nicht willkommen fühlt. Das Alleinsein kennt er gut. Im Kontakt mit anderen Menschen kann sich das unsichtbare Hörrohr plötzlich und unerwartet wieder auf die Suche nach der alten Information der Ablehnung ausrichten. Sein Selbstwert ist sehr fragil.

Was ist zu tun?

Schauen wir bei diesem Thema des Ungewolltseins noch einmal auf die beiden Realitäten, die der Mutter/des Vaters und die des jetzt erwachsenen Kindes. Was den Vater angeht, ist, so scheint mir, die Wut und die Trauer über die erste Ablehnung leichter zu adressieren, sie wird eher ausgesprochen und geklärt. Sofern der Vater präsent ist. Ist er abwesend, wird auch das leichter hingenommen. Das Thema mit der Mutter betrifft jedoch das Urvertrauen und gestaltet sich damit weitaus schwieriger. Steht das Thema noch nach Jahrzehnten zwischen Mutter und Kind – vielleicht sogar völlig unbewusst –, steht es also im Raum, dann wird es eine Fremdheit geben, eine Distanz, vielleicht eine Scham. Beide Seiten können sich nicht richtig zuwenden und in die Augen schauen. Die alte Ablehnung, das »Ich wollte dich nicht!«, und das alte Gefühl von »Ich bin nicht gewollt« beinhalten die Ursache der Kontaktstörung. Die Wunde kann durch eine Geste, einen Satz wieder aufgerissen werden, sie bleibt tief im Untergrund existent, solange sie nicht geheilt ist. Für die betroffenen Kinder ist jede Erinnerung mit einem hohen Stress verbunden. Das Nervensystem wird bei jeder noch so leisen gehörten oder gefühlten Abweisung sofort hochfahren. Die Betroffenen sind sofort in einem hochalarmierten Erregungszustand. Ihr Körper ist wieder beunruhigt. Was also tun? Erinnern wir uns an Stephen Porges und seine Aussage, dass wir Menschen auf Bezogenheit ausgerichtet sind und dass sich der Stress in unserem Nervensystem mithilfe eines liebevollen, zugewandten Kontakts beruhigen kann. War und ist das mit den Eltern nicht erfüllbar, dann wird es andere Menschen geben, Menschen, mit denen eine Bindung möglich war und ist. Vielleicht eine Oma, Tante, ein Lehrer, der jetzige Partner, vor allem auch Freunde und Freundinnen, es geht um Wohlgesonnene oder um Wahlverwandte, deren Botschaft war beziehungsweise ist: »Du bist mir willkommen. Wie schön, dass du da bist.«

Auf der seelischen Ebene ist so vieles veränderbar, das gilt für alle problematischen Beziehungen zwischen Eltern und Kindern. Und so wird auch William Emerson, der therapeutisch mit dieser vorgeburtlichen Thematik arbeitet, nicht müde zu verdeutlichen: »Es ist nie zu spät, das umzuwandeln. Eine frühe Nichtbindung kann immer geheilt und verändert werden, es ist zu jeder Zeit möglich.« Etwas ist nach meiner Erfahrung dabei sehr hilfreich: Als Erwachsener wird das damals ungewollte Kind lernen können, dieses unsichtbare Hörrohr – um in dem Bild zu bleiben – zu kontrollieren. »Werde ich wirklich abgelehnt? Oder kann ich erkennen, dass da etwas falsch programmiert ist? Kann ich mich trauen, im Kontakt mit anderen zu bleiben, auch wenn mein Hörrohr etwas Schlimmes zu hören glaubt? Oder ziehe ich mich sofort zurück? Traue ich mich vielleicht sogar, nachzufragen und zu überprüfen, ob das stimmt, was mein Hörrohr aufnimmt?« Das ist nicht leicht und es schreibt sich einmal wieder leichter, als es getan ist, aber es ist ein Weg, um dieses vorgeburtliche Muster zu verlassen, zumindest aber zu mildern.

Aber auch die Mutter kann einen Schritt tun. Auch das ist nicht leicht, denn sie wird möglicherweise Schuldgefühle entwickelt oder das Thema gänzlich verdrängt haben. Aber hat sie eine Ahnung, eine leise Idee davon, dass die Spannungen und Beziehungsprobleme mit der Tochter oder dem Sohn mit ihrer ganz frühen Angst, mit ihrem ersten »Nein« zu tun haben, kann sie zulassen, dass diese erste gemeinsame Zeit schwierig war, ist es ihr möglich, das schmerzhafte Thema anzuerkennen, dann ist das der Beginn für eine Aussöhnung. Sie hat auch nach vielen Jahren die Chance zu einer Korrektur.

William Emerson formuliert es so:

> »Bindung kann sich verändern, wenn diese Mutter irgendwann in ihrem Leben aufwacht und erkennt, dass sie nicht in Kontakt war mit ihrem ungeborenen Baby. Wenn sie erkennt, dass sie total beschäftigt war mit all diesen anderen Problemen. Dass sich ihr Baby dadurch ungesehen, ungehört, nicht wahrgenommen und ungewollt fühlte. Was essenziell ist. Wenn sie das akzeptieren und ausdrücken kann, wenn ihr das möglich ist, dann wird dadurch ein Heilungsfeld geschaffen, in dem ihr vielleicht jetzt schon erwachsenes Kind heilen kann. Denn sie sagt damit: ›Ja, du hast recht, ich wollte dich nicht, ich war nicht für dich da.‹ Da ist der Neubeginn. Es gibt eine grundlegende Wahrheit: Wir machen als Menschen alle Fehler. Der schwerste Fehler jedoch ist, den Fehler nicht zu erkennen, den ich gemacht habe, denn damit verhindere ich Veränderung.«

Kapitel 11: Kontakt auf Augenhöhe – Möglichkeiten einer Annäherung

»Unsere Aufgabe ist es nicht, nach Liebe zu suchen, sondern einfach alle Hindernisse aufzuspüren, die wir der Liebe in den Weg gestellt haben.«

Rumi

Sabine Kattowitz' Geschichte

Ein familiäres Zerwürfnis kann die Dimension einer griechischen Tragödie haben, mit allen Komponenten: Verletzungen, Machtkämpfen, Schmerz, Trauer, Verzweiflung, Rache, Schuld und Scham, Anschuldigungen und Schwüren. In der griechischen Tragödie geht es allerdings immer um ausweglose Schicksalsfragen: Ganz gleich, wie sich die Akteure verhalten, sie werden scheitern. Sie sind in ihrem Schicksal gefangen und es gibt keinen Ausweg. Genau da unterscheiden sich die Familiendramen von dem Schauspiel, denn im wahren Leben sind die Beteiligten zum selbstbestimmten Handeln fähig und damit in der Lage, ihre Lebenssituation zu verändern. Die Antriebsfeder dazu ist die Sehnsucht nach Familienfrieden, nach Zugehörigkeit und danach, dass alles wieder gut werden möge.

Leider gibt es kein Einmaleins der Familienzusammenführung und dennoch werden in diesem Kapitel Gedanken und Anregungen formuliert, die aus meiner Erfahrung heraus die Familiensituation entspannen können. Und ich sage bewusst *können*, denn die Bewegung aufeinander zu ist natürlich vom Grad der Verletzung beziehungsweise Verhärtung der Positionen abhängig und eine Neugestaltung muss wirklich gewollt sein.

Jede Veränderung der Beziehungen erfordert eine veränderte innere Haltung. Heinrich Werner, ein Freund von mir, bringt es als Körpertherapeut in unseren Gesprächen immer wieder auf den Punkt: »Nur wenn ich mich bewege, dann bewegt sich etwas.« Was meint: Ich kann aus mir heraus etwas tun, etwas anderes, als ich bisher getan habe, und damit ist eine Veränderung bereits da, auch wenn sie vielleicht erst einmal ganz klein und vorsichtig ist. In Kapitel 7 wird beschrieben, dass die schweren Familienkonflikte mit einem Ohnmachtsempfinden verbunden sind, unter dem ein hoher Stresspegel, eine große Aufgeregtheit liegen. Um da herauszukommen, braucht es ein aktives Tun. Jede auch noch so kleine Veränderung ist ein Schritt aus dieser unguten Bewegungslosigkeit heraus. Der Druck und die Beklommenheit lassen nach, die ständig kreisenden Gedanken um den Konflikt werden weniger.

Solch eine Bewegung braucht kein direktes Gegenüber. Jede/r einzelne Betroffene muss für sich allein entscheiden: Ich will etwas Neues versuchen, ich will mich aus der Verstrickung lösen. Das ist eine individuelle Entscheidung, unabhängig vom Außen, auch wenn die Vorstellung besteht, dass sich alle Beteiligten aufeinander zubewegen sollten, dass nur ein Treffen am »runden Tisch« zum Guten führen kann.

Hierbei hat mich ein Phänomen immer wieder in Erstaunen versetzt: Betroffene Mütter beginnen mit solch einer Bewegung, sie beginnen, sich mit den Aussagen ihres Kindes zu beschäftigen. Sie fragen sich erstmals wirklich: »Was hat mein Kind erlebt, wenn es sagt: ›Ich fühle mich nicht akzeptiert, nicht wahrgenommen, nicht geliebt‹? Worum geht es in unserem Konflikt in der Tiefe?« Sie beginnen, sich in ihr Kind einzufühlen, sich in seine Schuhe zu stellen. Und indem sie das tun, ist es manchmal so, als würde die Tochter oder der Sohn von Weitem hören, dass da eine Veränderung geschieht. Nicht selten ist dieser Schritt der Mütter, ihre zaghafte Öffnung des Herzens, ein Signal, das auch über Entfernungen hinweg wahrgenommen wird und einen Wandel ankündigt. Die systemische Therapie beschreibt diesen Umstand als das Energiefeld, das eine Familie verbindet. Der gleiche Entwicklungsschritt kann natürlich auch seitens der Kinder angestoßen werden.

Dieses Buch ist allerdings kein Ratgeber im Sinne von »Man nehme …, füge … hinzu und heraus kommt …«. Veränderung setzt die Bereitschaft voraus, sich seinen Anteil des Konflikts anzuschauen. Und alles, was im Folgenden formuliert wird, ist unabhängig davon, ob es noch einen – wenn auch vielleicht nur minimalen – Kontakt zwischen Eltern und Kindern gibt oder ob die Verbindung ganz unterbrochen ist und totale Funkstille herrscht. Mutter, Vater, Tochter oder Sohn, jeder kann frei für sich entscheiden, welche Grundhaltung er einnehmen mag, ganz gleich, was der/die andere tut.

Von Schuldgefühlen und Schuldzuschreibungen

Es gibt zwei Reaktionen, die eine Veränderung blockieren: die Selbstbeschuldigung und die Anschuldigung. Bisher war in diesem Buch ganz bewusst sehr wenig die Rede vom Schuldgefühl, eben weil Schuldgefühle und Schuldzuweisungen in der Auseinandersetzung wenig hilfreich und sogar zerstörerisch sein können. Dennoch ist das Schuldthema vor allem bei den Müttern immer präsent und manchmal sogar beherrschend. Sätze wie »Es ist doch alles umsonst gewesen!« oder »Ich wollte es doch nur gut machen, aber ich habe ja wohl total versagt!« gehören dazu.

Auch von Töchtern und Söhnen höre ich Selbstbeschuldigungen. Obwohl sie sich sicher sind, dass der Schritt aus dem Kontakt heraus für sie wichtig und richtig war, gibt es eine innere Stimme, die fragt: »Was tue ich meinen Eltern an? Hoffentlich verkraften sie das. Darf man das als Kind überhaupt? Bin ich nicht zu selbstsüchtig und egoistisch?«

Sehr nah verwandt mit den Schuldgefühlen und Selbstvorwürfen sind die Anschuldigungen. Auf beiden Seiten wird Schuld zugeschoben. »Wenn du nicht …«, »Willst du etwa …?«, »Wie kannst du nur …!«, »Aber du hast doch …« So fangen die Schuldzuweisungen an, die Kernbotschaft ist dabei immer das DU.

Schuldgefühle und auch die Anschuldigungen führen zu nichts, im Gegenteil, sie verstellen den Weg, mit ihnen wird es keine Veränderung geben. Ich bin überzeugt, dass die Beschäftigung mit Schuldgefühlen und Schuldzuschreibungen lähmend wirkt, und natürlich hat niemand absichtlich und bewusst das Unglück herbeigeführt. Gedanken, die um die Schuld kreisen, enden in einer Sackgasse. Es ist vergleichbar mit der Suche nach dem richtigen Weg: Steht auf dem Straßenschild »schuldig«, dann ist man irgendwann falsch abgebogen, das innere Navigationssystem hat eine Falschmeldung übermittelt. Um doch noch an das Ziel zu kommen, muss man umdrehen.

Die Selbstanklagen machen zudem kraftlos, sie ziehen nach unten. Man macht sich klein. Und Gedanken wie »Ach Gott, ach Gott, was habe ich bloß falsch gemacht?« suchen die Erlösung von außen. Das Schönste wäre, wenn das Kind jetzt sagte: »War ja nicht so schlimm! Ist schon gut.« Dieses Sich-Kleinmachen ist das Gegenteil von Verantwortungsübernahme für das eigene Tun. Aber genau das braucht es.

Es ist nie zu spät

Sabine Kattowitz ist 46 Jahre alt. Ich habe sie in Berlin getroffen und möchte ihre Geschichte zum Schluss vorstellen, weil sie darin sehr deutlich beschreibt, wie es ist, sich den Gefühlen der Tochter zu stellen, und was sie als Mutter zu verantworten hat. Ihre Tochter Anna, Mitte 20, hat vor etwa drei Jahren einen radikalen Schnitt gemacht. Anna ist zu ihrem Freund und seiner Familie gezogen und verweigert seither das Gespräch und den Kontakt mit ihrer Mutter. Ab und zu gibt es eine SMS oder E-Mail.

Sabine Kattowitz war viele Jahre alleinerziehend, so wie ihre Mutter und ihre Großmutter auch. Die Großmutter ist von ihrem Mann während des Krieges verlassen worden, sie hatte damals zwei Kinder. Für Sabine Kattowitz war es erst einmal gar nicht zu begreifen, warum und wieso sich die Tochter abgewandt hat. Aber dann, nicht zuletzt ausgelöst durch die Vorwürfe ihrer Tochter, stellte sie sich endlich dem, was in ihrer kleinen Familie geschehen ist.

»Als würde das nicht zu meinem Leben gehören«

»Anna hat mir vor einiger Zeit in einer E-Mail knallhart vorgeworfen, dass ich egoistisch sei und ignorant. Und sie meint, dass ich überhaupt nicht begreife, was sie mir immer sagen wollte. Inzwischen verstehe ich das schon, aber es ist natürlich schlimm, wenn man aufwacht und begreift, dass alles ganz anders ist, als man immer dachte. Ja, ich habe Anna manchmal angebrüllt, und sie schreibt, wie schlimm das war. Ich selber habe das damals als gar nicht so schlimm empfunden. Ich habe sie doch immer lieb gehabt. Aber der Alltag ist ohnehin schon so schwierig und man will die Probleme gar nicht sehen. Komischerweise weiß Anna noch alles, jede Ohrfeige, die sie bekommen hat, und ich muss gestehen, ich weiß es auch.

Wir hatten schon länger ein angespanntes Verhältnis. Anna war oft sehr frech zu mir. Aber erst vor vier Jahren fing es an, dass mir langsam klar wurde: Da läuft etwas nicht richtig zwischen uns! Mein jetziger Mann mischte sich damals in einen Konflikt zwischen Anna und mir ein, und er hat zu ihr gesagt: ›Wenn man jemanden verletzt, dann muss man sich entschuldigen.‹ Daraufhin antwortete sie: ›Wieso soll ich mich entschuldigen? Mutti war früher auch nicht nett zu mir. Sie hat sich auch nie entschuldigt!‹ Sie hat mich dann angeguckt und zu weinen angefangen, ich musste auch weinen, bin aber nicht auf sie zugegangen. Vielleicht hätte ich das machen müssen. Ich konnte nicht. Aber diese Situation hat mich zum ersten Mal ansatzweise zum Nachdenken gebracht.

Ich fühlte mich immer so leicht angegriffen. Sie war oft patzig und respektlos. Ein Beispiel: Wir waren mal zusammen einkaufen. Ich hatte mir das so schön vorgestellt, denn meine Tochter kann gut beraten, sie hat einen guten Geschmack. Als ich dann etwas anprobierte, hat sie knallhart, ganz laut im Laden gesagt, dass es scheiße aussieht. Das war unmöglich, sie hat mich total runtergemacht. Ich habe dann erst einmal mitgelacht, um mir keine Blöße vor den Leuten und auch nicht vor ihr zu geben.

Als junge Frau hatte ich einen sehr starken Kinderwunsch, aber damals war für mich nicht entscheidend, ob ich mit dem Mann zusammenbleibe. Von vornherein wusste ich nicht, ob das der Mann meiner Träume ist. Ich wollte ein Kind mit ihm haben. Ich bin selber ohne Vater aufgewachsen, meine Mutter war ja auch nicht verheiratet. Er ist dann ausgezogen, als Anna zweieinhalb

Jahre alt war. Jetzt, nach über 20 Jahren, schreibt Anna mir, wie sehr sie ihren Vater vermisst hat.

Das Leben allein mit einem kleinen Kind war anstrengender als gedacht. Ich hatte mir alles einfacher und schöner vorgestellt. In der ersten Zeit fühlte ich mich auch stark und es lief gut. Dann fing die Überlastung an. Ich habe voll gearbeitet und an den Wochenenden wollte ich dann meiner Tochter etwas bieten. Sie war ja den ganzen Tag im Kindergarten. Wir sind auf den Rummel oder in den Tierpark oder zum See. Anna war ein ernstes Kind, und ich habe immer versucht, mit ihr fröhlich zu sein, aber sie wollte das nicht. Ich habe sie dann manchmal angepflaumt: ›Du versaust mir hier das ganze Wochenende …!‹ Daran kann sie sich genau erinnern und das hat sie mir auch vor einiger Zeit vorgehalten. Gerade am Wochenende war ich manchmal so genervt.

Anna wachte morgens sehr früh auf und ich war kaputt und brauchte meinen Schlaf. Sie ist dann in mein Bett gekommen und manchmal haben wir gekuschelt, manchmal habe ich aber auch gesagt: ›Aber jetzt bist du noch leise, Mutti will noch schlafen.‹ Sie hat einfach nicht gehört und fing ein Spiel an, ›Ich sehe was, was du nicht siehst‹. Aber ich wollte nicht spielen. Sie machte immer weiter und dann habe ich ausgeholt und sie hat eine Backpfeife bekommen.

Wenn sie eine gekriegt hat, hat sie nicht geweint, sondern weitergemacht. Damals hätte ich mir schon Hilfe holen müssen, das wusste ich auch, aber ich habe es nicht getan. Ich dachte: ›Das kriegst du hin!‹ Wie man so war. Ich kannte das nicht, dass man irgendwohin geht und sich Hilfe holt. Das war nicht üblich, meine Mutter hat das auch nicht gemacht, sie hat das mit uns Kindern auch alleine geschafft.

Es ist schlimm. Für Anna muss ich unberechenbar gewesen sein. Mal war es schön zwischen uns, aber wenn ich so genervt war, dann wurde es schnell schrecklich. Aber man kann es nicht wiedergutmachen. Anna will nicht mehr zurück zu mir. Sie braucht mich nicht mehr. Zeigt mir, dass sie jetzt alleine klarkommt. Sie ist ganz anders als ich und das finde ich auch gut. Anna hat den Mut, mir das alles um die Ohren zu hauen. Ich hätte das meiner Mutter nie so sagen können. Ich habe meine Mutter zwar auch mal ein bisschen kritisiert, aber nie so, dass ich gesagt habe: ›Mama, das ist doch Mist, was du hier machst …!‹

Obwohl meine Mutter auch so ambivalent war. Mal war es so schön mit ihr, wir haben gesungen und gelacht, sind rumgehüpft, und dann … Wenn ich mal anders war, als sie wollte, hat sie mich mit Missachtung bestraft. Wenn ich mal was falsch gemacht habe, dann sprach sie nicht mit mir. Sie hat aber nie gehauen, ich kenne das gar nicht. Nur dieses Ignorieren, das war schlimm. Damals dachte ich: ›Hau mich doch lieber! Nur tu nicht so, als wäre ich gar nicht da.‹ Von diesem ›Komm her – geh weg!‹ habe ich wohl einiges an meine Tochter weitergegeben.

Was Anna betrifft: Sie hat recht, das war nicht in Ordnung, ich hätte sie nie hauen dürfen, ich weiß das ja. Ich hätte damals nicht voll arbeiten gehen sollen. Egal was mit dem Geld war, wir wären schon irgendwie durchs Leben gekommen. Das wäre schon gegangen, aber ich wollte beides schaffen.

Mir ist in der letzten Zeit so langsam bewusst geworden, dass Anna Angst vor mir hatte, das wusste ich früher nicht. Da kann ich jetzt ein bisschen drüber reden, aber damals habe ich das nicht wahrhaben wollen. Ich hatte das Gefühl, dass das nicht mein Leben sein kann. Ich hatte mir alles anders vorgestellt. Aber das war mein Leben! Und da war keiner, der gesagt hat: ›Mach es anders!‹ Meine Mutter hat mitbekommen, dass ich manchmal grob zu Anna war, und sie hat schon mal gesagt: ›Nun sei doch nicht so!‹, aber sie hat nie ein richtiges Gespräch mit mir geführt.

Als Anna ungefähr 16 war – in der Zeit habe ich meinen Mann kennengelernt –, fing sie an, sich komplett zurückzuziehen. Sie war so verschlossen und ich kam nicht an sie ran. Sie hat sich auch über nichts mehr freuen können. Ich hatte große Sorge um sie, hab aber nichts gemacht, hab nicht gefragt: ›Was ist denn los? Wieso bist du so traurig?‹ Da spätestens hätte ich zum Kinderpsychologen gehen müssen, bin ich aber nicht! Hab gedacht: ›Psychologie, damit will ich nichts zu tun haben.‹ Ich habe es einfach laufen lassen, so als würde das nicht zu meinen Leben gehören. Und in der Zeit fing es an, dass ich eine Art Schleier vor mir hatte, ich habe so eine Art Wand gezogen, weil ich damit nicht zurechtgekommen bin, dass es ihr schlecht geht. Aber ich habe nichts gemacht, auch nicht mit ihr geredet. Ich hatte Angst davor, dass es schlimmer wird, wenn ich etwas sage, und dann habe ich es lieber so gelassen. Das ist so krass, im Nachhinein. Und das ist es, was sie mir vorwirft, dass ich nicht für sie da war, dass ich nicht reagiert habe. Ich scheue eigentlich keine Konflikte, nur bei dem Wichtigsten in meinem Leben, bei meinem Kind ist es leider so gewesen. Tja, man denkt, dass das alles nicht sein kann, aber … Jetzt muss ich weiterleben, auch ohne sie. Am Anfang habe ich gedacht, die Welt geht unter, tut sie aber nicht.«

Von der Verantwortung der Eltern

Sabine Kattowitz formuliert, was viele Betroffene kennen: Man will es nicht wahrhaben, und ein Schleier, der schönfärbt, der die Realität unscharf macht, zieht sich vor den klaren Blick. Und das geschieht, weil es so schwer und schmerzhaft ist, anzuerkennen: Das Dilemma gehört zu mir. Damit ändert sich das Selbstbild. Wer mag sich schon gerne eingestehen: »Ich wollte es nicht, aber es ist so gekommen. Ich habe etwas falsch gemacht oder sogar versagt. Es war mein Tun.« Eine Mutter offenbarte mir: »Mir ist klar, wenn ich mich dem stelle, dann werde ich tagelang weinen.« Natürlich, das zu fühlen, tut weh, man hat es ja aus diesem Grund niemals spüren wollen, und es gehört Mut dazu, sich dem eigenen Tun zu stellen – so wie Sabine Kattowitz. Sie beschreibt zwei Verhaltensweisen, die nach meiner Überzeugung unabdingbar sind, um aus der Lähmung und Fassungslosigkeit herauszukommen: Anerkennen und Verantwortung übernehmen. Dadurch, dass sie den Schleier beiseitezieht, wird etwas Bemerkenswertes möglich: Sie übernimmt die Verantwortung für ihr Handeln. Und damit kommt sie aus ihrem Ohnmachtsgefühl des Verlassenseins heraus, denn Verantwortung übernehmen ist ein Gefühl der Stärke und damit das Gegenteil von Schwäche und Kraftlosigkeit. Und (erwachsene) Kinder wollen keine leidenden Eltern, sie brauchen starke Eltern.

Anerkennen, was wahr ist

Das Anerkennen der Familienrealität ist deshalb so wichtig, weil es der Frage nach dem »Warum« und dem Nicht-verstehen-Können ein Ende setzt. Es geht um Wahrheit. Natürlich, das Annehmen der ungeschönten Wahrheit ist schwierig, aber das ist der einzig richtige Weg. Aufseiten der Eltern bedeutet dieses Anerkennen, so banal es klingt: »Ja, es liegen schwere Störungen in unseren Familienbeziehungen vor. Wir haben einen massiven Konflikt, das ist Tatsache! Wir sind nicht zufällig, ohne unser Zutun da hineingeraten, sondern das, was jetzt vorliegt, hat eine Geschichte. Wir sind in unserem Familiendrama Akteure und keine Statisten. Der Abbruch ist die sichtbar gewordene Konsequenz unserer Beziehungsproblematik und unserer stressigen Kommunikation. Die Bedürfnisse nach Nähe, Sicherheit, Halt, Wärme, Geborgenheit, nach Selbstwirksamkeit haben aus vielerlei Gründen keinen guten Stand in unserer Familie gehabt.«

Hier möchte ich noch einmal zusammenfassen, wovon die Familienatmosphäre, also die Realität in der Familie geprägt ist und was die möglichen Grundlagen der Konflikte sind:

- beunruhigende und angstbesetzte Kommunikation,
- verborgene elterliche Bedürfnisse wie »Ich brauche dich, hilf mir!« oder »Gib mir und meinem Leben einen Sinn!«,
- Leistungserwartungen, Statusdenken und Überbetonung von materiellen Werten,
- schwerwiegende Ereignisse wie Krankheit, Tod oder finanzielle Not,
- emotionale Distanz,
- unangemessene Forderungen wie z. B. »Hier wird gemacht, was ich will, du ordnest dich unter!«,
- übergroße Ängste und Sorgen, die der Freude keinen Raum lassen,
- WIR-Gebote, in denen das ICH des Einzelnen nicht wichtig ist, sondern nur der vorgebliche Familienzusammenhalt,
- Beziehungsdramen,
- Alkohol und Sucht oder Gewalt.

Kinder, die aus dem Kontakt gegangen sind, sagen einhellig:

»Das Schlimme ist, dass meine Eltern keine Verantwortung für unsere Familienproblematik übernehmen. Sie verneinen unsere gemeinsame Realität. Sie schweigen. Sie behaupten nach wie vor, dass alles so gekommen ist, weil ich schon immer schwierig war. Oder es läge alles nur an meinen neuen Freunden. Sie versuchen, sich zu rechtfertigen, und damit negieren und verleugnen sie meine Empfindungen, meine Wahrnehmungen, meine Erinnerungen, meine Wahrheit. Das ist es, was mich wirklich wütend macht. Wenn sie einmal sagen könnten: ›Du hast recht. So war es. Es tut mir leid!‹, dann würde das alles verändern. Damit würden sie mich sehen und das wäre eine echte Wertschätzung meiner Person.«

Von der Verantwortung der Kinder

Auch die erwachsenen Kinder sind nicht frei von Verantwortung. Sollten sie ein Interesse an irgendeiner Veränderung haben, dann seien sie ermutigt, aus ihrer Subjektivität herauszugehen und sich das Gesamtbild anzuschauen: Was hat meine Familie so werden lassen? Was haben meine Mutter und mein Vater erlebt, bevor es mich gab? Was hat meine Mutter, meinen Vater so eng werden lassen, was hat ihr Herz verkühlt? Warum sind sie so unberechenbar? Warum ist es für sie so schwer, wenn ich mich abnabele?

Auch bei den erwachsenen Kindern geht es um das Anerkennen und auch ihre anzuerkennende Wahrheit klingt erst einmal banal. Sie lautet:

- Ja, es tat vieles sehr weh! Aber mehr zu geben war meiner Mutter oder meinem Vater nicht möglich.
- Meine Eltern haben ein bestimmtes Schicksal, das sie in Gefühlsangelegenheiten so eingeschränkt hat.
- Wenn sie mehr hätten geben oder tun können, dann hätten sie es längst getan.
- Es gibt für mich keine anderen Eltern als die, die ich habe. Die Zuwendung, die emotionale Intelligenz, die ich bisher so vermisst habe, werden meine Eltern vermutlich nicht mehr aufbringen, auch wenn ich es noch so anmahne und noch so sehr

wünsche. Sie werden heute nicht mehr ausgleichen können, was ich früher so dringend gebraucht hätte.

Diese Wahrheit anzuerkennen hat allerdings eine folgenreiche Konsequenz. Das erwachsene Kind wird jetzt selbst Sorge dafür tragen müssen, dass es ihm gut geht. Man kann dann nicht weiter anklagen, sondern muss den verletzten Teil in sich selber betreuen. Das ist der Preis der Autonomie.

Auf Augenhöhe

In dem Generationenkonflikt fehlt in der Regel die Gleichwertigkeit, die Augenhöhe zwischen den Eltern und den erwachsenen Kindern. Denn sich auf Augenhöhe begegnen, bedeutet Gleichberechtigung, Akzeptanz, Ernstnehmen. Wie sollten Erwachsene sonst zusammenkommen, wenn sie nach einer Entkrampfung ihres Konfliktes suchen? Obwohl es wehgetan hat, obwohl so viel Furchtbares gesagt oder geschehen ist, müssen beide Seiten ihre alten Positionen aufgeben. Und auch das kann jeder Einzelne ohne das Gegenüber tun. Ganz obenan steht die »Ich-habe-ein-Recht-auf«-Position. Jede Form von Forderung, Zurechtweisung, Vorwurf, Besserwisserei schafft Abwehr. Jede Form von Oben- und Unten-Denken verlässt diese Augenhöhe.

Eltern werden für den Moment ihre Forderung nach Respekt und Achtung vor ihrem Alter loslassen müssen, ebenso wie die erwachsenen Kinder die Herablassung der Jugend im Sinne von »Ach, Mama, du mal wieder …, da kommst du doch nicht mit …« aufgeben müssen.

Augenhöhe bedeutet: Ich bemühe mich, dich so wahrzunehmen, wie du bist, und – bitte! – sieh du mich auch!

Ich werde wahrgenommen!

Was mir das Wichtigste an diesem Thema ist, das sind vier Punkte, die auf der Theorie von Stephen Porges basieren. Sie sind die Grundlage einer friedvollen familiären Kommunikation:

1. Wir alle brauchen das Gefühl von Sicherheit, Halt und Geborgenheit.
2. Jede/r von uns benötigt die Unterstützung, das zugewandte Miteinander mit anderen Menschen, besonders mit den Eltern in den wichtigen Entwicklungsphasen des Lebens. Das ist keine Verstandesentscheidung, sondern eine biologische Notwendigkeit.
3. Liebe, Zuneigung kann nicht gespürt werden, wenn wir uns in Abwehr, das heißt in einem inneren Stress, befinden. Wir Menschen brauchen dazu das Gefühl, willkommen zu sein.

Es ist ein Missverständnis zu glauben, lieben bedeutet, immer wieder zu sagen: »Ich hab dich lieb!« Liebe will gespürt werden, Liebe ist ein Körperzustand, ein Wohlbefinden, eine Freude, Ruhe und auch eine Leichtigkeit.

Ich glaube, dass wir instinktiv wissen, was für einen liebevollen Kontakt nötig ist. Und so setzt es mich auch nur im ersten Moment in Erstaunen, was sich Töchter und Söhne, die den Kontakt abgebrochen haben, von ihren Eltern wünschen. Mehrfach erklärten mir Betroffene: »Ich wünsche mir eigentlich nur, dass meine Eltern die wesentliche Frage stellen: »Wie geht es dir?« Nur diese eine Frage: »Wie geht es dir?« Denn in dieser Frage steckt: »Ich bin an dir interessiert! Wer bist du? Was machst du? Was bewegt dich?« Sie wollen fragende Eltern, die aufrichtig und echt interessiert sind. Alle Erklärungen, alles Forschen nach dem Wieso und Warum, alles, was mit »Ja, aber …« beginnt, führt zu leicht zurück in die alten Muster. Zu spüren: »Ich bin gemeint, ich werde so, wie ich bin, gesehen«, das ist der tiefste Wunsch von uns allen.

Veränderung im Heute

Beziehungen werden in der Gegenwart gelebt. Die Vergangenheit ist nicht veränderbar, sie ist nicht zu korrigieren. Was im Heute zwischen uns geschieht, das hat Gewicht. Töchter und Söhne drücken das mit dem einfachen Wunsch nach der Frage »Wie geht es dir – heute?« aus. Es ist der Wunsch nach dem aufrichtigen Interesse an ihrer Person – jetzt. Das unterbricht die Abwehr, man kann sich in die Augen schauen, denn Aufrichtigkeit und Wahrheit schaffen Nähe, berühren das Herz.

Thomas Harms, der Begründer der Emotionellen Ersten Hilfe in Bremen, bringt es in einem Hintergrundgespräch auf die Formel: »Die Berührung und Öffnung des Herzens ist Bindungsarbeit. Bindung ist Herz und Herz ist Bindung. Und was wir Menschen finden müssen, ist unser Herz, das ist alles.« Und wenn die Kommunikation sich beruhigt, die Herzen sich geöffnet haben, dann wird es vielleicht möglich sein, über alles zu reden, was früher passiert ist.

Mit den Großeltern ein Herz und eine Seele!? – die Enkelthematik

Ich vermute, viele Betroffene haben in dem Buch nach einer Antwort auf das Enkelthema gesucht. Denn es gibt eine erhebliche Anzahl an Großeltern, die durch den Kontaktabbruch mit ihren

Kindern ihre Enkel nicht mehr sehen können. Auch das gehört leider zu der Familientragödie. Und es ist für alle Beteiligten mehr als schwer – auch für die Enkel. Bei dieser Problematik kann es helfen, wenn beide Seiten erkennen, dass die Enkelthematik den ganzen Familienkonflikt auf besonders deutliche Weise abbildet.

Der Verlust der Enkel ist für die Großeltern vor allem deshalb eine Katastrophe, weil mit den Enkeln etwas möglich ist, was mit dem eigenen Kind schwerlich möglich war: Den Enkeln gegenüber kann die Zuneigung, die Liebe besser ausgedrückt werden. »Wie kann das sein?«, fragt sich zum Beispiel Susanne Fischer in Kapitel 9, denn sie sieht ihre hochproblematische Mutter mit den Enkeln ganz locker und angemessen umgehen. Warum können Großmütter und Großväter sich den Enkeln gegenüber auf eine Weise verhalten, wie sie es bei den eigenen Kindern kaum vermochten?

Die Antwort zieht sich wie ein roter Faden durch das ganze Buch: Eltern wiederholen mit ihren Kindern eigene Bindungserfahrungen. Hat man als Kind selber die Erfahrung von Zurückweisung, Angst, Einsamkeit oder sogar Vernachlässigung gemacht, dann ist das Risiko, dies mit dem eigenen Kind – und nur mit dem eigenen Kind – zu wiederholen, sehr groß. Es ist eben so: Das heranwachsende Kind löst in der Mutter von der ersten Stunde an eine Körpererinnerung aus. Längst vergessen geglaubte Gefühlswelten werden aktiviert. Mit dem eigenen Sprössling öffnet sich eine Luke zu der eigenen Kindheit, zu dem eigenen Mangel.

»Das Baby verflüssigt etwas in der Mutter, ihr Herz wird so sehr berührt, wie sie es sonst vielleicht nie erfährt.« So formuliert es Thomas Harms und sagt weiter: »Leider werden die verletzten eigenen Anteile damit eben auch angerührt und unter Umständen reaktiviert. Und so kann es sein, dass man mit einem Baby wie außer Rand und Band gerät. Man verliert sozusagen die Form.«

Die junge Mutter reagiert, trotz aller guten Absichten, es besser machen zu wollen, unangemessen auf ihr bedürftiges Kleinkind. Man erkennt sich manchmal gar nicht wieder, rastet aus, schreit rum, ist den Tränen nahe, schaltet auf stur und kühl oder hat sogar Fluchtimpulse. Eine junge Frau ist darüber natürlich unglücklich und erschrocken, weil sich wiederholt, was sie in ihrer Kindheit als so schrecklich empfunden hat. Genau das alles geschieht zwischen Großeltern und Enkeln nicht. Sie sind nicht so nah dran – Großmütter und Großväter haben einen viel größeren Abstand zu den Enkeln. Sie sind nicht mehr verantwortlich, nicht so intensiv mit Körper und Seele involviert, das Eigene ist nicht so berührt. Sie haben Distanz und können aus dieser Position heraus viel gelassener fürsorglich sein.

Diese noch jungen Erkenntnisse der Bindungsforschung werden helfen, die belastenden transgenerationalen Bindungsdynamiken zu unterbrechen. Ich glaube, es ist für jeden Einzelnen, für jede Familie und auch für die Gesellschaft außerordentlich wichtig, über diese Zusammenhänge mehr und mehr zu erfahren, denn dieses Wissen ist friedensstiftend. Und die Töchter und Söhne der jungen Generation sind schon auf dem Weg der Veränderung, indem sie sich ihren Familienproblematiken stellen und sie nicht mehr wegdrängen.

Kapitel 12: Nachlese – das Phänomen des Überliebens

In den letzten drei Jahren, seit die erste Ausgabe dieses Buches erschienen ist, habe ich noch einmal mehr über Familienkonflikte erfahren und das motiviert mich, die Ursachen für die Kontaktabbrüche um zwei Aspekte zu erweitern. Denn mir scheinen sich die Hintergründe für die Konflikte in Familien in eine neue Richtung zu verschieben. Meist wird angenommen, dass ein Kontaktabbruch mit den Eltern das Resultat emotionaler Kälte, Vernachlässigung oder Lieblosigkeit sei; dass Väter oder Mütter sich besonders autoritär, dominant oder maßregelnd verhalten, dass die Familienatmosphären beklemmend oder gar furchterregend seien. Und das trifft aus meiner Sicht auf die älteren Kontaktabbrecher, die über 40 Jahre alt sind, auch mehrheitlich zu. Wobei es unmöglich ist, angesichts der Genese von Familiendramen die Altersgruppe einzugrenzen.

Mir fällt jedoch auf, dass es bei den jüngeren Erwachsenen vorwiegend nicht das bedrohliche, das lieblose Familienszenario ist, das sie veranlasst, die gemeinsame Familientür zuzuschlagen. Im Gegenteil, es sind die Familien, in denen eine übergroße Nähe herrscht, bei denen es zur Zerreißprobe kommt. Es geht um das Überlieben, das Überbehüten, die zu große Nähe, die durch ihr Zuviel als erdrückend erlebt wird. Bereits in Kapitel 3 und 4 bin ich auf diese Thematik eingegangen, aber was ich seit der Erstveröffentlichung dieses Buches gehört habe, zeigt mir die Bedeutsamkeit dieser Bindungsdynamik und wie sie mit gesellschaftlichen Entwicklungen korrespondiert.

Ich führe Beratungsgespräche sowohl mit betroffenen Eltern als auch mit Töchtern und Söhnen, die sich aus der Familie lösen, und manchmal, wenn es gelingt, auch mit Eltern und deren Kindern zusammen. Meine Beobachtungen stelle ich zunächst anhand typischer Aussagen der Eltern vor. Eltern, die fassungslos sind und nicht begreifen können, warum ihr Kind so abweisend ist. Sie schildern sehr glaubwürdig, wie gut der Kontakt mit diesem Kind früher immer war, dass das Zusammenleben harmonisch gewesen sei, es nie zum Streit kam, im Gegenteil es gab viel Spaß. Das Kind habe alles gehabt, ihm sei alles ermöglicht worden. Das gewichtigste Argument dieser Eltern lautet, der Kontakt zur Tochter, zum Sohn sei früher: »ganz, ganz nah gewesen.«; »Meine Tochter war und ist das Wichtigste für mich, mein Sonnenschein.« Ich höre Äußerungen wie: »Wie waren wie Freundinnen, haben uns alles erzählt und sind zusammen shoppen gegangen.« »Er war doch mein lieber Junge, und wir hatten es so gut miteinander.« Oder auch: »Mein Kind war mir so nah wie niemand sonst.«

Und das Familienleben ist sicherlich auch genauso gewesen, wie diese Eltern berichten. Alles kreiste um die Kinder. Sie waren das Ein und Alles, man gehörte zusammen. Und es gibt aus meiner Sicht keinerlei Zweifel daran, dass diese Familien früher, als die Kinder noch klein waren und im Elternhaus lebten, ein sehr harmonisches Miteinander gelebt haben; dass man sich nah war und zufrieden.

Umso erstaunlicher ist die Abwendung eben dieser Söhne und Töchter. Es ist ihnen zu eng, sie fühlen sich nicht als Person wahrgenommen, und sie unterbrechen den Kontakt um durchzuatmen und um zu sich selbst zu finden. Die Kinder der oben zitierten Eltern äußern sich wie folgt: »Ja, meine Eltern meinen es immer gut, aber dieses GUT ist zu viel für mich! Das ist mir zu nah. Ihre Dauerliebe ist wie eine Dauerbeobachtung und das macht mich fertig. Ich erlebe das als invasiv, sie dringen in mich und meine Gedankenwelt ein.« Oder: »Mein Vater meint, wir gehörten doch zusammen und seien EINS! Aber das ist nicht wahr, mit meinem Bruder sind wir in der Familie VIER und nicht EINS! Ich bin nicht ein Teil meiner Eltern. Ich bin ganz anders und sicher auch anders als sie es von mir denken. In meiner Familie wurde immer eine Harmoniesoße hergestellt, aus der man kaum herauskommt. Die Wahrheit ist, so sehe ich das heute: Mein Vater braucht dieses EINS-SEIN für seine alten Wunden. Und dem kann man sich als Kind kaum entziehen, aber ich muss mich entziehen, denn sonst gehe ich unter.«

Die Äußerung einer 34-Jährigen: »Meine Mutter und ihr Partner haben große Wünsche an mich, und meine Mutter spricht ständig über unser Familienglück. ›Wir haben doch nur uns‹, sagt sie. Aber ihre Vorstellung von Glück macht mich unglücklich. Sie hat mich immer beschützt, und wenn sie könnte, würde sie das bis heute tun, obwohl ich einen Partner habe und meinen Job und mein eigenes Leben führe. Ich weiß nicht mehr, was ich tun soll, ich kann mich nur mit brachialen Mitteln daraus lösen, denn ich erlebe das nicht nur als eine Vereinnahmung, ich fühle ich mich von ihnen einverleibt.«

Ein junger Mann von 20 Jahren sagt: »Ihre Liebe und Aufmerksamkeit ist zu viel. Gäbe es eine weltweit funktionierende ›Aufpass-Behüte-App‹, meinen Eltern wäre kein Preis zu hoch dafür … Totale Kontrolle! Aber sie verstehen gar nicht, wovon ich spreche, wenn ich ihnen erkläre, dass ich mal Abstand brauche, oder wenn ich ihnen sage, dass sie mich doch einfach mal lassen oder mir zuhören sollen. Auf meinen Wunsch folgt dann prompt folgender Einwand: ›ABER KIND, wir meinen es doch nur gut, das tun wir doch nur aus Fürsorge! Wir lieben dich doch so sehr!‹ Ihr ›gut gemeint‹ ist für mich zu viel, und ihr ›ABER KIND‹ zeigt, dass sie nichts verstehen. Sie wissen immer, was für mich gut ist, als sei ich ein Erstklässler in Sachen Leben.«

In ihrer Kindheit und Jugend haben sich diese jungen Erwachsenen in einem geschlossenen Familienkreis bewegt, und sie bejahten es auch lange Zeit, in diesem WIR zu leben – erst mit dem Erwachsenwerden entwickelt sich das Bedürfnis und die Notwendigkeit daraus auszubrechen. Denn sie wollen und müssen für sich selbst verantwortlich, unabhängig und frei sein – das heißt, sie wollen und müssen autonom sein, ein eigenes durchsetzungsfähiges ICH entwickeln. Eltern berichten von ihren Kindern, die ins Ausland gehen und quasi nicht zurück in das Familienleben kommen. Sie sind nach dieser Zeit verändert, haben sich erprobt und stehen zum ersten Mal auf eigenen Beinen. Sie haben ihre Autonomie entdeckt. Es braucht einen Raum im Außen, um das Eigene im Inneren zu entdecken. Die jungen Erwachsenen entziehen sich dann dem engen Kontakt zu Mutter und/oder Vater, weil sie sie selbst sein wollen. Was für ihre Eltern überschmerzlich sein kann, denn die fühlen sich verlassen.

In den betroffenen Familien gibt es also zwischen den Generationen völlig verschiedene Bedürfnislagen. Da ist die junge Generation, die nach Selbstständigkeit ruft, und eine Elterngeneration, die eine Sehnsucht nach enger Verbindung in sich trägt. Das ist erst einmal ein nicht ungewöhnlicher Sachverhalt und doch braucht es einen zusammenfassenden Rückblick, der meine These erklären mag, warum die massiven Konflikte zwischen Eltern und ihren erwachsenen Kindern so zunehmen.

Wenn man »unterliebt« worden ist

In diesem Buch steht vieles über die Nachkriegsproblematik, über das, was mit der Großeltern- und Elterngeneration geschehen ist. Über den Mangel an Bindung, dem die 40er-, 50er- und auch noch 60er-Jahrgänge ausgeliefert waren. Über Eltern, die nicht auf die Bedürfnisse ihrer Kinder eingehen konnten, die zu viel Distanz aufbauten oder vor deren Attacken man sich zu schützen versuchte. Über die Generationen, die als Kinder »unterliebt« worden sind, mit allen Folgen, die das für ihr inneres Bild von Bindung und Liebe hatte. Problematische frühe Bindungsmuster bleiben eben nicht in den Kinderschuhen hängen. Als Folge sehen wir hochgradig fragile Beziehungen, wie das Ausmaß an Trennungen und Scheidungen anzeigt. Das »in Kontakt sein« ist für diese Menschen herausfordernd und nicht selbstverständlich. Es wird unter Umständen sogar als belastend empfunden, als verunsichernd oder als angstbesetzt erlebt. Menschen dieser Generationen haben gelernt, Beziehungen nur mit Vorsicht zu genießen und sich besser auf sich selbst zu verlassen als auf andere. Gleichzeitig ist in ihnen ein großer, manchmal sogar unstillbarer, Hunger nach Liebe geblieben.

Solch ein früher Bindungsmangel hat natürlich Folgen für die eigene Elternschaft. Eine davon: die Sehnsucht nach Veränderung. Und viele Frauen und Männer dieser Jahrgänge hatten sich spätesten geschworen: »Ich mache es anders! Wenn ich eine Familie habe, dann werde ich meine Kinder lieben und ihnen nahe sein!« Umso überraschender ist es, jetzt von genau diesen Müttern und Vätern zu hören, dass ihre Kinder sich dem Kontakt entziehen. Sie wollten es anders machen als ihre eigenen Eltern und das haben sie auch getan: »Du sollst es besser haben als wir«, und jetzt dieses Desaster.

Der radikale Umbruch in der Pädagogik

Die Generation, die nach dem Krieg geboren wurde, kennt die Härte der autoritären Erziehung. Man wurde zu Disziplin, Gewissenhaftigkeit und Selbstbeherrschung erzogen. Man musste gehorchen, sich unterordnen, durfte sich nicht schmutzig machen, wurde häufig zurechtgewiesen, im Zweifelsfall geschlagen und unerbittlich getadelt. Das unantastbare Sagen hatten die Erwachsenen und selbstverständlich befand man sich als Sohn und Tochter in einer Art Bringschuld zu guten Leistungen, vor allem aber dazu, ein ordentlicher Mensch zu werden. Gefühle, Körperkontakt, Wertschätzung oder gar offen gezeigte Liebe gab es wenn nur in kleinster Dosis.

Und dann zeitgleich mit dem Erwachsenwerden, mit dem Schwur, es anders zu machen, bahnte sich eine Zeitenwende an. Es begann mit der antiautoritären Bewegung, sie räumte mit den disziplinierenden, strengen Elternautoritäten erst einmal radikal auf. Erziehung zur Freiheit, zur Selbstentfaltung, Lustprinzip statt Reglementierung waren jetzt die Grundideen. Eine Pädagogik ohne Zwang und Gewalt. Kinder hatten plötzlich Rechte. Auch wenn diese Bewegung chaotisch war, auch wenn sie durch ihre Grenzenlosigkeit den Kindern wieder keine Sicherheit und keinen Halt gab, war es doch der Beginn einer neuen Haltung dem Kind gegenüber. Der Wert des Kindes stand jetzt stärker im Mittelpunkt, die kindlichen Bedürfnisse wurden wahrgenommen und die Entwicklungspsychologie erforscht seither umfassend, was ein Kind braucht. Und heute stehen folgende Werte, zumindest theoretisch, ganz oben an: Fürsorglichkeit, Nähe, Geborgenheit, Halt, Ich-Stärkung, Selbstermächtigung und mehr partnerschaftliches Miteinander ohne Hierarchie. Eltern nehmen zunehmend die Anliegen der Kinder ernst, hören ihnen zu, stärken ihnen den Rücken und sie zeigen, dass sie ihre Kinder lieben. Kuscheln, Zärtlichkeit, die frühe Symbiose zwischen Mutter und Kind ist nicht nur erlaubt, sondern ist erwünscht und gehört dazu.

Dieses Selbstversprechen, dieser Schwur wurde also durch den gesellschaftlichen Aufbruch begünstigt. Beziehungsweise wurden die Auswirkungen der kühlen Eltern-Kind-Beziehungen und der Erziehung zur Härte zum Dünger neuer Vorstellungen.

Sehnsucht nach Harmonie

Und damit komme ich zu meinem Punkt. Ich erlebe Mütter und Väter, die sich vorgenommen hatten: Ich werde nahbar sein und nicht so unnahbar wie meine Eltern. Ich werde mein Kind lieben und behüten, weil meine Kindheit von Kälte und Distanziertheit geprägt war. Ich werde mich kümmern, denn meine Eltern haben mich vernachlässigt. Ich werde nicht so chaotisch, so narzisstisch sein, sondern da sein für mein Kind. Eltern, die eine Familie gründeten, in der man zusammenhalten und füreinander da sein sollte. In Teilen dieser Generation gab und gibt es eine tiefe Sehnsucht nach Familienharmonie und liebevoller Verbindung.

Da ist Katharina Hoffmann, aus Kapitel 4, die über ihren Familienwunsch sagt: »Ich wünschte mir ein Kind, denn damit hatte ich etwas zum Liebhaben.« Ihr Leben war gekennzeichnet von Lieblosigkeit.

Andere Stimmen betroffener Mütter und Väter klingen etwa so:

- Die Vertrautheit mit meinem Sohn ist lebenswichtig für mich, wenn er sich zurückzieht, gerate ich wieder in meine Einsamkeit.

- Ich bin von meiner Tochter abhängig und kämpfe um sie. Ich habe doch auch ein Recht auf Liebe.
- Meine Tochter ist so wie ich, gleiche Gedanken, gleiche Gefühle, alles gleich…, wir beide sind uns sehr, sehr nah.
- Mein Sohn war immer mein Trost.

Mir ist an dieser Stelle sehr wichtig zu sagen: Solche Äußerungen klingen, auf den Kern der Aussage reduziert, unglaublich, aber sie sind aus dem Bedürfnis nach Nähe entstanden, die dieser Generation am Anfang ihres Lebens vorenthalten wurde. Und meiner Meinung nach steht es niemandem zu, sie negativ zu bewerten oder zu verurteilen. Diese Sehnsüchte sind zutiefst menschlich. Das Problematische ist, dass sie in der Generationenfolge fatale Folgen haben können, denn das Pendel schlägt von einem Extrem in das andere um – hier von zu wenig nach zu viel. Von zu wenig nach zu viel Nähe, von zu wenig selbst erfahrener Fürsorge hin zur Überfürsorge, von zu wenig Liebe in ein Überlieben. Das Pendel geht in die Gegenbewegung. Die »gesunde« Mitte fehlt. Das Vertrackte: In dem Überbehüten, dem Alles-Geben, dem Ganz-nah-sein geht es wieder nicht um das Kind. Bei dieser Überfürsorge wird etwas Wesentliches der kindlichen Bedürfnisse übersehen, vielmehr geht es um die Angst der Eltern, um ihre Angst, die Liebe wieder zu verlieren.

Entwicklung braucht Nähe und Autonomie

Was also fehlt? Was wird heute nicht gesehen? Dazu sei kurz in Erinnerung gerufen, was Liebe idealerweise bedeutet. Sie steht auf zwei Säulen: Zum einen ist da die Nähe, zum anderen die Autonomie. Beides ist gleichrangig. Nähe gibt Geborgenheit und

Halt. Die Autonomie bestärkt die Eigenständigkeit und innere Freiheit. Wird ein Kind darin unterstützt sich auszuprobieren, dann kann es sich ein kleines und später großes Stück entfernen, denn es hat eine Gewissheit entwickelt: Auch wenn ich meine Unabhängigkeit und Eigenverantwortlichkeit lebe, sind meine Eltern mir innerlich nah. Ich bin stabil und selbstbewusst. Mein Wesen, meine Individualität, meine Grenzen werden von meinen Eltern anerkannt, und das macht mich stolz und bringt mich in meine Würde. So das Ideal.

Menschliche Entwicklung findet im Wechsel zwischen den Nähe- und Autonomiebedürfnissen statt.

Was aber passiert, wenn das Kind in seiner Autonomie nicht bestärkt wird? Wenn es nah bleiben soll, beschützt und behütet? Wenn ihm alle Herausforderungen abgenommen und ihm das Leben leicht gemacht wird? Das verhindert, dass das Kind in sich ein Gefühl von Sicherheit aufbauen kann. Die richtige Nahrung zur Bildung von Selbstvertrauen und Selbstsicherheit fehlt. Denn Eigenständigkeit und das Wahrnehmen der eigenen Fähigkeiten erfordert, auch noch jenseits der Kindheit, dass wir uns erproben, dass wir unseren ureigenen Impulsen folgen und ihnen vertrauen lernen. Dass wir unsere Grenzen kennen; um zu spüren, was tut mir gut und was nicht, gleichzusetzen mit – wer bin ich. Eigenständigkeit ist das Gegenteil des angesprochenen Eins-sein, des Bedürfnisses nach Verschmelzung, es ist das Ich und nicht das Wir.

Gerne erzähle ich dazu eine kleine Episode. Jeden Morgen schaue ich bei meinen Yogaübungen auf eine ruhige Straße, die Kinder gehen zur Schule und zur Kita. Und jeden Morgen bemerke ich einen Vater, mit seinem circa Dreijährigen an der Hand laufend, um beide herumspringend ein zweiter Sohn, er ist etwa fünfeinhalb. Die drei fallen mir auf, weil sie zusammen so einen

Spaß haben. Eines Tages kommt der Vater nur mit dem Kleinen an der Hand vorbei, und ich denke mir, der Große ist vielleicht krank. Weit gefehlt: Zehn Minuten später sehe ich den »Großen«, wie er alleine die Straße entlang geht. Ein denkwürdiges Bild, denn man kann sehen, dass sich sein Brustkorb vor Stolz um mindestens zehn Zentimeter vergrößert hat. In ganzer Größe geht er in Richtung Kita. Plötzlich aber zögert er, schaut nach links, nach rechts und hinter sich. Ganz offensichtlich bemerkt er in dem Moment: Oh, oh, ich bin ja ganz alleine!?! Fast ängstlich rennt er einige Meter, beruhigt sich, nimmt wieder die Körpersprache von Selbstsicherheit an und genau so wird er die Kita erreichen. Sein Vater traut ihm das zu, auch wenn er Bedenken hegen mag und beunruhigt ist, ob das gut geht.

Ein Beispiel, das illustriert, was Selbstermächtigung für ein Kind bedeutet. Der Junge löst sich aus der schützenden Hand des Vaters. Das wird nicht ohne Unsicherheit und einem gewissen Maß an Bangigkeit gehen. Allerdings ist das Ergebnis grandios – es ist die Selbstermächtigung und Autonomie, die Freiheit.

Einen kleinen Nebengedanken möchte ich noch anmerken. Dieses Vereinnahmen und Einverleiben, wie es oben eine Betroffene nennt, ist neben den schwierigen Punkten zugleich attraktiv. Es ist eben auch ein wärmender Zustand und wird als beschützend und ungefährlich erlebt. In dem Wort liegt ja »ein Leib« und dieser nahe Kontakt tut gut. Er ist so vertraut, ein Garant für Geborgenheit. Das Erkunden der Welt dagegen ist nicht leicht, es bedeutet Unsicherheit, zugehen auf Fremdes und manchmal muss man auf der Entdeckungsreise vor Angst den Atem anhalten. Die Tochter, die sich einverleibt fühlt, kennt diesen Zustand und sagt zu ihm: »Einverleibt bedeutet auch Sicherheit – Autonomie ist die Wildnis.«

Der Preis, den beide Generationen zahlen

Denken wir wiederum an die Elterngenerationen, sehen wir interessanterweise, dass sie sehr früh lernen mussten, sich auf der Seite der Autonomie und der Eigenständigkeit aufzuhalten. Zum einen, weil niemand ihnen behütend und beschützend beistand, zum anderen wurde von den Kindern damals ein problemloses Funktionieren verlangt, das einfach durch die schwierigen Außenbedingungen erforderlich war. Autonomie ging damals auf Kosten der Verbindung zwischen Eltern und Kindern. Das Thema in Familien war Distanz. Heute bei der jungen Generation hat die gelebte und erwünschte Verbundenheit den Preis der Autonomie. Das Thema ist die zu große Nähe.

In den von Kontaktabbruch betroffenen Familien wissen oder spüren die jungen Leute meist genau, welche Rolle diese Nähe spielt. Sie erleben ihre Eltern eher als ängstlich. Eltern, die folgende Botschaften aussenden: Bleib bei mir/uns sonst bin ich/wir traurig. Eine Betroffene formuliert es so: »In meiner Familie gibt es einen unausgesprochenen Imperativ: Beweg dich nicht weg von uns, das macht uns Angst.«

Welche Bedürfnisse stehen hinter dem Konflikt?

Aus meiner Sicht wird in beiden Generationen ein Teil von dem, was Bindung ausmacht, nicht gelebt. Und es scheint eine gute Frage zu sein, wer braucht in diesem Konflikt was? Meine Annahme heißt: Eltern brauchen die Innigkeit – ihre Kinder die Distanz im Sinne von Eigenständigkeit.

Der Gedanke, dass man als Elternteil das Kind braucht, kommt einem nicht nur abenteuerlich und unwahrscheinlich vor, er ist auch schmerzhaft. Er bedient die große Angst, als Elternteil versagt und Schuld an dem Drama zu haben. Beim genaueren Hinsehen ist dann doch begreifbar, wie die generationenübergreifende Dynamik wirkt: Denn die Eltern-Kind-Beziehung hat etwas Einzigartiges – die bedingungslose Liebe. Das Baby, später das kleine Kind, liebt die Eltern ohne Vorbehalt, ohne sie zu kritisieren und zurechtzuweisen; ohne Sanktionen im Sinne von bestrafendem Rückzug. Die Liebe des Kindes ist erst einmal freudig, offen und vorbehaltlos da.

Dieser Prozess, in dem man als Mutter oder Vater das Kind für sich und den eigenen Mangel benötigt, ist sicherlich absolut unbewusst. Holt man ihn an die Oberfläche und kleidet ihn in Worte, könnte das so klingen: »Mein Kind ist ganz da für mich. So eine Liebe zu erleben das war schon immer mein Wunsch, endlich! Wir sind uns so nah! Dagegen ist Nähe mit Erwachsenen oft problematisch für mich. Im Kontakt mit anderen fühle ich mich entweder schnell unwohl und gestresst. Oder aber ich muss mich anstrengen, um gemocht zu werden, beziehungsweise ich fühle mich unbedeutend; oder aber ich habe Angst, von meinem Gegenüber verschlungen zu werden, mich in dem anderen ganz und gar zu verlieren. Ich bin oft so verschlossen, fühle mich schnell allein und verlassen. Dagegen ist die Verbindung mit meinem eigenen Kind ganz leicht. Mein Kind gehört zu mir. Das tut mir gut.« Und was man liebt, wird wie ein Augapfel gehütet und beschützt. Allerdings, was anfangs noch ein Kümmern und Beschützen ist, gleitet im Laufe der Jahre in die Kontrolle ab, in das Überbehüten. Das ist es, was die erwachsenen Kinder erleben und reklamieren: Sie fühlen sich eingeengt und kontrolliert, brauchen dann Abstand.

In dieser Dynamik liegt aus meiner Sicht die Wurzel des Überliebens begründet. Das bedeutet, eine Dysfunktionalität des Bindungsgefüges hat sich quasi durch die Hintertür wieder eingeschlichen. Die Qualität der Bindung ist auch hier zerbrechlich und im Kern instabil. Im Erleben der jungen Generation geht es wieder nicht um sie, sondern um das Bedürfnis der Eltern und um deren Sehnsucht. Die Gegenbewegung des Pendels hin zum Überlieben ist, so glaube ich, ein Thema, das heutzutage vielen Kontaktabbrüchen zugrunde liegt. Beide Generationen kennen damit das Thema Unsicherheit beziehungsweise Angst. Angst spielt in diesen Familien über Generationen hinweg eine erhebliche Rolle.

Eine Generation, die sich austauscht und über Gefühle spricht

Ein zweiter Punkt, der die Zunahme der Kontaktabbrüche erklären mag, soll zum Schluss noch genannt werden: Es ist die veränderte gesellschaftliche Situation, in die die junge Generation hineinwächst. Junge Frauen und Männer leben in Ausbildungs- und Berufszusammenhängen, die ein hohes Maß an Autonomie, Unabhängigkeit, selbstständigem Denken und Handeln fordern. Beruflich wird ihnen sehr viel Flexibilität und Eigenständigkeit abverlangt und sie sind »Digital Natives«. In ihrem sozialen Miteinander betreten sie Räume, die es vorher noch nicht gab. Auch hier kreuzt und begünstigt eine veränderte gesellschaftliche Realität die innere Thematik: Was die Herkunftsfamilie nicht gefördert hat, ist gesellschaftlich gewollt. Diese Generation muss im Berufsleben unglaublich eigenverantwortlich und unabhängig auftreten und sehr viel an Selbstverwaltung meistern, während sie in ihren Familien überbehütet wurden.

Zudem wachsen sie in der digitalen Welt auf, mit interessanten sozialen Folgen. Das Internet fördert eine neue Form von Gemeinschaft. Die Digital Natives sind in Communities, Peergroups, Chats aktiv. Sie teilen dort politische, berufliche und kulturelle Themen mit anderen. Vor allem aber veröffentlichen sie dort Meinungen, Haltungen, Beurteilungen. Und sie kommunizieren in großem Umfang Privates.

Sie tauschen sich wie keine Generation zuvor über Gefühle, Ansichten sowie über Befindlichkeiten aus. Diese Generation teilt sich mit. In den Sozialen Medien machen sie sich als Individuen mit ihrem subjektiven, persönlichen, seelischen Befinden sichtbar. Dort wird über Gefühlswelten »geredet«, als handele es sich um das Selbstverständlichste der Welt. Geredet ist in diesem Zusammenhang nicht richtig, denn es wird ja in den Chats ununterbrochen geschrieben. Diese auf das Minimum reduzierte Schriftsprache ermöglicht es offensichtlich, sich über tiefe Emotionen in einer Weise auszutauschen, als ginge es um ein etwas komplizierteres »Rote-Grütze-Rezept«. Es wird sich über Lebenssituationen ausgetauscht, die eigenen Familienverhältnisse werden mit anderen verglichen, Beziehungsprobleme werden selbstverständlich geteilt. Sie sprechen über ihre Rolle als Einzelkinder, über die Scheidungen der Eltern, über neue Partner der Mutter und des Vaters, oder darüber, dass sie einspringen mussten als Partnerersatz. Sie sprechen über die Ängste und Problematiken der Eltern. Alles ein Umstand, der vor nicht allzu langer Zeit ein Ding der Unmöglichkeit gewesen wäre. Die neue Kommunikation ist voll von intimen, von familiären und persönlichen Details. Privates geht heute augenscheinlich alle etwas an! Eine bedeutsame Verschiebung, denn die Elterngeneration postuliert noch immer: Privates, das unsere Familie betrifft, geht niemanden etwas an.

Junge Menschen sind mit psychosozialen Themen beschäftigt. Sich coachen zu lassen, gehört zur Normalität, genauso wie es selbstverständlich ist, zu einem Therapeuten zu gehen. Sie tauschen sich sogar über das, was dort verhandelt wird, aus. Man fühlt sich heute mit dem emotionalen Leidensdruck nicht mehr allein, und das ist wohl angesichts des großen Drucks von außen auch wichtig. Es gibt Raum für ihre Gefühle. Und es gibt Freundschaften, die bestärkend, liebevoll, wie familiär sind. Dort wird Verständnis und Akzeptanz gelebt. Sie suchen sich neue Gemeinschaften, weil sie ein schwieriges Familienklima angesichts der hohen Anforderungen nicht mehr so einfach aushalten. Die Familie ist für sie kein Ort der Entlastung, sie belastet vielmehr.

Der jungen Generation fällt es leichter als den Eltern und Großeltern, Gefühle zuzulassen. Sie halten mit dem, was sie bewegt, nicht mehr zurück. Sie finden Worte für das, was sie berührt. Sie überwinden die Sprachlosigkeit, die in ihrer Familie herrscht. Mit dieser neuen Art von emotionaler Beweglichkeit ist die Elterngeneration konfrontiert. Der Finger wird in die Familienwunde gelegt, die Probleme werden nicht mehr beschwiegen und verdrängt. Was früher unmöglich schien, wird heute praktiziert. Sie sind anders als die Elterngeneration!

Solange Eltern es als Anmaßung empfinden, dass ihre Kinder die familiären Schmerzpunkte benennen, führt das in den Fällen von Kontaktabbrüchen weiter zur Konfrontation. Wertet man es jedoch als eine gute Entwicklung, als Fähigkeit und Bereicherung, was die 20-, 30-, 40-jährigen Kinder zu sagen haben, kann etwas Neues entstehen, damit die Generationen belastenden Konflikte endlich ein Ende finden.

Danke

Danke allen meinen Freund/innen für ihre Unterstützung, die es in vielfältiger Form gab. Schon zu Beginn des Schreibens wollen die Gedanken geordnet, die Struktur durchdacht, die Unklarheiten besprochen und geklärt werden. Dazu brauchte ich ein Gegenüber, das ich in Reinhild Overhoff gefunden habe. Sie ist die feinfühlige Geburtshelferin dieses Buches, die über Monate eine »wohlwollend eingestimmte Bindung« zu dem Text aufgebaut hat. Das Zuhören, Lesen, unsere vielen Gespräche waren außerordentlich unterstützend für mich und ich bin sehr dankbar dafür.

Großen Dank auch an Martina Schenek für die fachlichen Hinweise und Korrekturen und ihr Dasein, wenn es mal brannte. Ich danke ihr und allen anderen Erstleser/innen für ihr gewogenes, aber auch kritisches Feedback. Damit haben sie sehr geholfen, die manchmal noch etwas sperrigen Gedanken zu klaren Aussagen werden zu lassen. Danke dafür Erika Idel, Veronika Nölle sowie Heinrich und Rosi Werner; und Dank an Heleen Grooten, die mich dazu gebracht hat, über die Theorie von Stephen Porges nachzudenken.

Ganz großes Danke an Petra und Helmut Saxe fürs Dasein in schwerer Zeit, und ein inniges Danke dafür an meine Kinder Till und Sam.

Ich danke Ekpenyong Ani, Lektorin der ersten Ausgabe, und Sandra Czech vom Kösel-Verlag für das wache und anregende Lektorat. Bei Thomas Harms bedanke ich mich für das wertvolle Hintergrundgespräch, das mich in meinen Thesen sehr bestärkt hat.

Bibliografie

Alberti, Bettina: *Seelische Trümmer. Geboren in den 50er und 60er Jahren: Die Nachkriegsgeneration im Schatten des Kriegstraumas.* München: Kösel-Verlag, 2010, 7. Aufl.

Bauer, Joachim: *Warum ich fühle, was du fühlst: Intuitive Kommunikation und das Geheimnis der Spiegelneurone*. München: Heyne, 2006.

Bode, Sabine: *Kriegsenkel. Die Erben der vergessenen Generation*. Stuttgart: Klett-Cotta, 2014.

Bode, Sabine: *Die vergessene Generation. Die Kriegskinder brechen ihr Schweigen*. Stuttgart: Klett-Cotta, 2015, 20. Aufl.

Bradshaw, John: *Das Kind in uns. Wie finde ich zu mir selbst.* München: Droemer Knaur, 2000.

Brisch, Karl Heinz: *Bindungsstörungen. Von der Bindungstheorie zur Therapie*. Stuttgart: Klett-Cotta, 2009, 9. Aufl.

Brisch, Karl Heinz / Hellbrügge, Theodor (Hrsg.): *Die Anfänge der Eltern-Kind-Bindung. Schwangerschaft, Geburt und Psychotherapie*. Stuttgart: Klett-Cotta, 2014, 3. Aufl.

Haarmann, Claudia: *Mütter sind auch Menschen. Was Töchter und Mütter voneinander wissen sollten*. Berlin: Orlanda, 2012.

Heller, Laurence S. / LaPierre, Aline: *Entwicklungstrauma heilen. Alte Überlebensstrategien lösen; Selbstregulierung und Beziehungsfähigkeit stärken; das neuroaffektive Beziehungsmodell zur Traumaheilung*. München: Kösel-Verlag, 2013.

Huber, Johannes: *Bindung – das »emotionale Band« zwischen Eltern und Kindern*. Autonome Provinz Bozen-Südtirol-Abteilung Familie und Sozialwesen (Hrsg.), 2010.

Hüther, Gerald / Weser, Inge: *Das Geheimnis der ersten neun Monate. Unsere frühesten Prägungen*. Weinheim [u.a.]: Beltz, 2012.

Konrad, Sandra: *Das bleibt in der Familie. Von Liebe, Loyalität und uralten Lasten*. München [u. a.]: Piper, 2014.

Levine, Peter A. [u. a.]: *Trauma-Heilung. Die Energien des Lebens wiedererwecken*. Essen: Synthesis Verlag, 1999, 2. Aufl.

Levine, Peter A.: *Sprache ohne Worte. Wie unser Körper Trauma verarbeitet und uns in die innere Balance zurückführt*. München: Kösel-Verlag, 2016.

Maaz, Hans-Joachim: *Die narzisstische Gesellschaft. Ein Psychogramm*. München: C.H. Beck, 2013, 4. Aufl.

Maaz, Hans-Joachim: *Der Lilith Komplex. Die dunklen Seiten der Mütterlichkeit*. München: C.H. Beck, 2003.

Miller, Martin: *Das wahre ›Drama des begabten Kindes‹. Die Tragödie Alice Millers – Wie verdrängte Kriegstraumata in der Familie wirken*. Freiburg: Kreuz Verlag, 2013.

Porges, Stephen W.: *Neurozeption – die drei Regelkreise des Autonomen Nervensystems*. http://stephenporges.com/index.php/scientific-articles/scientific-articles/publicationss/12-neurozeption-die-drei-regelkreise-des-autonomen-nervensystems (Zugriff: 30.10.2018).

Porges, Stephen W.: *Die Polyvagal-Theorie, Neurophysiologische Grundlagen der Therapie; Emotionen, Bindung, Kommunikation und ihre Entstehung*. Paderborn: Junfermann Verlag, 2010.

Porges, Stephen W.: *Das gestresste Nervenkostüm. Stress und der Verlust spontaner, zutiefst menschlicher Verhaltensweisen*. Vortrag im August 2012 in Weggis, Schweiz, DVD Auditorium Netzwerk.

Ruppert, Franz (Hrsg.): *Frühes Trauma. Schwangerschaft, Geburt und erste Lebensjahre*. Stuttgart: Klett-Cotta, 2014.

Tronick, Edward: *Still Face Experiment*. https://www.youtube.com/watch?v=apzXGEbZhto (Zugriff 11.11.2018).

Ustorf, Ann Ev: *Wir Kinder der Kriegskinder. Die Generation im Schatten des Zweiten Weltkriegs*. Freiburg im Breisgau: Herder Freiburg, 2013, 5. Aufl.

Wardetzki, Bärbel: *Weiblicher Narzissmus. Der Hunger nach Anerkennung*. München: Kösel-Verlag, 2007, 8. Aufl.

Wolynn, Mark: *Dieser Schmerz ist nicht meiner. Wie wir uns mit dem seelischen Erbe unserer Familie aussöhnen*. München: Kösel-Verlag, 2017.